本书由国家自然科学基金面上项目"孝文化的经济学研究及其对养老体制改革的政策启示"(项目号:71874051)和教育部人文社会科学研究青年基金项目"中国家庭生育、养育和教育成本的估算、成因和降低对策"(项目号:23YJC790070)资助出版

当代大学生
成长追踪调查报告

——基于湖南大学 2012 ~ 2015 级本科生调查

A Tracking Survey Report on the Growth of
Contemporary College Students

邓卫广　著

社会科学文献出版社
SOCIAL SCIENCES ACADEMIC PRESS (CHINA)

前　言

当前中国经济正向创新型经济转型，转型成功的关键在于建立和完善培育人才的有效机制。大学生涯是人生承上启下的关键阶段，是人生观、世界观、价值观形成的最重要时期，也是个人素质和技能形成，以及社会网络构建的主要阶段。因此，培养大学生、提高大学生的人力资本，以及优化大学生人力资本结构是实现经济优化转型的关键。

建立关于大学生的数据库是优化高质量人才培养机制的基础，不仅有利于高校的深化改革，也符合国家经济发展的需要。因此，湖南大学中国大学生成长追踪调查团队在 2015~2016 年对 2012~2015 级在校本科生进行了首轮的基线调查，并于 2020~2021 年对 2012~2015 级本科毕业生进行了回访调查，从而构建了资料丰富、内容翔实且反映时代特征的中国大学生追踪调查数据库。

基于长期追踪中国大学生的调查数据，本书从教育经历、投资消费、就业创业、社会交往以及身心健康等方面广泛探索大学生的成长脉络；并紧密结合时代特点，聚焦美容护肤、影视娱乐、劳动课程以及孝行为等重要专题深入分析大学生的成长演变。调查发现，学前教育对于个人的认知和社交能力等诸多方面具有深远的影响，参加学前教育能在一定程度上提高个人的高考成绩和后天社交能力；大学生主要通过网络社交平台获取影视娱乐信息，观影已成为社交的重要方式；男性和来自农村的个人具有更高的赡养父母的意愿，但女性和来自城镇的个人则在孝行实践中做得更好；大学期间是养成锻炼习惯的主要时期，而女性的身体亚健康问题更为突出；来自农村和低收入家庭的大学生通常更早具备生活技能。

希望本书所呈现的关于大学生成长的新趋势和发展规律，可以为政府部门和专业学者提供有益的参考，促进相关领域的研究和政策制定，为培养高素质人才提供帮助。

目　录

第一章
导　论

大学生是青年群体的重要组成部分，而广大青年是实现中华民族伟大复兴的主力军，他们的身上肩负着国家和民族的希望。因此，探究大学生的成长路径，了解大学生的未来发展，对于国家、民族、社会以及个人都有着重要意义。在这一章读者将会了解到，我们为什么要以大学生为主要对象来开展追踪调查？我们就哪些与大学生成长息息相关的重点话题进行了探讨？我们是如何探究并确保调查的真实性与可靠性的？希望通过本章我们能够让读者对中国大学生成长追踪调查有较为明晰的认识，并理解本次调查的价值与意义所在。

1.1　研究意义

截至 2022 年，我国在校大学生已经突破 3000 万大关，毕业生人数更是达到了 1076 万。大学生这一具有活跃生命力与庞大规模的群体无论是对国家未来的发展，还是对社会家庭的稳定和谐，都有着独特与重要的意义。但在后疫情时代，就业形势日益严峻，出国升学受到阻碍，大学生的心理状态、未来选择、目标规划都发生了极大的变化，有着时代背景下的独特特征。虽然不少学者（孙楚航，2020）、机构或企业都对大学生状况进行了数据采集的尝试，也产出了一部分有益的学术成果，但这些研究大多具有专题性、小范围、周期短的特点。现有研究虽然在某一专题下取得了颇有价值的成果，但因为整体较为零散，在问题探索深度上存在时空的限制，无法满足全面系统的多样化的研究需求。①

2015 年，湖南大学组建了中国大学生成长追踪调查团队（简称团队），致力于对大学生数据的调查采集和相关问题的实证研究，并正式开展了中国大学生成长追踪调查项目（CCSLS）。中国大学生成长追踪调查旨在建立大学生成长追踪调查整体数据库，并整合学校系统内现有的在库信息和调查所获得的追踪数据信息，为全面了解大学生现状和未来发展提供依据，为学术研究提供科学数据，为政府决策提供数据支持。

该项目是湖南大学主持的第一项具有独立知识产权的大型调查项目，由湖南大学经济与贸易学院主持，得到了包括湖南大学金融与统计学院、工商管理学院、经济与管理研究中心、招生与就业指导处、学生工作部等部门的配合帮助，并得到了新加坡国立大学、香港中文大学、中国人民大学、南方科技大学、武汉大学、西南财经大学等国内外大学知名学者的大力支持。

1.2 调查对象

中国大学生成长追踪调查项目旨在对中国大学生进行全面的追踪调查研究。在项目资源的限制下，团队成功收集了针对湖南大学本科生的两轮调查数据。

第一轮，团队在 2015～2016 年对湖南大学 2012～2015 级在校本科大学生及部分 2014 届本科毕业生进行了第一轮初访。第一轮基线调查共回收 6827 份调查问卷，其中 6819 份为有效问卷，包括 6537 份 2012～2015 级在校本科生问卷和 282 份 2014 届本科毕业生问卷。

第二轮，团队在 2020～2021 年对湖南大学 2012～2015 级本科毕业生进

---

① 如李胜强等（2011）通过向北京高校总共 741 位被试者发放开放式问卷，判断大学生就业压力程度并就就业问题进行探究。

行追访工作。第二轮回访调查共回收 6363 份调查问卷，其中 5040 份为有效问卷。

本书后续各章节主要基于 2020~2021 年第二轮回访调查数据，并结合 2015~2016 年第一轮基线调查的数据，对大学生发展情况进行全面客观的分析，并分享 CCSLS 的调查方法与经验。

1.3 调查模块

中国大学生成长追踪调查旨在通过跟踪收集在校大学生及毕业大学生的多时点数据，反映中国大学生在家庭背景、教育经历、投资消费、就业创业、社会交往、身心健康与行为习惯、主观意识等多个方面的特征。该项目聚焦中国大学生的经济活动、社会观念与行为选择，以及包括美容护肤、影视娱乐消费、劳动课程、孝行为在内的诸多研究专题，是一项涉及规模大、参与学院多、包含专业广的大型信息数据跟踪项目。以下为数据库包含的信息模块。

基本信息：大学生在校期间的学生干部任职情况、学习成绩。同时包括大学生的家庭背景，如父母受教育程度、父母职业、兄弟姐妹个数、家庭年收入等。

投资消费：大学生毕业后的投资消费信息。如理财产品的持有状况、理财偏好等理财行为特征；大学生的消费习惯、消费偏好、美容美发以及影视娱乐的消费选择等。

就业创业：考察在校大学生的就业状况以及创业情况。就业部分包括大学生的职业规划、目前工作类型、环境、工资待遇、工作地位等；创业部分包括创业经历、融资情况、创业目的等。除此之外，团队还调查了大学生创新创业参与程度和创业意识影响因素。

社会交往：主要考察了大学毕业前后，大学生交友途径、交流频率以及交往方式的变化，着重关心微信朋友圈、QQ 空间等社交虚拟空间的使用。

身心健康与行为习惯：主要关注大学生的身体健康与心理健康，包括身高体重、相貌特征，尤其关注大学生的作息时间安排、锻炼频率、饮食、抽烟喝酒等情况，以及这些特征在大学前、大学期间、大学后的变化对比。

婚恋家庭和社会观：主要考察大学生的家庭教育、家庭观和社会观。其中家庭教育重点关注宗族文化在大学生身上的继承与发展，包括家族是否拥有宗祠，是否有清明上坟习俗等；家庭观关注大学生与父母的关系状况、交流频率等；社会观关注大学生的环境保护意识、公益服务意识、对社会问题的看法，同时还对大学生的社会关注以及参与情况进行考察。

1.4　调查方法

2020~2021 年开展的第二轮调查的追踪对象是湖南大学 2012~2015 级的本科毕业生，除了对第一轮的初访成员进行追访外，数据库还添加了在第一轮抽样过程中，未参与的同级学生作为数据的广阔来源。

1.4.1　前期准备

中国大学生成长追踪调查采用分层抽样的社会调查方式。[①] 其中调查中所使用的问卷通过了众多学者的层层审核，并进行了多轮次小范围的试访问，获得了令人满意的结果，具有较高的精度。同时问卷关注的问题涉及家庭生活、学校生活、毕业后工作情况，以及毕业前后与此相关的主观意识的对比，对于问题的挖掘有较高深度。问卷邀请了湖南大学 2012~2015 级工学、理学、经济学、管理学、法学、文学、艺术学、历史学等专业大类下的80 多个专业的离校大学生进行填写，在研究宽度上具有丰富性和多样性的特征。

---

① 相较于大数据，社会调查方式可以根据研究目的的不同进行相应的设计，涵盖研究对象的各个方面，而大数据更多关注的是某一具体事物的偏好（如淘宝中偏好的商品类别、抖音中偏好的视频风格）。虽然可以通过整合不同平台的数据获得更加全面的信息，但由于量纲的不同，以及其他难以被观察到的信息，如使用他人的手机号注册账号，这一行为直接导致信息主体发生了变化，导致将某一类观察到的特征错误地安置到了另一类人群之上。这些问题使数据的合并极为困难，在这一情况下，社会调查数据就具有不可替代的优势。

1.4.2 调查组织形式

本调查依托中国大学生成长追踪调查团队，辅以湖南大学学生工作部、团委、学生会、校友会等渠道联系受访者，具体流程如图1-1所示。团队先以学校名义向初访校友发放邀请邮件，并委托各个学院专业年级的辅导员和班级学生干部，协助下达调查通知，鼓励毕业校友参与调查项目，并提供受访者的最新联系方式。

为了保证数据质量，团队中心对调查员进行了细致的筛选与培训，构建了团队内部良好的协调反馈机制、共同作业机制和互相监督机制。同时一部分调查员被筛选出来专门负责与毕业校友所在班级的班委进行联系，争取获得更大程度的支持；另一部分调查员直接对接受访校友，实时地邀请校友填写并收回问卷，并在线进行宣传解答和监督指导。除此之外，团队中心会对收到的每一份问卷与学生档案库的基本信息进行比对核实，确保数据的准确性。

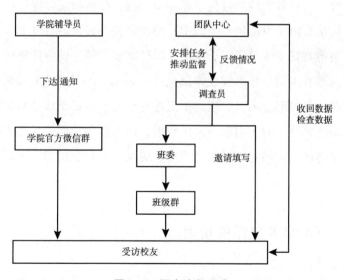

图1-1 调查流程形式

1.4.3　调查员招募与培训

调查员是调查工作得以顺利开展的核心力量。团队对调查员采取严格把关、逐轮筛选的方式，最终只保留了对于工作有足够的耐心和责任心、具有优秀的交流沟通能力和协调能力的成员。团队对调查员的培训也十分严格，内容包括调查员职责、项目流程、邀请话术、问卷内容、访问技巧、注意事项等。除此之外，团队对调查员还采取了集中管理与分别工作并存，监督追踪与灵活机动同在的管理方式，这一方式既能提升调查员的积极性，具有一定的开放度，也保证了每位调查员都是跟随着项目进度进行调查回访工作，确保调查的科学性。

1.4.4　数据检验

CCSLS 获取的每份数据，都会至少经历三轮检查与核实，以确保数据的精度和质量。第一轮检验由团队调查员进行把关，通过与受访者的实时交流和在线监督，确保数据填写过程中无任何纰漏，任何问题都能够得到及时解决。第二轮检验由小组组长和团队中心协作把关，确保调查员上传的数据与系统所收集的数据一致可验，无错传、漏传现象。第三轮由计算机系统进行管控，将问卷基本信息和学校在库信息进行对比，确保数据来源真实；审核有效性问题，确保问卷填写过程当中无随意填写、前后矛盾等影响数据质量的情况。除此之外，对于出现纰漏的数据，团队贯彻保质保量的原则，第一时间联系受访者，对问卷进行二次填写，确保每一份数据都经过仔细填写和严格审查。

1.5　CCSLS 数据的价值

作为一项大规模的追踪调查数据，CCSLS 长期追踪大学生群体家庭、教育、经济、主观意识等多个层次的数据，调查内容包括教育经历、家庭背景、投资与消费、工作与创业、社会交往、身心健康与行为习惯、婚恋家庭和社会观，以及美容护肤、影视娱乐消费等诸多方面。

中国大学生成长追踪调查可以追踪大学生在校以及毕业后很长一段时间的发展历程，了解变化的脉络、产生变化的原因，以及产生的社会影响。高等教育是家庭的一项重要投资，大学生是社会的重点培育对象，是国家的未来。基于这一群体本身具有的强大生命力，对中国大学生的追踪调查足以反映个体、家庭以及社会等多个层面的问题，其中对于家庭与社会的众多问题的探讨都来自大学生群体，这使我们更需要了解大学生行为、意识和观念的变化轨迹——这也正是中国大学生成长追踪调查这一全方位、多层次、追踪性、长期性项目所关注和体现的。

CCSLS 的数据在真实性和可靠性方面也具有很强的优势。

首先，问卷设置了多个有效性检验问题，可以对数据的有效性进行初步的筛选，如果检测到问卷回答过程中存在自相矛盾的问题，团队中心会及时反映给调查员，由调查员通知受访者重新填写，提升数据的有效性。

其次，团队具有健全的调查员管理机制，调查员内部设置多个小组，每组配备一名组长，由组长每日汇报当日数据完成数量，对组内调查员进行鼓励与监督。同时团队中心将不定期安排集中工作时间段，使调查员的疑问能够得到统一的解决，团队中心得到调查组的及时反馈和建议。

最后，每个数据都得到了人工和计算机程序的共同检验，数据收集完备后，除程序检测外，团队中心会对数据进行人工比对，如有不合格的数据，团队中心将及时下放调查员，对受访者进行再次访问和数据收集。

1.6 章节介绍

本次出版的中国大学生调查报告，依托 CCSLS 数据，呈现中国大学生在校时和毕业后在重要领域的特征和变化。本书共分为十三章，第一章为导论，第二到八章为综述报告，第九到十二章为专题研究，第十三章为总结与建议。

综述报告（第二到八章）涵盖了教育经历、家庭背景、投资与消费、工作与创业、社会交往、身心健康与行为习惯以及婚恋家庭和社会观等与大学生成长轨迹息息相关的议题。第二章"教育经历"阐述了大学期间基本学习情况、学前教育的影响、本科毕业时出口，以及辅导员的学生工作等。第三章"家庭背景"阐述了大学生父母的受教育程度、职业、婚姻状态以及受访大学生的兄弟姐妹个数和家庭收入。第四章"投资与消费"阐述了大学生的投资态度和消费情况，包括投资偏好、风险偏好、存款情况、消费倾向、主要消费支出和住房购买及居住状况。第五章"工作与创业"描述了大学生就业创业的变动轨迹，就业方面包括大学刚毕业时的职业规划、大学毕业后的第一份工作状况以及当前工作的基本情况，如工作所属行业、工作单位性质、薪酬状况等。创业情况包括大学生的创业规划以及影响大学生创业的因素等。第六章"社会交往"阐述了毕业大学生社会交往方式的变动轨迹，包括对大学生在校期间、毕业后的社会交往的方式、频率以及联系对象的探究。这一章还关注了受访者对于网络等虚拟社交的使用情况。第七章"身心健康与行为习惯"主要阐述了大学生当下的身心健康状况，同时还探究了大学生的行为习惯，如体育锻炼、作息起居、抽烟喝酒等典型行为习惯。第八章"婚恋家庭和社会观"更为细致地描述了受访者的家庭观念情况，包括家庭教育、家庭观等；社会观主要探究受访大学生对环保等公益活动的看法以及大学生参与度，同时对受访者的一些社会评价和个人评价进行了讨论。

专题研究（第九到十二章）聚焦部分重点话题，这些话题包括大学生的典型行为（美容护肤专题、影视娱乐消费专题）和重要观念（劳动课程、孝行为），对大学生成长状况进行了重点关注。随着时代的发展，大学生对于个人外貌在意程度逐渐增加，外貌修饰行为的频率和花费也在提高，第九章重点关注了大学生对待护肤、化妆等外貌修饰行为的态度和在此领域的消费频率及花费。这些关注为探究大学生美容护肤行为的动因、结果和影响等提供了直观而又准确的数据支持。第十章阐述了大学生参与影视娱乐活动的原因，并探究了大学生的观影偏好，重点关注了大学生对观看网络电影和院线电影的态度偏好等问题。影视娱乐是广受大学生欢迎的休闲活动之一，作为观影的主力群体，大学生在影视娱乐消费方面的态度偏好、消费情况、参与频率等具有重要的研究价值。第十一章"劳动课程"讨论了大学生首次独自进行买菜、做饭、洗衣、维修等日常劳动的时间差异、性别差异、城乡差异，回应了社会对于大学生劳动问题的广泛关注。第十二章"孝行为"更加细致地探讨了有关赡养父母的观念，分析了不同群体对赡养父母观念的差异，同时探讨了大学生在实际生活中孝道实践的情况，这一章无论是对探究孝行为的传承与发扬还是父母赡养等问题都有着极为重要的作用。

第二章

教育经历

　　2018 年，习近平总书记提出"教育兴则国家兴，教育强则国家强"。从微观层面上来看，教育会影响个人的发展，其影响包括就业、婚姻市场上的竞争力以及突破阶层的可能性。从宏观层面看，教育是国家和民族发展强盛的根基，关系着国家发展的命脉。当今社会是科技社会，需要一批批具有新思想、新技术、掌握先进科学知识的优秀人才。中国坚定实施科教兴国的战略，始终把教育摆在优先发展的地位，因为教育不仅决定着中国今天的发展，还决定着未来的发展走向。国家需要不断地通过教育培养社会所需要的人才，通过教育传授已知、更新旧知、探索新知识。

　　分析第一轮的调查数据，我们发现农村和城镇的大学生，在教育资源上存在不平等的情况，农村地区的师资和基础教育设施的质量不及城镇地区，农村地区的教育水平还有很大的提升空间，国家应采取相应的措施让教育资源向农村地区倾斜，实施激励措施，鼓励大批优秀教师进入农村地区，为国家的教育事业贡献自己的力量。

　　本章从大学期间基本学习情况、学前教育的影响、本科毕业时出口，以及对辅导员学生工作的评价四个方面讨论大学生的教育情况。基本学习情况主要分析大学生大学期间担任学生干部和获得绩点排名的情况，以及当年高考的成绩。学前教育是国家基础教育的重要基石，对一个人的学习成绩、社交能力、亲子关系等各方面都将产生深远影响，这部分主要分析学前教育对大学生高考成绩、社交能力、赡养父母以及工作状态等方面的影响。在本科毕业时出口部分，主要分析本科毕业时的状态、攻读硕士和博士研究生的不同选择，并从城乡、家庭背景和性别角度进行比较分析。最后从不同的角度考察大学生对辅导员学生工作的评价。

2.1 大学期间基本学习情况

表2-1显示，根据第二轮大学生成长追踪调查结果，从大一到大四担任班长级别的学生干部比例随年级上升逐步减少，大一所占比例最高，为17.60%。大一刚进校学生担任班长的积极性较高，但是随着年级上升，课程繁重，学生可能不能兼顾繁重的学业压力和各种班级事务，导致担任班长的比例下降。担任班级委员的学生比例呈先增加后减少的趋势，大二占比最高，为30.96%。随着年级的增加担任年级干部的学生比例有增加的趋势，可能的原因是为以后工作锻炼自己，能在简历上体现自己的能力，所以积极担任年级干部。担任院级干部的学生比例随年级增长呈现先上升后减少的趋势，其中大二所占的比例最高，为15.01%。大一时，担任校级干部的学生比例最低，为4.69%，因为刚进校的绝大多数大一新生不熟悉学校的日常工作，还没有能力胜任这份工作，校级干部大多由高年级学生担任，随着年级上升有增加的趋势。大一到大四没有担任过任何级别学生干部的学生比例，呈现先减少、后增加的趋势。

表2-1 大学期间担任学生干部情况

单位：%

项目	大一	大二	大三	大四
班长级别	17.60	13.17	12.78	12.54
班级委员	29.85	30.96	26.76	22.70
年级干部	10.81	15.87	17.72	16.61
院级干部	10.09	15.01	13.59	11.34
校级干部	4.69	7.51	6.75	7.45
无	35.41	28.10	31.37	37.46

表 2-2 显示，大学四年，大学生每年的绩点排名基本上呈现正态分布，排名在前 15%~25% 的人数最多。从大一到大四，排名为前 5% 的人数占比较为平稳，大二的占比最少，为 8.93%。随着年级的增长，前 5%~15% 的人数占比呈现下降的趋势。前 25%~40% 的人数占比基本处于稳定的状态，变化不大。前 40%~60% 的学生人数占比有上升的趋势。排名在后 40% 的人数占比略有下降，在大三的时候占比最少，为 8.09%。

表 2-2　大学期间绩点排名情况

单位：%

绩点排名	大一	大二	大三	大四
前 5%	10.99	8.93	10.46	10.79
前 5%~15%	21.53	20.67	20.09	19.68
前 15%~25%	21.59	25.44	24.19	22.62
前 25%~40%	20.15	21.35	20.98	21.22
前 40%~60%	16.43	15.17	16.20	16.88
后 40%	9.30	8.44	8.09	8.81

如图 2-1 至图 2-4，比较分析大学期间是否担任学生干部与成绩之间的联系。结果显示，担任班干部的学生有较好的学习成绩排名，这与 Deng，Li 和 Wu 等（2020）的发现一致。对于大一的学生，担任过学生干部的大学生成绩排名在前 5%、前 5%~15%、前 15%~25% 的比例高于未担任学生干部的大学生比例，在其他成绩排名等级中，未担任学生干部的大学生比例高于担任了学生干部的大学生比例。对于大三和大四的学生来说，担任了学生干部的大学生成绩排名在前 25% 的比例仍然高于未担任学生干部的大学生比例。但是在大二的学生中出现相反的情况，在成绩排名为前 25% 的学生中，未担任学生干部的大学生比例高于担任了学生干部的大学生比例。大二是整个大学生涯课程任务最繁重的时候，重要的专业课程基本上被安排在这一年。对于担任了学生干部的大学生来说，既要做好烦琐的学生管理工作，又要做好自身学习功课，可能难以兼顾；而那些未担任学生干部的大学生则有更多自由支配的时间来提升学业。

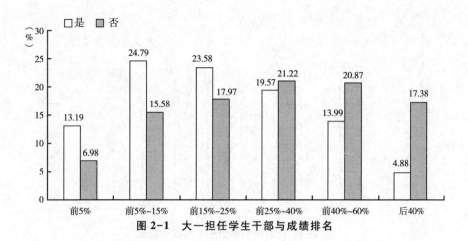

图 2-1 大一担任学生干部与成绩排名

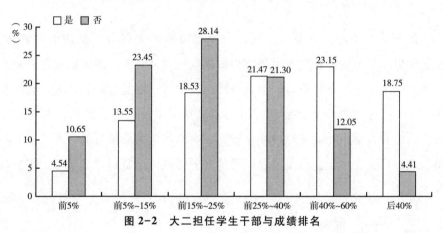

图 2-2 大二担任学生干部与成绩排名

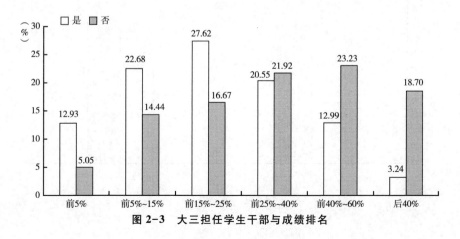

图 2-3 大三担任学生干部与成绩排名

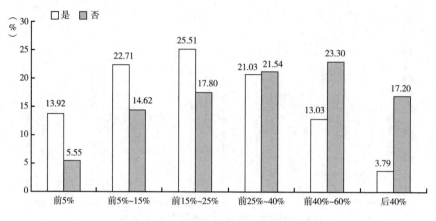

图 2-4　大四担任学生干部与成绩排名

如图 2-5 所示，从整体上看，农村和城镇学生高考的分数出现差异，农村学生的平均成绩相对于城镇学生的成绩稍微高一些，所以输在起跑线上并不会完全决定自己的命运，通过自己后天的努力也能够超越他人。农村女生的平均高考成绩最高，为 597.76 分，城镇男生的平均分最低，为 591.92 分。虽然农村学生相对于城镇学生而言，基础教育的质量要低一些，上各种培训班的机会也更少，但是通过后天的努力仍然可以赶超城镇学生，实现自我的突破。

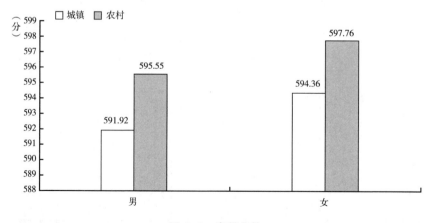

图 2-5　高考分数

2.2　学前教育的影响

2.2.1　学前教育与高考成绩

学前教育，如幼儿园教育对个人思想行为起到启蒙的作用，在幼儿园的所见所闻可能会对个人产生长久的影响。学术界关于幼儿园教育能否对孩子未来的学业成绩产生长期影响这个问题存在争议。适当的学前教育不仅能够提升儿童的认知能力，而且对其进入小学后的学业成绩有长期的影响（Elliott，2006）。如表2-3所示，与未参加幼儿园教育的大学生相比，参加了幼儿园教育的大学生的高考成绩比前者高0.054分，回归结果在5%的置信水平下显著。

儿童的发展状况关系国家发展的命脉，学前教育对儿童的影响是潜移默化的，是每个人教育历程中的基础。现在越来越多的父母在强调"别让孩子输在起跑线上！"父母为了孩子更好地发展，会想方设法为孩子选择高质量的幼儿园，这种现象在城市尤其突出。学前教育对孩子的影响不仅限于学习成绩，还包含认知能力等方面。

表2-3　幼儿园教育与高考成绩

项目	高考成绩	高考成绩
是否参加学前教育	0.062 *	0.054 **
	(0.004)	(0.004)
Controls	No	Yes
N	2719	2719
adj. R^2	0.327	0.034

注：* 表示在10%的水平下显著，** 表示在5%的水平下显著，*** 表示在1%的水平下显著。控制变量包括父亲和母亲受教育程度、户口性质、性别。

根据图2-6的结果，从整体上看，上过幼儿园的大学生的平均高考成绩为594.09分，高于未上过幼儿园的大学生的高考成绩593.72分。

是否参与幼儿园教育对高考成绩的影响存在性别差异。是否参加幼儿园教育对女生高考成绩的影响不大，但是上过幼儿园的男生高考成绩显著高于未上过幼儿园的男生。心理学理论认为，6岁时孩子的人格结构和智力结构基本定型，而学前教育时期是人格形成和智力培育的关键时期，对个人发展至关重要（Erikson，1993）。现有研究多关注学前教育对成绩的短期影响，然而探究学前教育对孩子的长期影响以及其作用机制具有深远的意义。

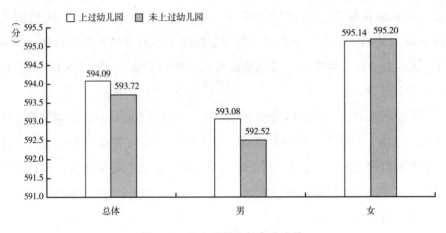

图 2-6　幼儿园教育与高考成绩

2.2.2　学前教育与社交途径

幼儿园教育作为学前教育的重要组成部分，影响儿童的认知、学习、社交能力（Loeb等，2007；胡咏梅和唐一鹏，2022）。Barnett（1995）发现学前教育有助于孩子更好地适应社会，与他人形成良好的关系，并增进对校园生活和学习的投入。上过幼儿园的孩子，可以提前接受系统的教育方式，较早地离开父母在集体中和其他孩子交流互动，并对孩子的纪律意识和时间管理意识都有促进作用；而没有上过幼儿园的孩子，他们往往有更长的时间和自己的父母或其他亲人在一起，较晚地和父母等亲人分别，能够获得更多的家庭学前教育。

如图 2-7 所示，是否上过幼儿园与大学生的社交途径有一定的关系。社交途径在一定程度上能够反映学生的社交能力。利用同学的身份社交是绝大多数学生采用的方式，因为大家的生活比较集中且见面相处的时间更多，这种社交途径对大学生而言方便且安全。相较于上过幼儿园的大学生，未上过幼儿园的大学生的朋友更多是自己的同学。然而，在网络、社团和学生组织这两种社交途径上，有过学前教育经历的大学生比没有学前教育经历的大学生表现得更加活跃，这可能是由于有学前教育经历的大学生往往较早地离开家庭，而在陌生的环境中，更能锻炼孩子与其他人交往的能力，所以在大学期间，有学前教育经历的大学生更偏向于主动表达自己。选择同城活动的学生比例在两种情况下都很少。

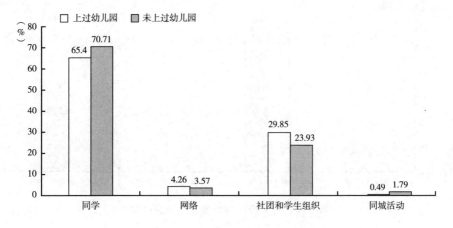

图 2-7　幼儿园教育与社交途径

2.2.3　学前教育与赡养父母的态度

幼儿时期是培养孩子和父母感情的关键时期。与亲生父母不亲近的案例在现实生活中比比皆是，其中一个主要原因是孩子缺乏父母的陪伴。大多数的父母为了生计，忙于工作，每天陪伴孩子的时间很少，疏于对孩子的照顾和关心。孩子进入幼儿园之后与父母相处的时间变得更少，与未上幼儿园的孩子相比，前者与父母之间的情感可能会更加脆弱。而幼年时期与父母感情基础的强弱很可能会影响到孩子与父母在未来的相处和感情，进而影响孩子对赡养父母的看法。

如图 2-8 所示，上过幼儿园的大学生，认为父母的养老应该由子女负责的比例为 53.50%；而在未上过幼儿园的大学生中，该比例为 60.15%。有 40.62% 和 2.34% 上过幼儿园的大学生认为父母的养老问题应该由政府/子女/老人共同负责或由老人自己负责，比例均高于未上过幼儿园的学生。这表明未上过幼儿园的学生在幼年时期与父母相处的时间可能更多，进而与父母的感情更加深厚，认为子女应该承担赡养父母责任的观念更加强烈。

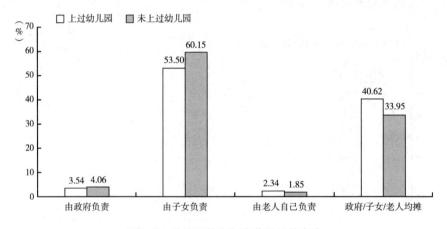

图 2-8　幼儿园教育与赡养父母的态度

2.2.4　学前教育与就业状态

学前教育除了提升认知能力和学业成绩以外，也能增强学生在劳动市场上的人力资本（Heckman 等，2013）。如图 2-9 所示，上过幼儿园的大学生目前有工作的比例高于未上过幼儿园的大学生，并且失业人员的比例低于未上过幼儿园的大学生，家务劳动者的比例也低于未上过幼儿园的大学生。结果表明学前教育影响到个人发展的方方面面，包括学习成绩、社会交往、亲子关系、就业状态等。此外，根据第一轮的调查结果可知，来自农村的大学生上过幼儿园的比例低于来自城镇的大学生。因此，学前教育财政投入应向农村倾斜，优化教育经费使用结构，这种方式能缩小大学生在起跑线上的差距，也是缩小城乡差距的重要方式。学前教育是国民教育体系的重要基石，高质量的学前教育，不仅是个体终身学习的基础，也是促进社会发展、提高国民素质的重要战略。

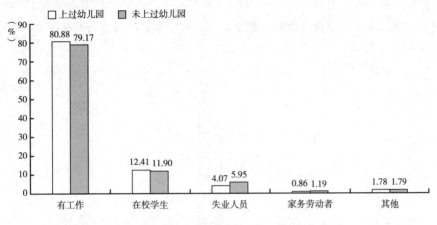

图 2-9　幼儿园教育与就业状态

2.3　本科毕业时出口

大学毕业后，有些人开始了工作，穿梭于城市之间；有些人开始创业之路，探索成功之路；有些人继续求学之路，攻读硕士甚至博士，不断汲取新的知识。不同道路的选择，除了受自己主观意识的影响，还受家庭背景、所处地域以及性别等客观条件的影响。

如图 2-10 所示，农村和城镇大学生在本科毕业时表现出不同的状态。大学生在毕业时选择就业的比例存在明显的城乡差异，农村大学生选择就业的比例超过一半，为 63.22%；而城镇大学生的比例仅为 45.01%。在选择继续攻读硕士方面，无论是去境外还是留在境内的城镇大学生比例都高于农村大学生；在攻读博士方面，城镇大学生的比例也高于农村大学生。本科毕业后的出路选择除了与大学生自身的努力有关外，还有一个重要的原因是家庭经济条件的影响。普遍上讲，农村大学生的家庭条件不及城镇大学生，继续攻读研究生对农村家庭来说可能是较大的负担。另外，根据第一轮调查的结果，我们了解到农村大学生家庭的兄弟姐妹数量高于城镇大学生，家庭为了让教育资源分配更均衡，可能会限制农村大学生走向更高的学历水平。城镇大学生的创业比例高于农村大学生，可能的解释为城镇大学生拥有更多的社会资本和经济支撑。在准备考研的人数上，城镇大学生的比例略高于农村大学生。

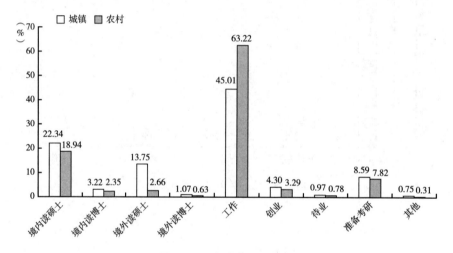

图 2-10　本科毕业时状态

由于国家实施的高校扩招政策以及经济增速的放缓，越来越多的大学生通过继续提升学历的方式来增加自身的竞争能力。如图 2-11 所示，关于本科毕业后读研的方式，选择境内读硕士和境外读硕士的比例分别为 61.73% 和 27.20%，而选择境内读博士和境外读博士的比例分别为 8.44% 和 2.63%，读博士的比例远比读硕士的低。

图 2-12 比较了农村和城镇大学生在毕业时关于攻读硕士和博士的选择差异。农村大学生毕业时选择境内读硕士和读博士的比例显著地比城镇大学生更高，分别高出 15.70 个和 2.74 个百分点。相反，城镇大学生境外读硕士和读博士的比例远高于农村大学生，分别高出 17.32 个和 1.13 个百分点。

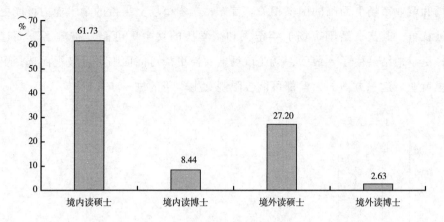

图 2-11　本科毕业时的读研方式

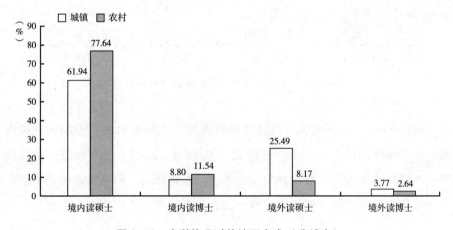

图 2-12　本科毕业时的读研方式（分城乡）

这可能和经济状况的城乡差异有关，城镇大学生的家庭经济状况普遍比农村大学生更好，更有可能承担起相关的出国求学的费用。

如图 2-13 所示，比较分析大学生毕业时选择升学道路的男女差异。数据显示，女生境内读硕士的比例略高于男生，男生境内读博士的比例比女生高 5.85 个百分点。境外读硕士的女大学生比例比男生高出 6.09 个百分点，而境外读博士的男生比例高于女生。整体上看，女生读硕士的比例高于男生，而男生读博士的比例高于女生。该现象可能与女生在学术市场、婚姻市场和就业市场上面临的困境相关。首先，学术市场上男生的学术能力可能更被认可。其次，婚姻市场上年纪大和高学历的女生更可能"被剩下"而选择更早地结婚生子。最后，就业市场上女性更加可能面临婚育歧视而选择更早就业。这三方面的因素都可能会限制女生学历的进一步提升。

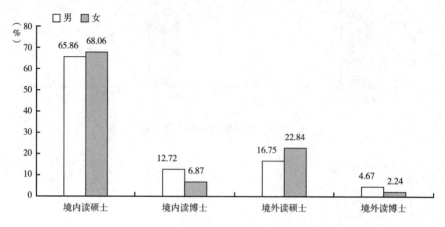

图 2-13　本科毕业时的读研方式（分性别）

如图 2-14，分析大学生当前读研的情况。与毕业时的状态相比，境内读硕士和境外读硕士的比例分别降低了 0.99 个、11.91 个百分点。境内读博士和境外读博士的人数占比则均在增加。总体而言，境内读硕士的比例是境外读硕士的近 4 倍，而境内读博士比例是境外读博士比例的 2 倍多。

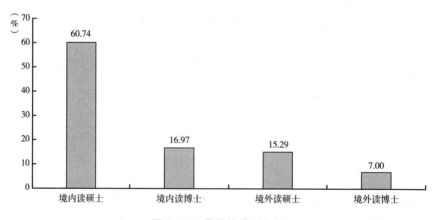

图 2-14　目前的读研方式

如表 2-4 所示，我们以大学期间家庭收入衡量家庭背景，分析不同家庭背景的大学生毕业时状态的差异。家庭背景是影响大学生未来选择的重要因素之一。我们将家庭收入划分为高、中、低三个等级，家庭年收入在 5 万元及以下定义为低收入家庭，收入在 5 万~12 万元的定义为中等收入家庭，12 万元以上的定义为高收入家庭。后续关于收入的分类情况与此处相同。

表 2-4　家庭收入等级与本科毕业时的状态

单位：%

状态	低收入	中等收入	高收入
境内读硕士	23.51	26.77	26.88
境内读博士	6.50	5.88	4.32
境外读硕士	6.23	4.59	15.70
境外读博士	3.46	2.59	2.35
工作	39.57	40.91	33.16
创业	9.28	9.07	6.67
待业	1.42	0.76	0.98
准备考研	9.35	9.17	9.61
其他	0.68	0.27	0.33

注：家庭收入等级定义：低收入：5 万元及以下；中等收入：5 万~12 万元；高收入：12 万元以上。

数据显示，高收入家庭的大学生选择继续深造的比例最高，选择就业的比例最低，而各个家庭收入等级的大学生选择创业的比例没有明显的差异。相比于境内读硕士，在境外的费用更高，这是多数家庭无法负担的。低收入家庭的大学生选择境内读博士的比例相对较高，达到 6.50%。本科毕业时，中低收入家庭的大学生选择继续深造和工作的比例都接近 40%，而高收入家庭的大学生则更多选择继续深造（接近 50%），而更少选择直接就业（仅占 33.16%）。在准备考研方面，来自各个家庭收入等级的大学生的比例差异不大。

2.4 辅导员的学生工作

高校辅导员不仅是大学生思想政治工作的引路人，也是大学生日常管理工作的重要力量。新形势下，辅导员责任巨大，使命重大。作为大学生思想政治工作第一线的引路人，辅导员可以说是在校期间"任课"最长、"课程"最多的教师，最需要精心引导和培育青年大学生。辅导员是资源的分配者和政策的决策者，是联系学校领导、任课教师进行教育活动的桥梁。对学生的思想、学习、生活和工作各方面全面负责（宋少坤等，2014；张伟等，2022）。学生从高中踏入大学生活之后，学生的思想政治问题、学习问题、生活中的琐碎事情都与辅导员密切相关，关心慰问学生的学习和生活是辅导员的工作重心，其思想和行为对大学生会产生一定的影响。根据下面的分析，综合来看，不论是辅导员哪方面的学生工作，绝大多数的大学生给了"基本同意"以上的评价，表明高校辅导员的能力和素质是值得肯定的。

大学生进入校园之后，离开了父母和朋友，作为负责学生工作的辅导员肩负着重任，他们需要时常关心学生生活、学习和心理状况，帮助学生解决面临的困难。如图 2-15 所示，男大学生和女大学生对辅导员是否关心学生的工作情况给予了不同的评价，绝大多数的学生给出了正面的评价。38.83% 的女大学生非常同意辅导员关心学生，而男生为 34.06%；比较同意的男女大学生的比例接近；基本同意的男生比例稍高于女生比例；比较不同意和非常不同意的男生比例高于女生比例，但是这两种情况下的男女比例都较少。

如图 2-16 所示，绝大多数的城镇大学生和农村大学生对辅导员关心学生的工作给予了正面评价。城镇学生非常同意辅导员关心学生的比例略高于农村大学生，分别为 37.23% 和 34.26%；比较同意辅导员关心学生的农村大学生比例略高于城镇大学生，分别为 31.47% 和 30.60%；基本同意辅导员关心学生的农村大学生比例和城镇大学生比例相差 3.10 个百分点；非常不同意辅导员关心学生的城镇大学生比例高于农村大学生。

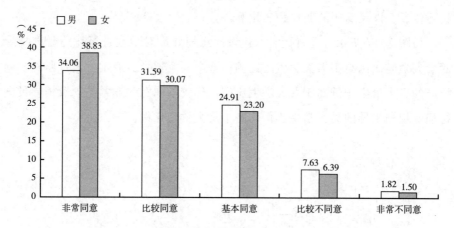

图2-15 对辅导员关心学生的工作评价（分性别）

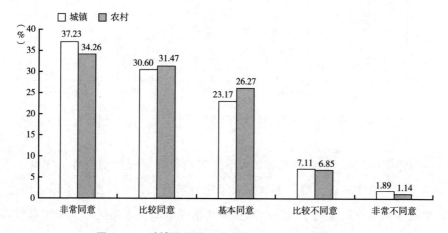

图2-16 对辅导员关心学生的工作评价（分城乡）

现阶段社会的高速发展，对于人才的发展提出了新的要求，所以高校毕业生面临的就业形势比较严峻。没有经历过社会风雨、对于社会规则了解浅显的大学生，他们需要学校给予专业的就业指导，帮助其了解当前的就业形势，哪些行业具有发展潜力、急需人才，哪些行业已经是夕阳产业、削减了对人才的需求。此外，学校应该多给学生提供实践的机会，丰富他们的就业经验、开辟就业渠道。辅导员作为学生的指引者，也担负着对学生的就业进行指导的重任，包括开设专门的讲座来讲解就业形势、求职时面试的方法和技巧传授，以及简历的制作和美化等。

如图 2-17 所示，非常同意和比较同意辅导员对学生进行职业规划指导的女大学生比例高于男大学生的比例；基本同意辅导员对学生进行职业规划指导的男大学生比例高于女大学生比例；比较不同意和非常不同意辅导员进行职业规划指导的男大学生比例均高于女大学生比例。

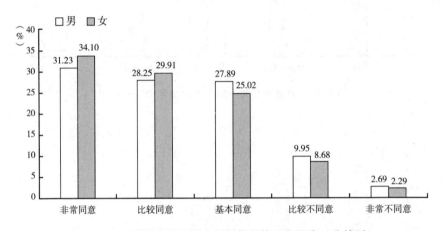

图 2-17 对辅导员进行职业规划指导的工作评价（分性别）

如图 2-18 所示，农村和城镇大学生对辅导员职业规划指导工作给予了不同评价。总体来看，绝大多数的大学生对辅导员的工作给予了正面评价。非常同意和比较同意辅导员进行职业规划指导的城镇大学生比例高于农村大学生比例。基本同意的农村大学生的比例高于城镇大学生的比例；比较不同意的农村大学生和城镇大学生的比例相近；非常不同意的农村大学生的比例低于城镇大学生的比例。

现如今学生的心理素质出现问题的情况时有发生，这不仅会威胁到学生自己，甚至可能会危及其他无辜的人。关注和解决大学生心理健康问题是一个现实且迫切的问题，也是需要长期关注的客观现象。在高校育人要求中，身体健康与心理健康同等重要，其中，心理健康的重要性还在不断提升。大学生心理健康问题不仅影响个人学业与生活，在严重状态下甚至会危及自身以及他人的生命安全（胡黎香，2022）。辅导员作为大学生的引路人同样肩

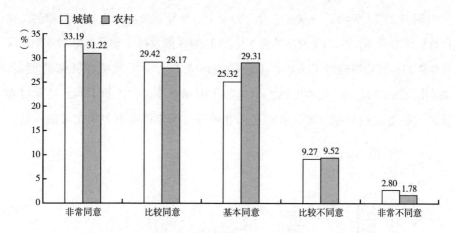

图 2-18　对辅导员进行职业规划指导的工作评价（分城乡）

负着密切关注学生心理健康问题的重任。

　　如图 2-19 所示，整体上看，90% 以上的大学生对辅导员关心学生心理健康的工作给予了正面评价。39.62% 的女大学生和 34.57% 的男大学生表示非常同意辅导员的工作情况；比较同意辅导员关心学生心理健康的男女比例基本一致；基本同意辅导员关心学生心理健康的男大学生比例略高于女大学生比例；比较不同意和非常不同意辅导员关心学生心理健康的男女大学生的比例均低于 10%。

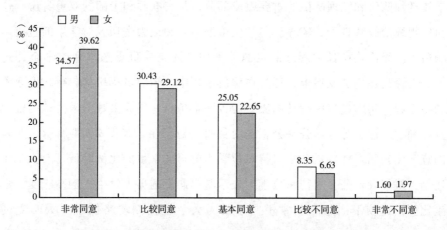

图 2-19　对辅导员关心学生心理健康的工作评价（分性别）

如图 2-20 所示，分城乡来讨论大学生对辅导员关心学生心理健康的工作评价。可以看到，38.31%的城镇大学生和 33.88%的农村大学生非常同意辅导员对学生的心理健康进行了关心；比较同意的农村大学生比例比城镇的更高；基本同意的农村大学生和城镇大学生的比例相差不大；比较不同意的农村和城镇大学生比例基本一致；非常不同意辅导员工作情况的大学生占极少数。

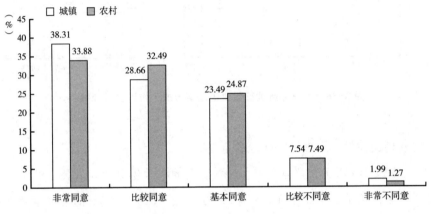

图 2-20　对辅导员关心学生心理健康的工作评价（分城乡）

党的十八届三中全会指出，改革要取得成功，必须坚持公平正义的价值理念。教育公平作为焦点问题，已经引起全社会的广泛关注。辅导员是高等学校教师队伍和管理队伍的重要组成部分，具有教师和干部的双重身份。作为思想政治教育骨干，辅导员与学生接触最多和最为密切，对学生的直接影响最大。无论是在日常管理的资源分配中，还是在班委选举和奖学金评定上；无论是在党员发展上，还是在保研过程中，辅导员都扮演着行政上政策的制定者、实施过程中行动的决策者等多重角色。绝大多数的学生认为辅导员在助学、评奖等方面公平公正地对待每一位学生。如图 2-21 所示，非常同意和比较同意辅导员公平对待每位学生的男大学生的比例略低于女大学生比例；对辅导员公平对待每位学生表示基本同意的男大学生比例高于女大学生比例；比较不同意和非常不同意的男大学生比例均略低于女大学生的比例。

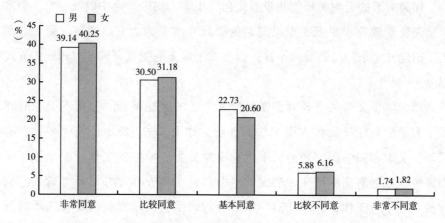

图 2-21 对辅导员是否公平对待每位学生的工作评价（分性别）

如图 2-22 所示，绝大多数农村和城镇大学生同意辅导员公平地对待每一位学生。其中 41.16% 的城镇大学生和 36.17% 的农村大学生非常同意辅导员的公平公正；比较同意辅导员做到公平的农村大学生比例高于城镇大学生比例，分别为 33.63% 和 29.63%；基本同意辅导员在奖学金、助学金方面做到公平的农村和城镇大学生比例基本相同；比较不同意和非常不同意辅导员能够做到公平的农村和城镇大学生的比例均低于 10%，占少数。

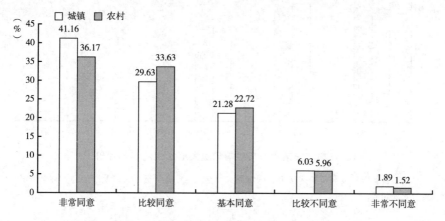

图 2-22 对辅导员是否公平对待每位学生的工作评价（分城乡）

如果父亲的受教育程度为没有文化、小学、初中、高中以及中专，则定义父亲的受教育水平低；如果父亲的受教育水平为大专、本科、硕士、博士，则定义父亲的受教育水平高，以下关于母亲的受教育程度以相同的方式划分。

以大学生父母的受教育程度衡量大学生的家庭背景，分析不同家庭背景下大学生对辅导员各方面工作的评价。如图 2-23 所示，绝大多数拥有低学历父亲和高学历父亲的大学生对辅导员关心学生的工作情况给予了正面评价。在拥有高学历父亲的大学生中，40.69%的大学生表示非常同意辅导员关心学生工作，29.26%和 18.94%的大学生表示比较同意和基本同意辅导员关心学生工作。在拥有低学历父亲的大学生中，36.60%的大学生对辅导员关心学生的工作表示非常同意，31.43%和 24.48%的大学生比较同意和基本同意辅导员关心学生工作。尽管持不同意态度的大学生比例很低，但是拥有高学历父亲的大学生对辅导员关心学生工作的负面评价的比例明显更高。

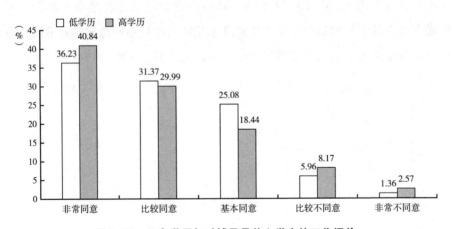

图 2-23　父亲学历与对辅导员关心学生的工作评价

注：受教育程度高低的定义为，低学历：大专以下；高学历：大专及以上。下文学历定义与此处相同。

如图 2-24 所示，与拥有不同学历的父亲的情况基本相同，大部分大学生均对辅导员关心学生的工作持正面评价。在拥有高学历母亲的大学生中，

40.69%的大学生表示非常同意辅导员关心学生工作，29.26%和18.94%的大学生表示比较同意和基本同意辅导员关心学生工作。在拥有低学历母亲的大学生中，36.60%的大学生对辅导员关心学生的工作表示非常同意，31.43%和24.48%的大学生比较同意和基本同意辅导员关心学生的工作。不论是拥有高学历的母亲还是低学历的母亲的大学生表示比较不同意和非常不同意的人数占比均小于10%，但前者比后者对辅导员关心学生工作持有负面评价的比例更高。

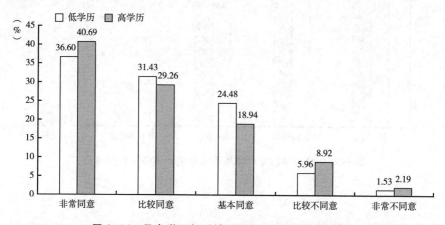

图 2-24　母亲学历与对辅导员关心学生的工作评价

如图 2-25 和图 2-26 所示，拥有不同学历父亲的大学生对辅导员的职业规划指导工作的评价情况和以母亲学历衡量家庭背景时的情况相似。在非常同意辅导员对学生进行了认真的职业规划指导方面，拥有高学历父亲和母亲的大学生占比高于拥有低学历父亲和母亲的大学生占比；在比较同意和基本同意方面，来自低学历家庭的大学生比例高于拥有来自高学历家庭的大学生比例；然而，在比较不同意和非常不同意这两方面，来自低学历家庭的大学生的比例低于来自高学历家庭的大学生的比例。

如图 2-27 和图 2-28 所示，无论是以父亲还是母亲的学历衡量大学生家庭背景时，大学生对辅导员关心学生心理健康的评价情况基本一致。可以发现，在非常同意方面，拥有高学历父亲和母亲的大学生占比均超过40%，且都高于低学历父亲和母亲的大学生比例；在比较同意和基本同意方面，来自低学历家庭的大学生比例高于来自高学历家庭的大学生比例；然而，在比较不同意和非常不同意这两方面，来自高学历家庭的大学生的不满之声更多。

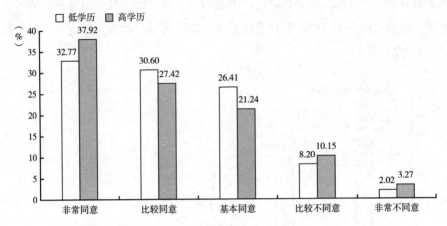

图 2-25 父亲学历与对辅导员职业规划指导工作的评价

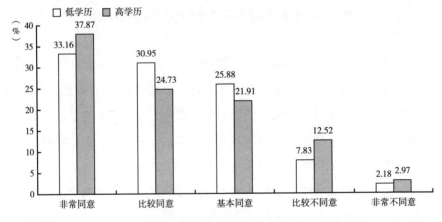

图 2-26 母亲学历与对辅导员职业规划指导工作的评价

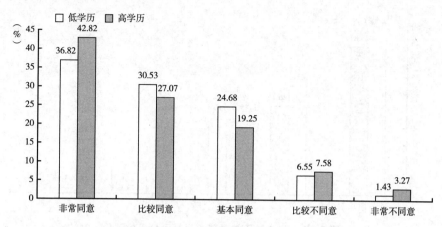

图 2-27　父亲学历与对辅导员是否关心学生心理健康的评价

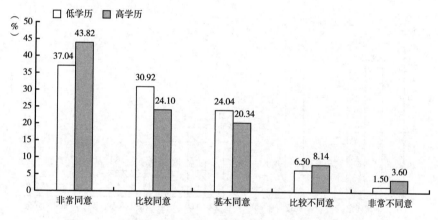

图 2-28　母亲学历与对辅导员是否关心学生心理健康的评价

如图 2-29 和图 2-30 所示，当以父亲学历衡量大学生家庭背景时，大学生对辅导员评选奖学金、助学金时是否做到公平公正的工作评价与以母亲学历衡量大学生家庭背景的情况基本一致。在非常同意方面，拥有高学历父亲和母亲的大学生占比均超过 40%，且都高于拥有低学历父亲和母亲的大学生比例；在比较同意和基本同意方面，来自低学历家庭的大学生比例高于来自高学历家庭的大学生比例；然而，在比较不同意和非常不同意这两方面，来自高学历家庭的大学生的负面评价更多，但都占据少数部分。

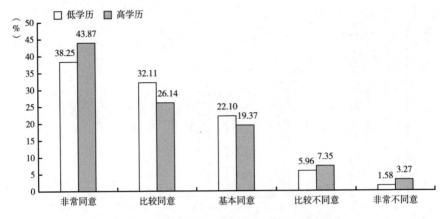

图 2-29 父亲学历与对辅导员是否公平的评价

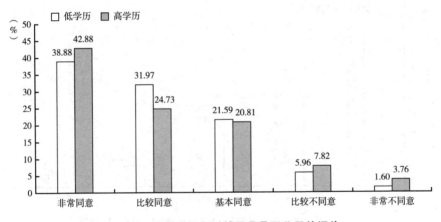

图 2-30 母亲学历与对辅导员是否公平的评价

2.5 小结

本章主要分析大学期间基本学习情况、学前教育的影响、本科毕业时出口状况，以及大学生对辅导员学生工作的评价四个部分。基本学习情况主要讨论大学生在大学期间担任学生干部和获得绩点排名的情况，以及当年高考的成绩。学前教育的影响部分主要分析学前教育对大学生高考成绩、社交能力、赡养父母以及工作状态等方面的影响。在本科毕业时出口部分，主要分析本科毕业时的状态、攻读硕士和博士研究生的不同选择，并从城乡、家庭背景和性别角度进行比较分析。最后，对辅导员关心学生的工作、对学生进行职业规划指导的工作、关心学生心理健康的工作以及在评奖学金和助学金方面是否公平公正地对待每一位学生的工作，分城乡和性别进行讨论。

我们发现，随着年级上升，担任班级干部的大学生比例在降低，担任年级、院级和校级干部的大学生比例略有增加。大学四年，大学生的成绩排名基本上呈现正态分布。对于高考成绩，农村学生的平均成绩相对于城镇学生的成绩稍微高一些，所以输在起跑线上并不能完全决定自己的命运，通过后天的努力也能够超越他人。幼儿园教育对每个人来说有举足轻重的作用，学前教育对孩子思想行为起到启蒙的作用，对孩子的认知、学习、社交能力产生影响。参加学前教育对高考成绩有一定的积极影响，并且一定程度上能够提高孩子后天的社交能力。在父母的养老问题的看法上，未上过幼儿园的孩子偏向于由子女承担父母的养老责任。此外，大学生对辅导员的学生工作普遍持正面评价，但是来自高学历家庭背景的学生持负面评价的比例更高。

第三章
家庭背景

众多学者探索了家庭背景状况对子代的影响，研究发现父母的受教育程度、职业性质、收入、婚姻状况等方方面面，都会影响到子代的受教育程度和教育资源的获得（李忠路，2016；李春玲和郭亚平，2021）、专业选择（郭孟超等，2020）、职业方向（周兴和张鹏，2015；李中建和袁璐璐，2019）、收入状况、婚姻稳定性以及婚姻匹配结果（Zhou 和 Deng，2018；Deng 和 Tang，2022）。不同的家庭背景不仅代表父辈群体之间生活境遇差异，而且影响下一代社会地位向上流动的机会。改革开放后中国社会分层变迁中家庭背景因素的作用日益凸显。"官二代""富二代""贫二代"等二代阶层现象层出不穷的背后，既凸显中国当代社会代际流动减缓、阶层意识上升等社会利益分化难题，也表明家庭背景对社会阶层认同感具有塑造作用（陈家喜和黄文龙，2012）。

本章将从父母的受教育程度、职业类型、婚姻状况，大学生兄弟姐妹数量以及家庭的经济水平几个方面来讨论大学生家庭背景，并进一步讨论父母的受教育程度对子代数量和收入的影响。

3.1 父母情况

图 3-1 表示大学生父亲和母亲受教育程度的整体比较。父亲和母亲的受教育程度在初中、高中、大专、本科水平上比较集中。母亲受教育程度为

文盲、小学、初中和中专的比例高于父亲的比例。在高中、大专及以上学历水平中，父亲的比例高于母亲的比例。这反映出一种社会现实，即女性偏好于找学历比自己高的男性作为配偶。父母的学历都在硕士及以上的大学生所占比例极少，在父母的那个年代大多数家庭面临的主要问题是解决温饱，能负担得起高昂学费的家庭比较少。

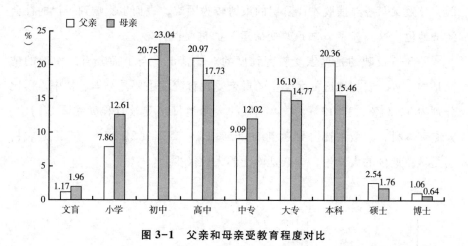

图 3-1　父亲和母亲受教育程度对比

图 3-2 直观地反映出农村大学生和城镇大学生的父亲受教育程度存在显著的差异，城镇大学生的父亲受教育程度高于农村大学生的父亲。农村大

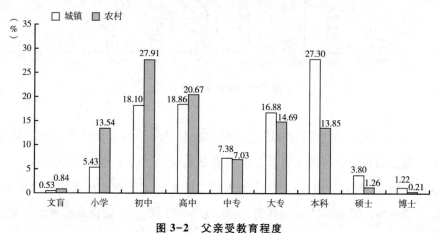

图 3-2　父亲受教育程度

学生的父亲受教育程度主要集中在初中水平，人数占比为 27.91%，其次是高中水平，人数占比为 20.67%，再次是小学水平，占总人数的 13.54%；父亲是文盲、硕士以及博士水平的学生人数极少。而城镇大学生的父亲受教育程度主要是高中和本科，所占比例分别为 18.86% 和 27.30%，父亲是文盲和博士的学生人数也是极个别情况。农村学生的父辈受教育程度普遍偏低，导致父辈想要摆脱农民阶层的束缚较为困难，进而也影响到子代的社会经济地位，这凸显了"知识改变命运"的重要性。

图 3-3 反映的是母亲受教育程度的对比情况。与上面分析的父亲的情况基本一致，农村地区的大学生的母亲受教育程度主要是小学、初中，占比分别为 32.34%、37.13%。城镇地区的大学生母亲受教育程度主要是初中、大专和本科，人数占比分别达到 19.65%、19.65% 和 21.15%。不论是农村还是城镇地区的大学生，母亲是博士的人数极少。

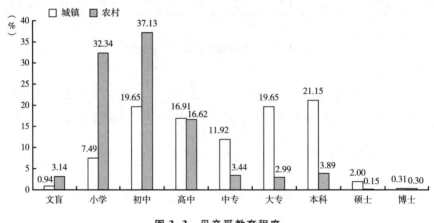

图 3-3　母亲受教育程度

图 3-4 为大学生父亲的职业情况。数据显示，城镇大学生父亲的职业中，最多的是专业技术人员，其次是党政机关、团体、企事业单位负责人，占比分别为 26.14% 和 20.34%。而农村大学生的父亲职业最多的是农、林、牧、渔业生产及辅助人员，居第二位的是生产制造、运输设备操作人员及有关人员，人数占比分别为 39.22% 和 14.97%。联系上面分析的父亲受教育

程度情况，城镇大学生的父亲受教育程度集中在大专和本科，而农村大学生的父亲受教育程度主要是初中和高中，学历在很大程度上会影响工作的获得，而且在大学生父辈的年代，正是国家发展需要知识技术人才的时候，所以具有高学历的父亲更多地从事知识技术水平较高的工作，农村大学生的父亲则从事低技能的工作。

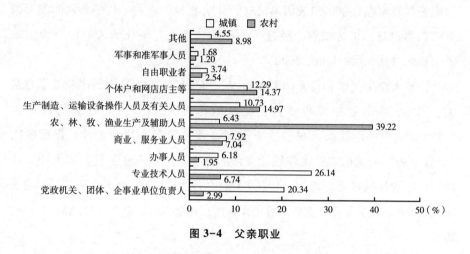

图3-4 父亲职业

图3-5显示了大学生母亲的职业情况，城镇大学生母亲主要从事专业技术人员、个体户和网店店主等工作，占比分别达到29.88%和14.04%。

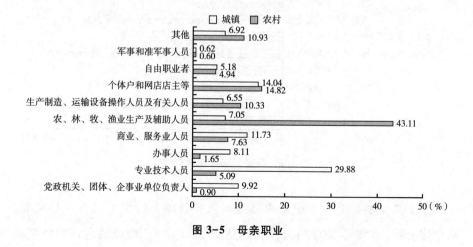

图3-5 母亲职业

农村大学生母亲职业最多的是农、林、牧、渔业生产及辅助人员，占比为43.11%，其次是个体户和网店店主等，人数占比达到14.82%。综上所述，大学生父母所从事的工作具有明显的城乡差异，并且这种差距可能会通过代际的传递影响到子代的职业选择，人们在婚姻市场择偶时，会根据职业的性质、风险程度、时间灵活度进行匹配，进而影响婚姻匹配结果。另外，父母的职业作为家庭背景的组成因素之一，也会直接影响到子代的婚姻匹配，因为"门当户对"的传统观念经过千百年的传承，对现代的人们的行为依旧产生影响（Deng 和 Tang，2022）。

比较大学生父亲和母亲的职业情况，可以发现区别最大的职业是党政机关、团体、企事业单位负责人，父亲的比例为 13.34%，母亲的比例为6.52%。这一差距反映出我们国家在高层领导上存在性别差异，也反映出"男强女弱"的陈旧观念在现代社会依旧存在。虽然现在企业负责人中，女性所占据的比例在不断增加，但是男性仍然占主导地位。此外，高管性别也影响企业价值，研究发现，企业高管中女性所占比重越大，企业价值越高（马骊，2020）。

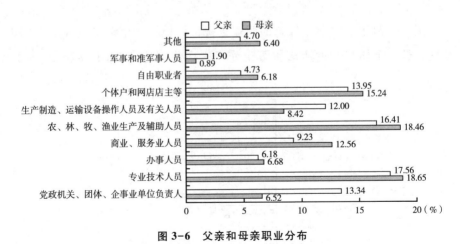

图 3-6　父亲和母亲职业分布

图 3-7 反映的是东、中、西部地区以及总体上大学生父母离异情况。从整体上看，大学生父母的离异程度达到了 6.47%；西部地区作为经济发

展水平较低、人口流出严重的地区，大学生的父母离异程度最高，占比达到8.74%；中部地区次之，比例为5.73%；东部地区大学生父母的离异程度最低，比例为5.63%。随着社会经济发展水平的不断提高，当前中国出现离婚率攀升的现象。中西部地区夫妻一方外出打工的现象非常普遍，这种异地分居的方式可能是中西部地区较高离婚率的重要原因。离婚率上升会影响人口出生率、儿童教育，以及社会稳定。此外，父母婚姻的质量也会影响子女的婚姻。父母婚姻不稳定的，子女更可能发生离婚和婚前性行为（Cunningham 和 Thornton，2006；Zhou 和 Deng，2018）。因而，全社会应该高度重视离婚率上升问题，制定适时对路的政策提升婚姻稳定性和解决离异人士的再婚问题。

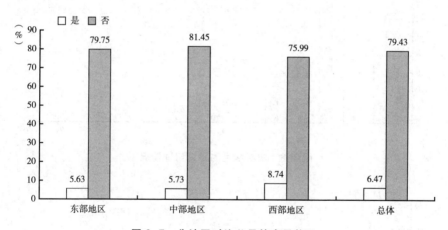

图 3-7　分地区对比父母的离异状况

3.2　兄弟姐妹数量

如图 3-8 和图 3-9，城镇地区的大学生是独生子女的比例高于农村地区，农村地区以"二孩"的情况居多，无论是城镇还是农村地区，家里有 4 个及以上个数孩子的情况非常少。随着我国鼓励生育的"二孩""三孩"政策的实施，兄弟姐妹的城乡差异可能会发生转变。当分性别进行讨论时，可以发现，在农村地区家中只有一个孩子时，男孩的比例高于女孩的比例，这也反映出"重男轻女"的传统观念（Ebenstein 和 Leung，2010；陆方文等，2017）依旧存在。另外，对比农村和城镇的性别差异，还可以发现城镇大学生的男女差异不大，而来自农村的大学生男女差异则比较大，在一定程度上反映出"生男生女一样好"的观念在城乡的接受度存在差异。农村地区的观念传播比较闭塞，"养儿防老"的思想在农村地区一直根植，不易被新观念所影响而改变。

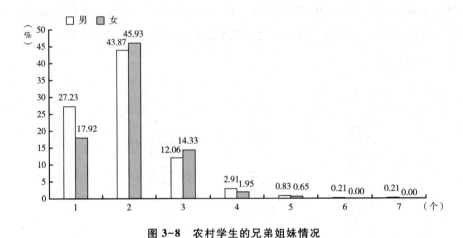

图 3-8　农村学生的兄弟姐妹情况

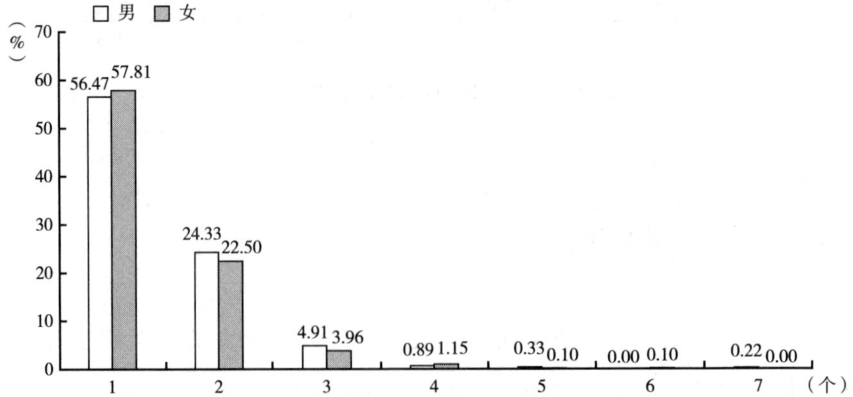

图 3-9　城镇学生的兄弟姐妹情况

如图 3-10 和图 3-11 所示，分析父母受教育程度与家庭中兄弟姐妹数量的关系。从整体来看，家庭的孩子数量主要集中在 1~3 个区间。当父亲和母亲的受教育程度在大专及以上时，大多数家庭的孩子为独生子女。计划生育政策在党政机关和企事业单位得到更严格的实施，高学历的父母更多地在党政机关和企事业单位工作。当父母的受教育程度在大专以下时，家庭的孩子数量为 2 个的占比最大。无论父母的受教育程度是高还是低，生育 4 个及以上孩子的情况很少。

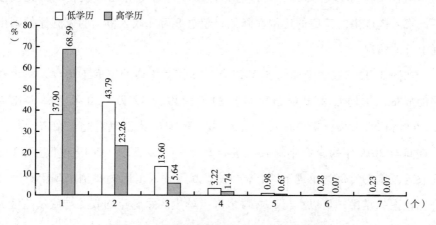

图 3-10　父亲受教育程度与兄弟姐妹数量

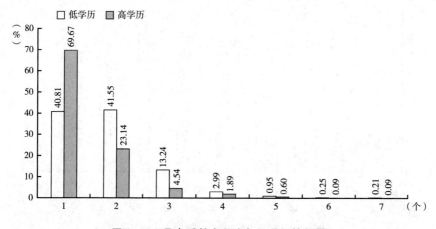

图 3-11　母亲受教育程度与兄弟姐妹数量

3.3 父母的背景与家庭收入

如图 3-12，在大学期间（本科阶段）和 2019 年，农村地区的家庭年均收入基本上呈正态分布，年均收入集中在 3 万~20 万元的区间范围内，大学期间出现频率最高的收入范围是 5 万~8 万元，占比为 20.56%；2019 年出现频率最高的收入范围是 8 万~12 万元，人数占比为 20.43%。将大学期间的年均收入与 2019 年对比，可以看到，2019 年家庭年均收入在 8 万元及以下低收入范围内的家庭的比例在降低，超过 8 万元收入范围的家庭比例则出现上升的情况。

如图 3-13，在大学期间和 2019 年，城镇大学生的家庭年均收入呈现右偏的分布，年均收入出现频率最高的范围均为 12 万~20 万元，占比为 23.76% 和 25.32%，年均收入超过 20 万元的家庭比例也超过了 20%。将大学期间与 2019 年的家庭年均收入进行对比，可以发现，2019 年低于 12 万元收入范围的比例均出现下降，高于 12 万元收入范围的比例出现上升。结合两幅图的结果，可以得出，农村地区大学生的家庭年均收入与城镇地区大学生的家庭年均收入存在较大的差距。

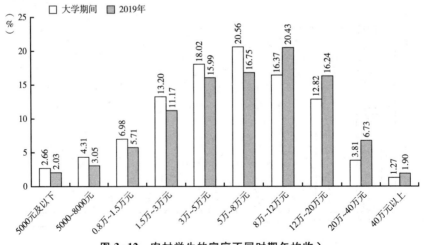

图 3-12　农村学生的家庭不同时期年均收入

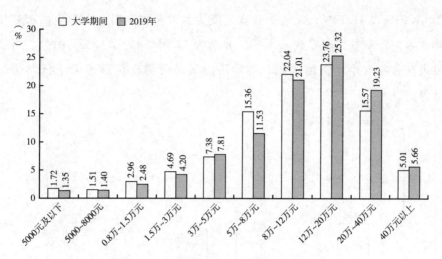

图 3-13 城镇学生的家庭不同时期年均收入

教育作为打破社会阶层固化、扭转收入分配代际传递的重要手段，往往被居民视为得到满意收入乃至迈入高收入阶层的重要途径。一般而言，受教育程度与收入水平具有正相关关系，受教育程度的高低会决定就业所从事的工作岗位和收入水平，我们接下来分析父母受教育程度与家庭年收入的关系。

如图 3-14 和图 3-15 所示，当父母的受教育程度属于低水平时（即大专以下），大学生的家庭年均收入处于中等收入水平的情况占比最大，分别

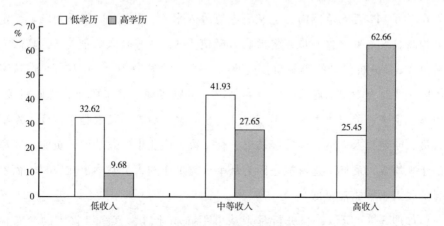

图 3-14 父亲学历与大学生家庭年收入

为41.93%和41.13%；父母受教育程度为大专及以上时，大学生的家庭年均收入主要集中在高等收入水平，分别为62.66%和63.85%。另外，可以发现在高收入水平的范围内，高学历的父母所占比例远远大于低学历的父母。

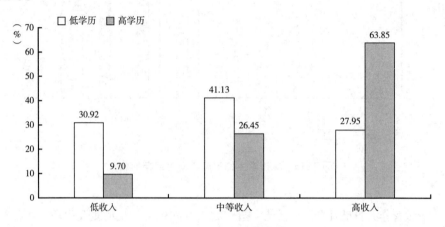

图3-15 母亲学历与大学生家庭年收入

注：收入水平定义为，低收入：5万元及以下；中等收入：5万~12万元；高收入：12万元以上。下文的收入划分与此处相同。

职业类型是决定收入水平的关键因素，父母所从事的职业会直接影响家庭的收入和社会地位。我们将收入在5万元及以下，定义为低收入水平；收入在5万~12万元范围内，定义为中等收入水平；收入在12万元以上，定义为高收入水平。进一步，将低收入赋值为1，中等收入赋值为2，高收入赋值为3，分析父母的职业与家庭收入的关系。图3-16所示为当父亲从事不同职业时大学生家庭收入的分布情况。可以发现，父亲职业为党政机关、团体、企事业单位负责人时，家庭平均收入水平最高，其次是军事和准军事人员、专业技术人员；当父亲是农、林、牧、渔业生产及辅助人员时，家庭的年平均收入最低，这可能是因为从事这类工作的人员基本上在农村，而农村的收入水平通常更低。

如图3-17所示，当分析母亲从事不同职业时，家庭年收入的分布情况，可以看到当母亲职业是党政机关、团体、企事业单位负责人或专业技术

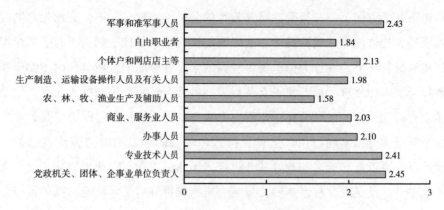

图 3-16　父亲职业与大学生家庭年收入

人员时，家庭年收入的平均水平最高，其次是军事和准军事人员。当母亲是农、林、牧、渔业生产及辅助人员时，家庭的年平均收入最低。

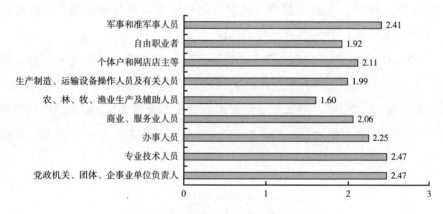

图 3-17　母亲职业与大学生家庭年收入

3.4　父母的背景与子女情况

教育作为人力资本的形成要素，对收入发挥着不可或缺的作用。个人收入水平不仅受自身受教育程度的影响，还受父母学历水平的影响（马良等，2016；杨新铭和邓曲恒，2017）。父母受教育程度影响子代收入的途径可能有以下几个方面。一是接受过高等教育的父母，一般情况下会有比较高的收入水平和先进的家庭教育理念，这样就能够为自己的孩子创造更合适的学习环境和成长环境，并且为孩子提供较强的学习竞争能力，使自己的子女也能够接受更高的教育，进而使子女获得较高的社会经济地位和收入水平。二是接受过高等教育的父母，在一定程度上也反映了父母的学习能力很强，由于生物学上遗传因素的作用，父母会把这种较强的学习能力遗传给自己的子女，子女更可能接受高等教育并获得令人满意的工作，以此来提高子女的收入水平。三是受教育程度高的父母更有可能获得好的工作机会和高的社会经济地位，为子女提供更丰厚的物质基础，直接增加子女的收入。

自 1999 年高校扩招以来，更多的学生有机会接受高等教育，在这种情况下代际传递更有可能影响的是下一代的收入而不是教育，也就是说，拥有同样的大学文凭，家庭社会经济地位更高的学生可能会找到收入更高的工作（李路路，2006）。在此过程中，优势阶层的子代在职业地位获得上继续保持并扩大着阶层优势（胡咏梅和李佳丽，2014）。

图 3-18 和图 3-19 反映了父母受教育程度的高低与子代收入的分布情况。可以发现，当父亲的受教育程度高时，子代每月的收入主要集中在 0.7 万~1.5 万元；在 0.7 万~1.0 万元范围内的比例最高为 27.87%，每月的收入在 0.3 万及以下的比例最低，为 0.7%，收入在最高水平 2.5 万元以上的

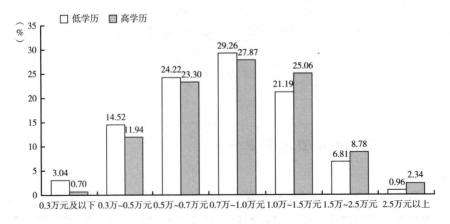

图 3-18　父亲学历与子女收入

比例为 2.34%。当父亲的受教育程度在大专以下时，子代的收入主要集中在 0.5 万~1.0 万元区间；处于 0.7 万~1.0 万元范围内的比例最高，为 29.26%；收入在 0.3 万元及以下的比例最低，为 3.04%；收入在最高水平 2.5 万元以上的比例为 0.96%。还可以发现，当收入小于 1.0 万元时，拥有受教育程度更高的父亲的大学生所占的比例更低；当收入超过 1.0 万元时，拥有高学历父亲的大学生占比高于拥有低学历父亲的大学生占比。

如图 3-19 所示，对于拥有高学历母亲的大学生来说，月收入主要集中在 0.7~1.5 万元区间，收入在 0.3 万元及以下的比例最少，为 0.73%，收入在 2.5 万元以上的比例为 2.92%。对于拥有低学历母亲的大学生而言，月收入主要集中在 0.5 万~1.0 万元区间，月收入在 0.3 万元及以下的比例较低，为 2.76%，月收入在 2.5 万元以上的比例为 0.86%。整体来看，当收入小于 1.0 万元时，拥有受教育程度更高的母亲的大学生所占的比例更低；当收入超过 1.0 万元时，拥有高学历母亲的大学生占比高于拥有低学历母亲的大学生占比。

结合上述情况，我们基本可以确定父母的受教育程度会正向影响子代的收入水平。在当前我国阶层固化较严重的情况下，寻找如何打破这种禁锢、促进共同富裕的方法应当重点关注。

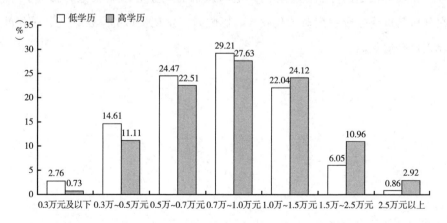

图 3-19　母亲学历与子女收入

3.5 小结

本章从父母的受教育程度、职业类型、婚姻状况,大学生兄弟姐妹数量以及家庭的经济水平几个方面来讨论大学生家庭背景,并进一步讨论父母的受教育程度对子代数量、子代收入的影响。

大学生父亲的受教育程度比母亲的更高一些,反映出女性偏好找学历比自己高的男性作为配偶。城镇大学生的父母受教育程度高于农村大学生的父母。进一步分析大学生父母的职业,发现城镇大学生父亲的职业中,最多的是专业技术人员,而农村大学生的父亲职业最多的是农、林、牧、渔业生产及辅助人员。城镇大学生母亲主要从事专业技术人员、个体户和网店店主等工作,农村大学生母亲职业最多的是农、林、牧、渔业生产及辅助人员。分地区讨论大学生父母的婚姻状况时,西部地区父母离异程度最高。城镇地区的大学生是独生子女的比例高于农村地区,农村地区以二孩的情况居多。此外,父母的学历会影响生育子女的数量,当父亲和母亲的受教育程度在大专及以上时,大多数家庭的孩子为独生子女;当父母的受教育程度在大专以下时,家庭的孩子数量为2个的占比最大。在家庭收入方面,城镇家庭的收入普遍比农村家庭的更高。父母的学历和从事的职业会影响家庭的收入水平。在分析父母受教育程度对子代收入的影响时,发现父母的学历越高,子代的收入也普遍更高。

第四章

投资与消费

　　随着社会的发展和个人收入的增加，年轻人的消费观念正在发生转变。这种转变既有积极的一面，也有消极的一面。积极的一面包括年轻人更注重生活品质和消费体验，愿意为高端产品付费，这将促进产业结构的升级，拉动内需和促进经济发展。此外，年轻人也成为互联网金融的主力军，促进了互联网金融行业的快速发展。然而，消费转变也存在消极的一面。年轻人容易盲目跟风、攀比消费，形成不良的消费习惯，从而陷入消费陷阱。此外，互联网借贷平台的参差不齐也容易导致年轻人陷入高额欠款的危机。因此，年轻人应该更加理性地看待消费和借贷，树立正确的消费观念，合理规划自己的财务和消费计划。

　　随着年轻人消费观念的转变，社会普遍将他们贴上了冲动消费的标签，认为年轻人消费没有节制、缺乏风险意识。我们从三个方面分析投资和消费习惯发生转变的原因。首先，社会生活成本的提高使年轻人的日常支出更多，尤其是租房和房贷等刚性支出，这使他们需要更加理性地管理资金，更注重资金的效益和投资回报。其次，随着互联网和金融的结合，金融投资已经变得越来越普遍，并且投资渠道也变得更加便捷和多样化。这使年轻人更容易接触到金融产品和投资机会，也更容易参与到金融市场中来。最后，随着国家社会保障体系的不断完善，人们对于经济不确定性的担忧逐渐减少，这使年轻人更愿意将资金用于投资和消费，而不是储蓄。但是，对于个人而言，储蓄仍然是保障自身经济安全和实现财务目标的一种重要手段，因此，年轻人也应该理性地看待储蓄和投资的关系，根据自身情况合理规划资金的运用。

本部分利用第二轮 CCSLS 所提供的相关数据报告本科毕业生投资与消费相关内容，包括毕业生财产与经济状况、理财状况、投资理念、消费情况等内容。数据来源丰富，相关分析全面，可以全面反映当代大学生投资与消费的各项情况。

4.1 投资

本节利用第二轮 CCSLS 数据分析本科毕业生的财产与经济状况、理财状况、投资理念等方面的情况。

4.1.1 财产与经济状况

第二轮 CCSLS 数据显示，毕业生普遍拥有较多的可用财产。如图 4-1 所示，在毕业生中，41.13% 的男性和 41.02% 的女性拥有 10000 元以上的存

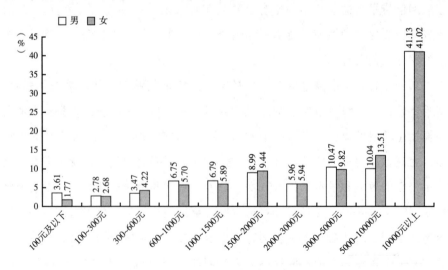

图 4-1 现金和活期存款（分性别）

款，10.04%的男性和13.51%的女性拥有5000~10000元的存款。值得注意的是，约有15%的毕业生的存款在1000元及以下，有3.61%的男性和1.77%的女性拥有的存款在100元及以下，说明目前仍有部分毕业生的经济状况较差，缺乏财产管理意识。另外，数据显示男性与女性的存款并没有显著差别。

如图4-2所示，若将毕业生按照城镇与农村进行划分，可以发现大部分毕业生拥有较多的存款，其中51.78%的城镇毕业生和48.60%的农村毕业生拥有10000元以上的存款，城镇毕业生的比例比农村毕业生高出3.18个百分点，说明来自城镇的毕业生的经济状况普遍较好。

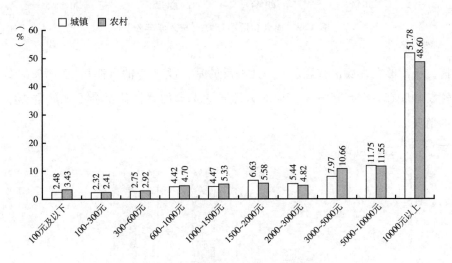

图4-2 现金和活期存款（分城乡）

我们将毕业生按照入学年份划分为2012级、2013级、2014级、2015级四个群体。由图4-3可知，在存款为10000元以上这个区间内，入学越晚的同学，所占的比例越高。其中的原因可能是，入学越早的毕业生，越早承担起了成家立业的责任，买房、育儿等生活经历可能会"掏空"他们的存款。

如图4-4所示，在所有毕业生中，82.24%的男性和80.93%的女性在每月财务状况中没有赤字；46.63%的男性和46%的女性不仅能够做到收支平

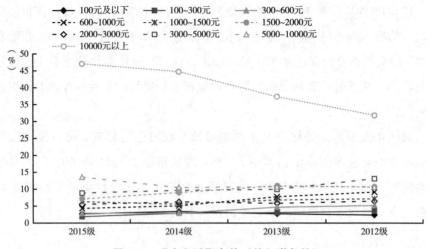

图4-3 现金和活期存款（按入学年份）

衡，还能够在月底留有盈余。与此相反的是，17.77%的男性和19.07%的女性在月底有赤字，其中3.47%的男性和3.11%的女性甚至会出现严重赤字的情况。

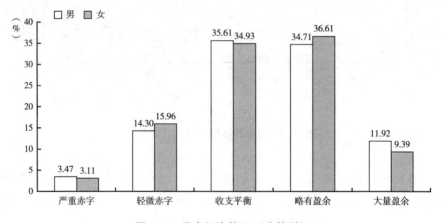

图4-4 月底经济状况（分性别）

如图4-5所示，83.09%的城镇毕业生和82.48%的农村毕业生在每月的财务状况中没有赤字，54.53%的城镇毕业生和50.63%的农村毕业生在月底还能够做到留有盈余。可见，城镇毕业生比农村毕业生在月底时的经济状况略好。

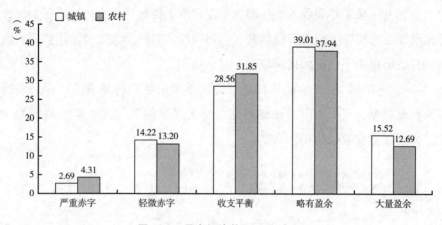

图 4-5 月底经济状况（分城乡）

本部分依据"您现在的状态"问题，将回答中的境内读硕士、境内读博士、境外读硕士、境外读博士四类人群划分为在校生，将工作、创业两类人群划分为已工作。若将毕业生月底经济状况按照在校生和已工作进行分类，结果如图 4-6 所示。可以看到，已经工作的毕业生的月底经济状况普遍比在校生要好，53.41%的已工作毕业生能够在月底留有盈余，占比超过一半，而同状况的在校生仅占 38.66%。与此同时，仅有 14.57%的已工作大学生在月底会出现赤字情况，而同状况的在校生占比高达 22.5%。由此

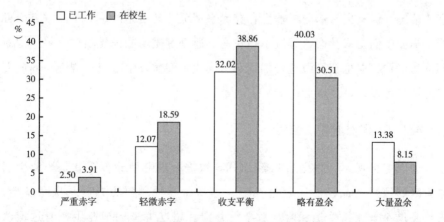

图 4-6 月底经济状况（按毕业状态）

可见，拥有一份工作和收入，能够在一定程度上缓解毕业生的经济压力。选择继续深造的毕业生们由于仍然处在学习阶段，暂时无法获得工作收入，因此在月底出现赤字情况的比例较高。

如图 4-7 所示，与存款情况类似，入学年份越早的毕业生，在月底的经济状况越差，产生赤字的比例越高。与之相反的是，入学年份越晚的学生，在月底留有盈余的比例越高。

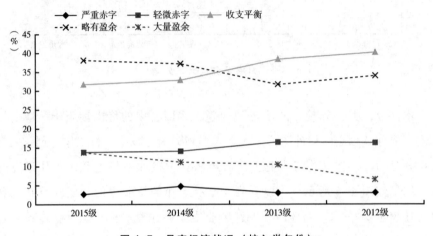

图 4-7　月底经济状况（按入学年份）

可见，绝大部分毕业生能够管理好每月的收入与支出，能够避免出现赤字的情况。但是仍有部分毕业生存在赤字情况，甚至是严重赤字。一方面可能是毕业生们初入社会，难以承担住房、通勤等激增的开支项目；另一方面不良的消费习惯也会导致这样的情况。毕业生们需要学习财产规划，养成良好的消费习惯，避免成为一名"月光族"。

4.1.2　理财状况

如图 4-8 所示，根据第二轮 CCSLS 数据，理财型储蓄存款是毕业生们最青睐的理财产品，占比超过 50%，远高于其他理财方式。其次是基金，占比超过 45%；接着是保险、股票，分别有超过 15% 的毕业生持有过这两类理财产品。少部分人持有过外汇、债券、贵金属、虚拟货币和期货，极少数人持有过权证和其他理财产品。此外，男性更加喜欢投资高风险的股票和虚拟货币，女性则更加倾向于投资低风险的理财型储蓄存款和基金。

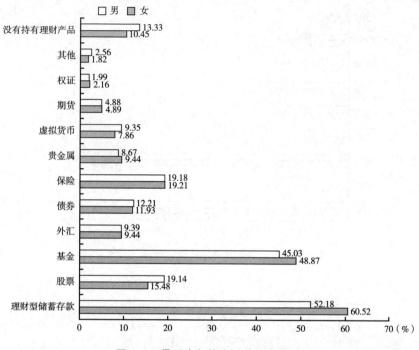

图 4-8　最近半年持有过的理财产品

　　如图 4-9 所示，从大部分理财产品的持有率来看，城镇毕业生的持有率比农村毕业生要高，只有权证和期货两种理财产品的持有率较低。一方面，这说明来自城镇的毕业生的理财观念更加强烈，更愿意将自己的部分资产用于投资，合理地管理和支配财富；另一方面，这可能也说明城镇毕业生手头更宽裕，拥有更多可供投资理财的资金。

　　由图 4-10 可以看出，入学年份越早，理财型储蓄存款和基金的持有比例越低，而股票、保险等其他理财产品的持有比例则越高，说明随着大学生逐渐步入社会，他们不再局限于传统的存款、基金这样比较稳健的理财方式，转而投资股票等更有风险的产品。

　　我们的调查表明，大学生在理财方面的认识和行为在不断变化和发展。

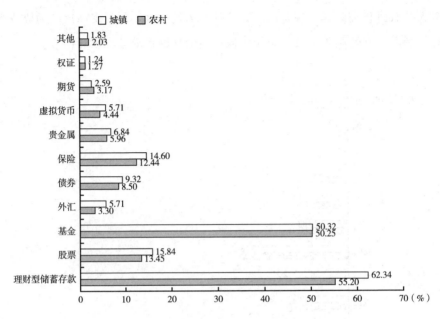

图 4-9　最近半年持有过的理财产品（分城乡）

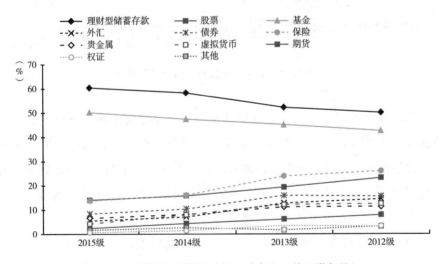

图 4-10　最近半年持有过的理财产品（按入学年份）

一方面，他们更倾向于选择风险较低、稳定性较高的理财产品，如理财型储蓄存款和基金；另一方面，他们也开始尝试多元化投资，"不把鸡蛋放在一个篮子里"，部分人尝试投资股票、债券等风险较高的理财产品。这表明大学生在理财方面的风险意识逐渐增强，更加理性和成熟。另外，互联网金融的兴起也对青年人的理财意识产生了积极影响，随着科技的不断发展，金融市场将变得更加透明和普惠，投资理财也将变得更加容易和方便，这让更多的大学生开始关注和参与金融市场（李阳和杨卓茹，2021；柳建坤等，2022）。

如图 4-11 所示，在最近半年持有过理财产品的毕业生里，他们的投资金额大多位于 2000 元及以下和 1 万~3 万元这两个价值区间内，有少部分毕业生的投资金额大于 10 万元，甚至大于 20 万元。这说明毕业生们大多具备了一定的理财意识，愿意将存款拿出来用于投资理财。此外可以发现，当投资金额大于 3 万元时，男性的比例更高，说明男性更愿意进行大额投资。

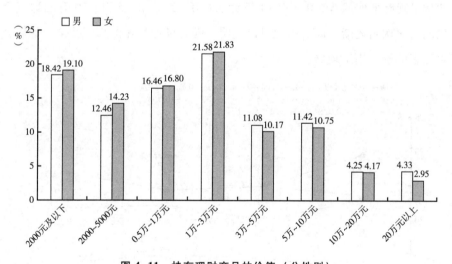

图 4-11　持有理财产品的价值（分性别）

如图 4-12 所示，在 2000 元及以下的区间，农村毕业生的比例更高；而在 2000~5000 元和 10 万~20 万元这两个区间内，城镇毕业生的比例更高。其他价值区间内，城镇毕业生和农村毕业生没有显著差别。

由图 4-13 可知，入学年份越早，持有理财产品价值为 5000 元及以下的

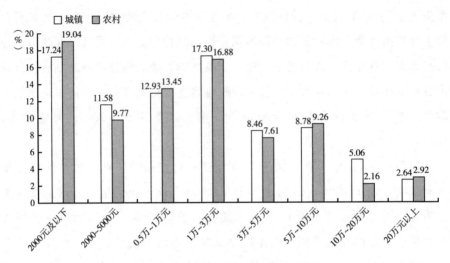

图 4-12　持有理财产品的价值（分城乡）

比例呈现降低的趋势，0.5万~1万元、1万~3万元、5万~10万元这三个区间的比例则逐渐提高。由此可以说明，随着毕业生逐渐步入社会，他们会将更多的资金用于理财。

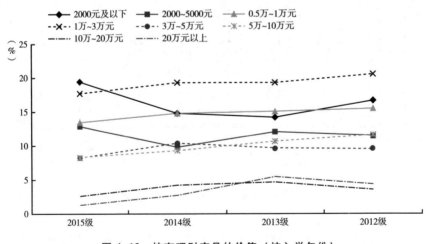

图 4-13　持有理财产品的价值（按入学年份）

总体而言，毕业生用于理财的资金较少，过半的毕业生用于投资的资金在3万元及以下。从年龄来看，初入社会的毕业生由于资金不充足，并不会投入过多资金用于理财，随着进入社会年份的增加，他们会逐渐投入更多的资金用于购买理财产品。由此可见，避免风险、资金不足是限制大学毕业生投资的两大主要原因。

如图4-14所示，在投资过虚拟货币的毕业生中（约占总体人数的8.65%），40.19%的人选择投资比特币，36.64%的人投资过Q币。此外，他们对其他虚拟货币也有着浓厚的兴趣，有30%左右的人投资过以太币、莱特币和瑞波币，也有少部分人投资过柚子币和狗狗币。这说明选择投资虚拟货币的毕业生对各种虚拟货币都有所了解，愿意尝试投资各种不同的虚拟货币。

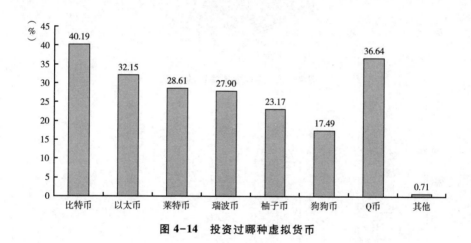

图4-14　投资过哪种虚拟货币

由图4-15可知，持有过虚拟货币的毕业生中，77.78%的人持有虚拟货币的价值在1.5万元及以下，9.91%的人持有虚拟货币的价值超过3万元，有2.42%的人持有15万元以上的虚拟货币。这说明绝大部分毕业生对虚拟货币仅投入有限的资金，不会投入过多。

4.1.3　投资理念

如图4-16所示，从投资理念来看，首先，大部分毕业生比较保守，属于风险规避者，不愿意承担过多的亏损，45.25%的男性和47.53%的女性只

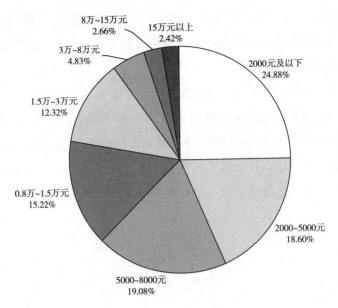

图 4-15　持有虚拟货币的价值

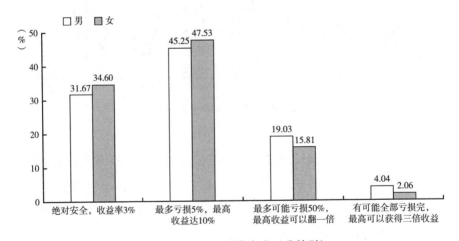

图 4-16　偏好的投资方式（分性别）

愿意承担 5% 的风险。4.04% 的男性和 2.06% 的女性的投资理念比较激进，属于风险偏好者。另外，女性比男性对风险的敏感程度更高，更倾向于比较稳定和保守的理财方式；而男性则愿意承担更高的风险，会选择更加激进的理财方式。

如图 4-17 所示，52.96% 的城镇毕业生和 47.97% 的农村毕业生只愿意承担 5% 的亏损，可见城镇的毕业生更倾向于相对稳定的理财产品，而来自农村的毕业生更倾向于选择带有一定风险的理财产品。

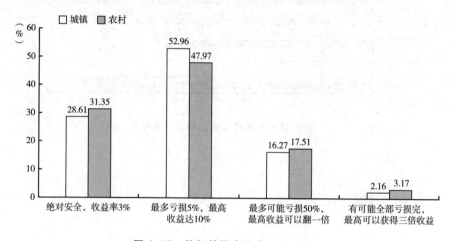

图 4-17　偏好的投资方式（分城乡）

如今社会生活成本较高、生活压力较大，大学生刚刚迈入社会，资金的积累仍然较少。在此背景下，大学生优先满足日常生活需要，选择保守的理财风格，也不失为一种良策。未来，随着资金积累的增加，大学生可以持续学习理财知识，选择合适的理财产品，逐渐提高金融市场的参与度。

如图 4-18 所示，大学生对投资理财看法和操作主要受到父母家人、舍友、同事和研究生同学的影响。其中受到父母家人和大学舍友的影响最大，41.60% 的男生和 47.53% 的女生的理财观念受到父母家人的影响，40.63% 的男生和 38.62% 的女生受到大学舍友的影响。而非舍友大学同学、中小学同学、理财顾问等人对他们的理财理念的影响较小。其中，男性受到大学舍友和中小学同学的影响更大，女性受到父母家人和理财顾问的影响更大。

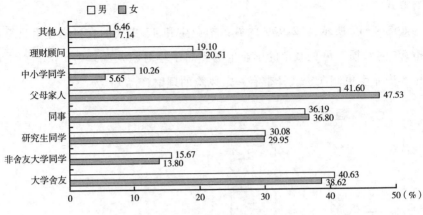

图 4-18　投资理念受到哪类人影响

4.2　消费

如图 4-19 所示，毕业生的消费类型主要为理智计划型，其中超过 47% 的男性和女性大学生是此类型。其次为经济节俭型，23.80% 的男生和 22.95% 的女生是该类型。分性别来看，男生和女生的消费类型并没有显著差异，属于冲动随意型的女性毕业生的比例比男性毕业生要高 1.46 个百分

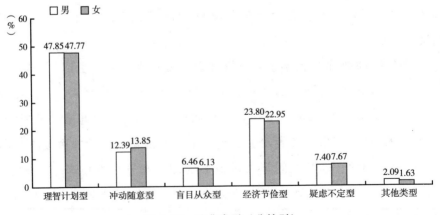

图 4-19　消费类型（分性别）

点，属于经济节俭型的男性毕业生的比例比女性高 0.85 个百分点。

如图 4-20 所示，属于冲动随意型的城镇毕业生的比例比农村毕业生高 3.57 个百分点，同样，属于理智计划型的城镇毕业生的比例比农村毕业生高出 0.6 个百分点。而在盲目从众型和经济节俭型这两个分类中，农村毕业生的比例比城镇毕业生分别高出 0.91 个百分点、3.18 个百分点。由此可见，城镇毕业生的消费类型更大概率会冲动随意，而农村毕业生更大概率会保持经济节俭。

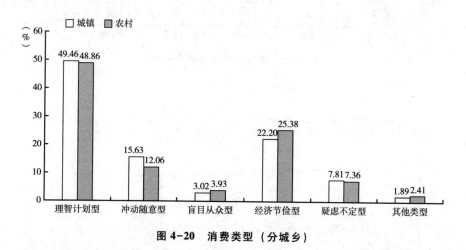

图 4-20 消费类型（分城乡）

如图 4-21 所示，毕业后选择进入职场的毕业生和选择继续深造的大学生在消费类型方面总体上没有太大差距，大多数人属于理智计划型，48.22% 的在校生和 48.37% 的已工作的毕业生属于该类型。其次是经济节俭型，在校生和已工作的毕业生属于该类型的比例分别为 22.63%、23.24%。

如图 4-22 所示，经济节俭型和疑虑不定型这两种消费类型的毕业生的比例并没有随入学年份的变化而变化，在四个年级的毕业生中的比例大致相同。入学年份越早，理智计划型和冲动随意型的毕业生的比例越低，而盲目从众型的比例则显著提高。可见，入学年份较晚的毕业生，更大概率能够拒绝盲从，更加理智。

如图 4-23 所示，大多数的毕业生及其父母在消费风格上属于理智计划

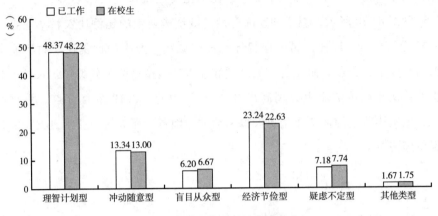

图 4-21　消费类型（按毕业状态）

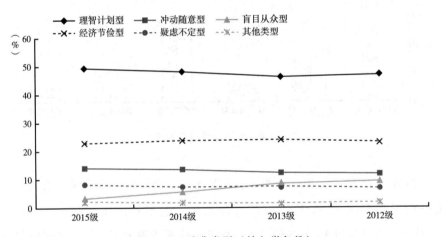

图 4-22　消费类型（按入学年份）

型和经济节俭型，其中，父亲偏向于理智计划型，而母亲倾向于经济节俭型。40.59%的毕业生父亲和 47.80%的毕业生本人属于理智计划型，46.58%的毕业生母亲属于经济节俭型。此外，13.01%的毕业生本人属于冲动随意型。

如表 4-1 所示，毕业生及其父母的消费类型都呈现显著正相关的关系，毕业生父亲与母亲的消费类型的相关系数为 0.568，毕业生本人与

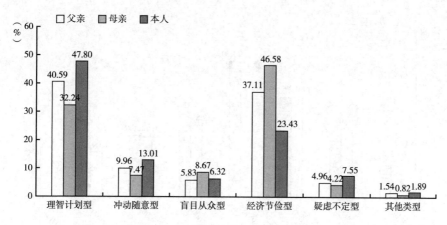

图 4-23 毕业生及其父母的消费类型

父亲的相关系数为 0.404，与母亲的相关系数为 0.399。由此说明，同一个家庭内的消费类型存在显著的相关性，其中父亲与母亲的消费类型的相关性最强，毕业生本人与父亲的相关性要略高于与母亲的相关性。

表 4-1 毕业生及其父母消费类型的相关系数

项目	父亲	母亲	本人
父亲	1.000		
母亲	0.568 ***	1.000	
本人	0.404 ***	0.399 ***	1.000

如图 4-24 所示，毕业生平均每月的总消费主要在 2000~3000 元的区间内，有 22.32% 的男性和 24.29% 的女性集中于此。在 2000 元及以下和 8000 元以上的范围内，男性的比例更高；而在 2000~8000 元的区间内，女性的比例更高。

由表 4-2 可知，男性毕业生的消费主要集中于伙食、衣服饰品、学习和社交娱乐方面，每月花费 500~1000 元和 1000~2000 元在伙食方面的男生分别有 30.05% 和 26.62%，27.45% 的男生每月花费 200~500 元在衣服饰品方面，25.06% 的男生每月花费 100~200 元在学习方面，25.21% 的男生每月

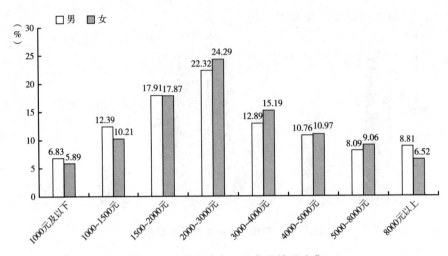

图 4-24 最近半年平均每月的总消费

花费 200 ~ 500 元在社交娱乐方面。男生在医疗方面的消费普遍较少，22.61% 的毕业生每月在医疗方面的花费为 0 元。有 65.79% 的毕业生每月需要承担房租房贷，35.32% 的毕业生需要承担车贷。

表 4-2 男性平均每月在不同方面的消费

单位：%

项目	0 元	100 元及以下	100 ~ 200 元	200 ~ 500 元	500 ~ 1000 元	1000 ~ 2000 元	2000 ~ 3000 元	3000 ~ 5000 元	5000 元以上
伙食	1.91	3.18	6.10	13.87	30.05	26.62	8.31	4.15	5.81
衣服饰品	3.61	11.30	18.74	27.45	17.55	10.69	5.60	2.56	2.49
学习	4.51	18.63	25.06	22.03	13.22	7.37	4.55	2.35	2.28
社交娱乐	3.07	12.17	18.06	25.21	18.67	10.91	6.07	2.53	3.32
房租房贷	34.20	4.69	4.95	7.98	13.07	14.08	9.21	5.67	6.14
医疗	22.61	26.83	17.05	12.42	7.84	6.36	3.83	1.59	1.48
车贷	64.68	3.32	3.79	4.80	7.30	6.68	5.49	2.17	1.77
其他	39.47	8.56	12.06	12.31	10.36	8.09	4.44	2.06	2.64

由表 4-3 可知，与男性毕业生相似，女性毕业生的消费也集中于伙食、衣服饰品、学习和社交娱乐方面，每月花费 500 ~ 1000 元和 1000 ~ 2000 元在

伙食方面的女生分别有 31.24% 和 26.55%，27.36% 的女生每月花费 200~500 元在衣服饰品方面，25.06% 的女生每月花费 100~200 元在学习方面，27.07% 的女生每月花费 200~500 元在社交娱乐方面。女生在医疗方面的消费普遍较少，20.51% 的女生每月在医疗方面的花费为 0 元。有 61.28% 的女生每月需要承担房租房贷，29.77% 的女生需要承担车贷。

结合表 4-2 与表 4-3，毕业生每月的消费主要用于伙食、衣服饰品、学习和社交娱乐方面，而女性承担房租房贷、车贷的比例略低于男性。

表 4-3 女性平均每月在不同方面的消费

单位：%

项目	0 元	100 元及以下	100~200 元	200~500 元	500~1000 元	1000~2000 元	2000~3000 元	3000~5000 元	5000 元以上
伙食	1.44	2.30	5.27	14.37	31.24	26.55	8.77	3.40	6.66
衣服饰品	1.29	5.56	15.20	27.36	23.05	15.19	5.37	3.40	3.59
学习	3.02	17.82	25.06	23.81	12.75	7.62	5.03	2.78	2.11
社交娱乐	2.35	9.77	18.88	27.07	19.21	12.22	5.08	2.73	2.68
房租房贷	38.72	3.74	5.56	7.09	10.59	14.61	9.82	5.37	4.50
医疗	20.51	28.80	17.54	13.51	8.24	5.61	2.97	1.63	1.20
车贷	70.24	2.40	2.78	5.37	5.61	6.52	4.17	1.53	1.39
其他	43.12	6.90	11.16	12.84	11.64	6.47	3.93	2.30	1.63

使用中国综合调查（CGSS）数据和拓展性线性支出（ELES）模型，刘向东和米壮（2020）发现，随着服务性消费在总消费额中所占比例的提高，非基本消费的比例也在增加，表明我国正处于消费升级的阶段。杜丹清（2017）也认为，在互联网时代，消费升级得以推动。我们的研究结果同样指出，大学生群体也存在消费升级现象，他们愿意将更多的消费用于服务性和非基本消费，如学习和社交娱乐。

由图 4-25 可知，毕业生主要住在学生宿舍。此外，来自城镇的毕业生通常能够得到更多的来自家庭的支持。城镇毕业生中有 7.81% 的人家庭全资支持他们买房，11.10% 的人家庭会负责首付，13.95% 的人仍然居住在父母家。相比之下，来自农村的毕业生更倾向于独自租房、与他人合租、住在单位宿舍，分别占 17.26%、16.37%、13.20%。这一现象反映出城乡之间在住房条件和支持方面的差异，城镇毕业生在住房方面得到了更多的家庭支持，而来自农村的毕业生则更倾向于选择经济实惠的住房方式。

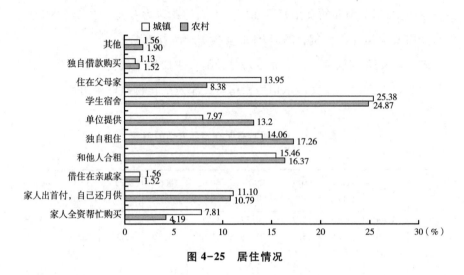

图 4-25　居住情况

我们将图 4-25 中"家人全资帮忙购买""家人出首付，自己还月供""独自借款购买"定义为"已买房"，将其他选项（"其他"除外）定义为"暂未买房"。结果如图 4-26 所示，其中有 29.58% 的男性毕业生和 24.96% 的女性毕业生已经买房。男性毕业生买房的比例稍高于女性毕业生，可能与男性在经济收入方面相对更有优势有关，也可能与婚姻市场上对男性拥有房屋要求更高有关。

如图 4-27 所示，在已经买房的毕业生中，男性的比例更高，占61.09%，女性占 38.91%。与第一轮 CCSLS 结果（男性占比 78.26%，女性占比 21.74%）相比，女性买房比例显著提高。林蒙丹和林晓珊（2020）认为，由于教育同质性以及计划生育政策，我国许多青年女性都拥有了更大的经济自主权，开始活跃在住房市场中。

如图 4-28，有 20.36% 的城镇毕业生和 16.82% 的农村毕业生已经购置房产，城镇大学生显著地比农村大学生更可能购买房屋。这反映了城

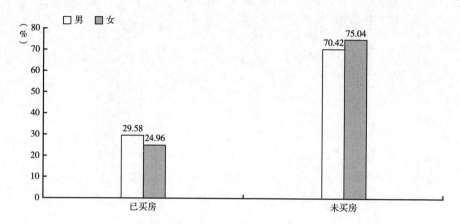

图 4-26　买房的比例（分性别）

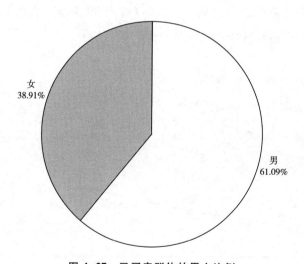

图 4-27　已买房群体的男女比例

乡差距和收入差距在房地产市场中的体现。由于城镇化的加速和城市经济的发展，城镇居民的收入水平相对较高，购房需求也相对较强。而农村地区的经济相对较为落后，大部分农民的收入水平有限，购房需求也相对较弱。

如图 4-29 所示，若按入学年份进行划分，那么入学年份越早，步入社

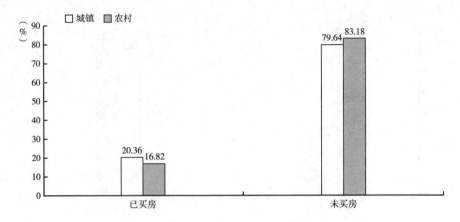

图 4-28　买房的比例（分城乡）

会越早，购房比例则越高，从 16.13% 提高到 39.74%。说明毕业生们随着年龄的增长，会逐步开始"安家"立业，购置房产。

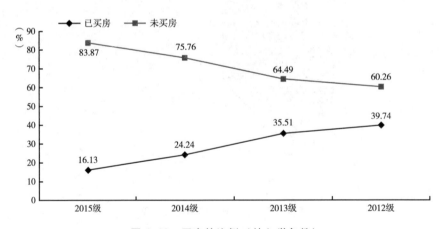

图 4-29　买房的比例（按入学年份）

　　房屋作为生活中的必需品，具有居住和投资两种属性。在中国传统文化中，家和房屋紧密相连，有房才有家，拥有一套房产不仅能够提供居住的安全感和归属感，也是婚姻市场的必备条件。同时，房屋保值增值的吸引力吸引了众多居民投资购房，甚至产生了一批"炒房客"。对于大学生来说，买房是一项性价比较高的投资理财渠道。随着进入社会时间的增加和资金的积累，大学生的购房比例也会相应提高。

4.3 小结

利用 CCSLS 第二轮的调查数据，本章从投资和消费两个角度来研究初入社会的大学本科毕业生的资金使用和资金管理情况。调查结果表明，由于性别、城乡和年龄等方面的不同，毕业生在投资和消费方面表现出差异。从投资角度看，各类型的毕业生表现不同，但总体而言，大学生表现出积极进行资产管理的趋势。大学生通常拥有较多可支配财产，其中半数的大学生每月还有盈余。在投资风格方面，大学生更倾向于选择风险较低、相对稳定的理财产品，而且他们的投资金额较低，只有少数人开始尝试各种不同的理财产品。总体而言，毕业生们的投资风格比较保守，风险承受能力较弱。

从消费角度来看，毕业生们的消费风格相对理智，较少冲动购物和盲目跟风。大多数人的消费集中在伙食、衣服饰品、学习和社交娱乐等方面。此外，调查结果还显示，不到30%的毕业生已经购房，而越早入学的毕业生越有可能购房。

总的来说，随着大学生步入社会，他们的投资和消费都变得更加成熟和稳重，也更加勇于尝试。这表明，随着经济的发展和教育水平的提高，年轻人在资金管理方面越来越理性和成熟。同时，这也可能反映了当前社会的就业形势和收入分配状况，导致年轻人更加注重资金的管理和规划，以确保自己的经济独立和未来的稳定发展。此外，随着房价的不断上涨和年轻人的经济实力的增强，越来越多的毕业生开始考虑购房，这也反映了年轻人对于未来的规划和对于稳定生活的追求。

第五章

工作与创业

随着近年来高校毕业生规模逐渐扩大，每年毕业季，"考研难""就业难"等问题经常被提及，高校毕业生的升学和就业问题已成为公众关注的焦点。为缓解毕业生在就业选择方面的压力，国家出台了各种政策来确保高校毕业生的顺利就业。

《"十四五"就业促进规划》（简称《规划》）指出，就业是最大的民生，也是经济发展最基本的支撑。为解决"十四五"时期的结构性就业矛盾，实现高质量就业，《规划》提出，政府需"坚持就业导向、政策协同，坚持扩容提质、优化结构，坚持市场主导、政府调控，坚持聚焦重点、守住底线"的基本原则，着力实现保持就业形势总体平稳、实现就业质量稳步提升、坚持缓解结构性就业矛盾、持续释放创业带动就业动能、增强各类风险应对能力。

高校毕业生应当从个人、社会和国家的角度出发，了解升学就业形势，结合个人理想，选择适合自己的毕业去向。因此，本调查聚焦于毕业生就业创业方向，调查了毕业生职业规划、工作情况、创业情况等方面的问题，以期利用调查结果得出相应结论，为高校毕业生及社会各界人士提供参考。

5.1 职业规划

大学生职业规划教育对新就业大学毕业生职业稳定性有重要影响，大学生职业规划可有效增强新就业大学毕业生的职业稳定性，显著降低新就业大学生的离职行为（杜兴艳等，2021）。职业规划对个人发展道路的选择有重要意义。因此，该部分将从职业规划入手，调查分析毕业生的升学就业状态及毕业生对获得工作机会方面最重要的三项因素的认知，以明确毕业生对升学、就业的态度和对当前就业市场的判断。

5.1.1 个人升学就业状态

图 5-1 显示了受访者本科毕业时的状态。从中可知，选择毕业后立即工作的受访者占比最多，达 38%；其次是选择境内读硕士的受访者，达26%；毕业时仍在准备考研的受访者占 9%；毕业后创业者占 8%。升学和工作仍是毕业生毕业后的主要去向，国内升学占比高于国外升学。创业者存在，但占比较少。

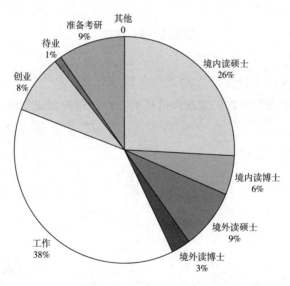

图 5-1　本科毕业时状态

图 5-2 显示了受访者现在的状态。从中可知，现在已进入工作状态的受访者占比最多，达 49%，占比将近一半；其次是选择境内读硕士的受访者，达 19%；创业者占 7%。随着时间的推移，大部分人走上了工作岗位，

但还是有一部分人选择继续求学。创业和准备考研的受访者占比相比刚刚毕业时，分别下降了1个和2个百分点。

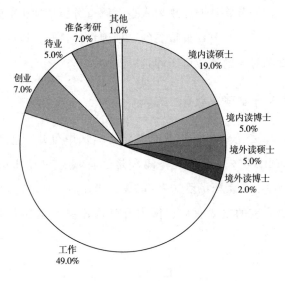

图5-2　当前状态

　　图5-3显示了不同性别受访者毕业时的状态。从中可知，性别对毕业生毕业时去向的选择存在一定程度的影响。在工作和创业方面，男性占比明

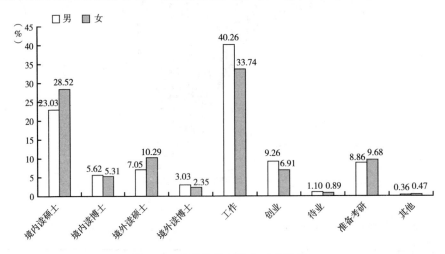

图5-3　本科毕业时状态（分性别）

显高于女性，在升学方面（尤其是选择读硕和考研方面），女性占比明显高于男性。男女之间有不同的选择偏好，男性更偏向于尽早进入社会寻找工作，女性更偏向于留在学校继续读书深造。

图5-4显示了不同专业受访者毕业时的状态。在数据处理时，将境内读硕士、境内读博士、境外读硕士、境外读博士统一归为升学，将工作和创业统一归为就业。图5-4仅显示了不同专业受访者毕业时在升学和就业之间的选择。从中可知，专业对毕业生毕业时去向的选择存在一定程度的影响。人文、经管、医科专业的学生更偏向于继续深造，理工、艺术、其他专业的同学更偏向于进入职场。

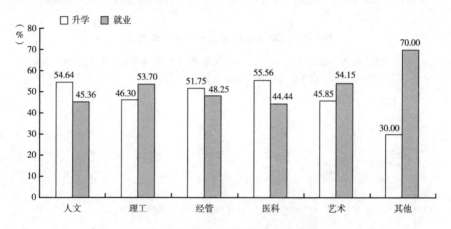

图5-4 专业与本科毕业时状态

图5-5显示了不同年级受访者毕业时的状态。从中可知，入学年份对毕业生毕业时去向的选择存在一定程度的影响。选择升学的受访者随入学年份的推后而增加，选择就业的受访者随入学年份的推后而减少。随着时间的推移，越来越多的受访者意识到了学历的重要性，进而选择继续深造。

图5-6、图5-7分别显示了父母亲受教育程度与受访者毕业时状态的关系。从中可知，父母受教育程度对毕业生毕业时去向的选择存在一定程度的影响。随着父母受教育程度的提高，受访者选择本科毕业后升学的比例逐步增加，选择就业的比例逐步减少。学历存在一定的代际传递趋势。

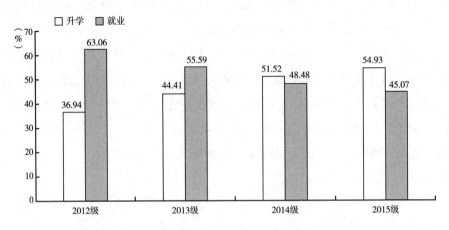

图5-5 本科毕业时的状态（按入学年份）

注：调查中有2011级被调查者一人，因该被调查者为转专业学生，实跟随2012级进行学习，因此该被调查者在报告中并入2012级进行展示，后同。

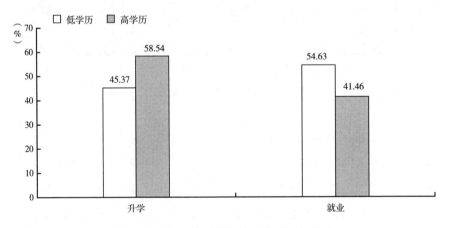

图5-6 父亲受教育程度与本科毕业时状态

注：受教育程度高低定义：低受教育程度：学历为大专以下；高受教育程度：学历为大专及以上，后同。

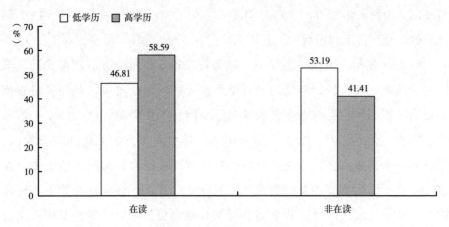

图 5-7　母亲受教育程度与本科毕业时状态

5.1.2　获得工作机会的重要因素

图 5-8 显示了受访者认为在获得工作机会方面最重要的三项因素。从中可知，依受访者选择次数排名，前三名分别是实践和工作经验、专业知识

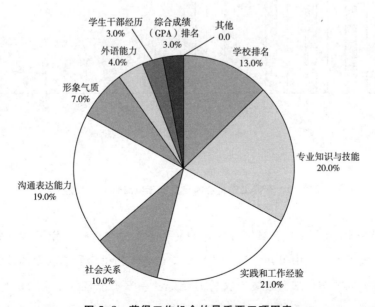

图 5-8　获得工作机会的最重要三项因素

与技能、沟通表达能力，分别占 21%、20%、19%。三项占比总计 60%，超过半数，是获得工作机会的重要因素。

图 5-9 显示了不同性别受访者认为在获得工作机会方面最重要的三项因素。从中可知，性别对受访者对工作机会影响因素的认知存在一定程度的影响。不同性别受访者在学校排名、实践和工作经验、社会关系、沟通表达能力、外语能力、综合成绩（GPA）排名六个方面的认知差异较大，超过 0.5 个百分点。认为学校排名、实践和工作经验、沟通表达能力对获得工作机会更为重要的女性受访者比男性受访者多；认为社会关系、外语能力、综合成绩（GPA）排名对获得工作机会更为重要的男性受访者比女性受访者多。

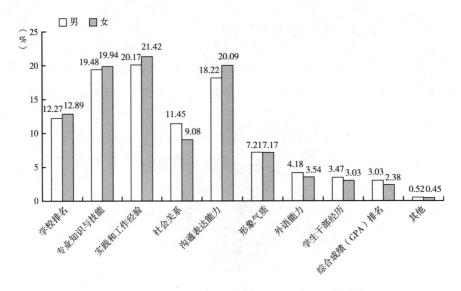

图 5-9　获得工作机会的最重要三项因素（分性别）

图 5-10 显示了来自城镇或农村的受访者认为在获得工作机会方面最重要的三项因素。从中可知，城乡差别对受访者工作机会影响因素的认知存在一定程度的影响。来自城镇或农村的受访者在学校排名、专业知识与技能、社会关系、形象气质、学生干部经历五个方面的认知差异较大，超过 0.5 个

百分点。认为专业知识与技能、社会关系、形象气质对获得工作机会更为重要的城镇受访者比农村受访者多；认为学校排名、学生干部经历对获得工作机会更为重要的农村受访者比城镇受访者多。

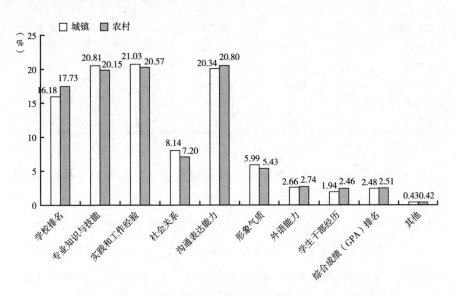

图 5-10 获得工作机会的最重要三项因素（分城乡）

表 5-1 显示了不同年级受访者认为在获得工作机会方面最重要的三项因素。从中可知，2012～2015 级的同学皆认为专业知识与技能、实践和工作经验以及沟通表达能力对获得工作机会较为重要。其中，学校排名在认知中的重要性随入学年份推后而递增；社会关系、外语能力、学生干部经历在认知中的重要性随入学年份推后而递减。

表 5-1 获得工作机会的最重要三项因素（按入学年份）

单位：%

项目	2012 级	2013 级	2014 级	2015 级
学校排名	9.10	11.59	14.50	14.62
专业知识与技能	20.26	19.11	19.89	19.56

续表

项目	2012 级	2013 级	2014 级	2015 级
实践和工作经验	21.12	19.69	20.48	21.59
社会关系	11.89	11.71	9.27	9.03
沟通表达能力	18.02	18.29	19.13	20.49
形象气质	7.32	8.22	6.49	6.68
外语能力	4.98	4.34	3.83	2.59
学生干部经历	4.02	3.60	3.20	2.39
综合成绩（GPA）排名	2.79	2.87	2.74	2.63
其他	0.50	0.58	0.46	0.41

表 5-2 显示了父母受教育程度不同的受访者认为在获得工作机会方面最重要的三项因素。从中可知，不论父母受教育程度如何，受访者皆认为学校排名、实践和工作经验以及沟通表达能力对获得工作机会较为重要。其中，父亲受教育程度越高，受访者认为学校排名、专业知识与技能和形象气质对获得工作机会越为重要（比例差超过 0.5 个百分点），实践和工作经验、沟通表达能力和综合成绩（GPA）排名对获得工作机会越不重要（比例差超过 0.5 个百分点）；母亲受教育程度越高，受访者认为专业知识与技能、形象气质和学生干部经历对获得工作机会越为重要（比例差超过 0.5 个百分点），实践和工作经验、沟通表达能力和综合成绩排名对获得工作机会越不重要（比例差超过 0.5 个百分点）。

表 5-2　父母受教育程度与获得工作机会的最重要三项因素

单位：%

项目	父亲受教育程度		母亲受教育程度	
	低	高	低	高
学校排名	16.41	17.42	16.94	16.50
专业知识与技能	7.46	9.51	7.32	10.22
实践和工作经验	24.90	22.71	24.53	23.04
社会关系	10.60	10.62	10.50	10.85

续表

项目	父亲受教育程度		母亲受教育程度	
	低	高	低	高
沟通表达能力	23.33	21.94	23.33	21.64
形象气质	7.16	8.04	7.32	7.89
外语能力	3.27	3.40	3.27	3.43
学生干部经历	3.16	3.35	3.05	3.63
综合成绩(GPA)排名	3.19	2.62	3.25	2.39
其他	0.51	0.39	0.49	0.42

表 5-3 显示了不同家庭收入等级的受访者认为在获得工作机会方面最重要的三项因素。从中可知，不论家庭收入如何，受访者皆多认为专业知识与技能、实践和工作经验以及沟通表达能力对获得工作机会较为重要。其中，家庭收入越高，受访者认为学校排名和沟通表达能力对获得工作机会越为重要；家庭收入越低，受访者认为社会关系、形象气质、外语能力、学生干部经历和综合成绩排名对获得工作机会越为重要。[1]

表 5-3 家庭收入与获得工作机会的最重要三项因素

单位：%

项目	低收入	中等收入	高收入
学校排名	10.26	12.11	15.26
专业知识与技能	19.10	20.19	19.60
实践和工作经验	20.00	21.04	20.96
社会关系	12.06	10.17	9.26
沟通表达能力	17.48	19.65	19.67
形象气质	8.05	6.96	6.65
外语能力	5.04	3.61	3.19
学生干部经历	4.11	3.05	2.78
综合成绩(GPA)排名	3.07	2.84	2.34
其他	0.83	0.37	0.31

注：家庭收入定义：低家庭收入：家庭收入在 5 万元及以下；中等家庭收入：家庭收入在 5 万~12 万元；高家庭收入：家庭收入在 12 万元以上及。后同。

---

[1] 李宏彬等（2012）发现父母的政治资本显著影响大学毕业生在就业市场上的表现，"官二代"通常比"非官二代"的起薪高 13%。

5.2 第一份工作

第一份工作很大程度上影响着青年的职业思维、职业视野、职业抱负，甚至是其职业生涯的高度（马振清，2019）。因此，青年应慎重对待第一份工作的选择。这一部分的调研主要调查了毕业生选择第一份工作的情况，用以判断毕业生的职业选择。

图 5-11 显示了受访者获得的第一份工作的税后月薪。从中可知，其中5000~6000元、4000~5000元、3000~4000元三个月薪区间的受访者占比人数较多，占比分别为 17.59%、16.19%、14.23%。三者占比总计 48.01%，接近受访者总数的一半。

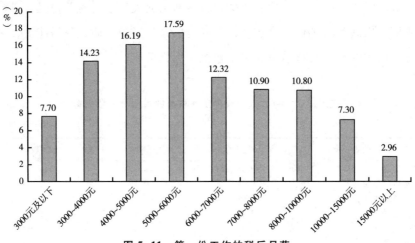

图 5-11　第一份工作的税后月薪

图 5-12 显示了不同性别受访者获得的第一份工作的税后月薪。从中可知，性别对第一份工作的税后月薪有一定程度的影响。税后月薪在 3000 元及以下的男性受访者居多，税后月薪在 3000~7000 元的女性受访者居多，税后月薪在 7000~8000 元的男性受访者居多，税后月薪在 8000~10000 元的女性受访者居多，税后月薪在 10000 元以上的男性受访者居多。总体上，男性的收入比女性的收入高。

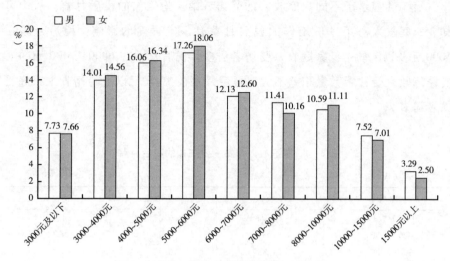

图 5-12 第一份工作的税后月薪（分性别）

图 5-13 显示了来自城镇或农村的受访者获得的第一份工作的税后月薪。从中可知，城乡差别对受访者第一份工作的税后月薪有一定程度的影响。税后月薪在 7000 元及以下的农村受访者居多，税后月薪在 7000 元以上的城镇受访者居多。

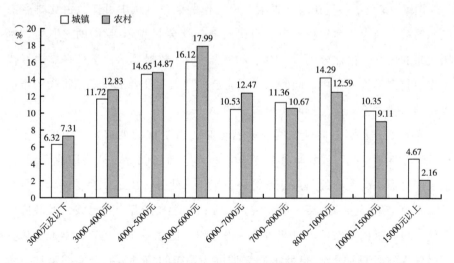

图 5-13 第一份工作的税后月薪（分城乡）

表 5-4 显示了不同家庭收入的受访者第一份工作的税后月薪。从中可知，家庭收入对第一份工作的税后月薪有一定程度的影响。税后月薪在6000 元及以下的中低家庭收入受访者居多，税后月薪在 6000~7000 元的三类家庭收入受访者数量相差不大，税后月薪在 7000 元以上的高收入家庭受访者居多。

表 5-4　家庭收入与第一份工作的税后月薪

单位：%

项目	低收入	中等收入	高收入
3000 元及以下	10.96	6.87	4.18
3000~4000 元	14.33	16.94	9.11
4000~5000 元	15.83	16.82	14.13
5000~6000 元	17.48	17.27	16.30
6000~7000 元	11.60	12.90	11.12
7000~8000 元	8.88	10.01	13.29
8000~10000 元	6.52	10.40	15.22
10000~15000 元	3.44	6.87	11.62
15000 元以上	10.96	1.93	5.02

图 5-14 显示了受访者获得第一份工作的渠道。从中可知，占比排名前三的渠道分别为依靠学校推荐、自己找寻、社会职业介绍/借助求职培训机构发布的信息，占比分别为 33%、20%、17%。数据显示，学校在学生寻找工作中起到了重要作用。同时，学生自己的努力和社会求职培训机构的帮扶也是学生找寻第一份工作时不可缺少的一环。

表 5-5 显示了不同性别受访者获得第一份工作的渠道。从中可知，不论受访者性别如何，受访者多依靠学校推荐、自己找寻、社会职业介绍/借助求职培训机构发布的信息获得第一份工作。此外，比之女性受访者，男性受访者更多依靠亲属介绍、朋友或熟人介绍、学校推荐、自己找寻及政府相关就业指导机构发布的信息获得第一份工作；比之男性受访者，女性受访者更多依靠社会职业介绍/借助求职培训机构发布的信息、社会实践活动、考取公务员和其他渠道获得第一份工作。

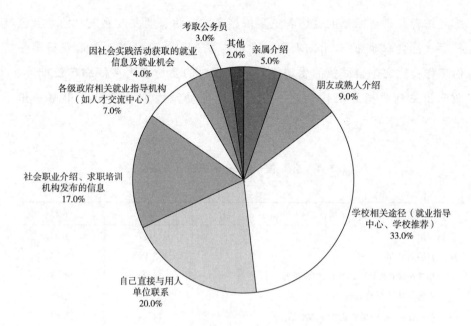

图 5-14　获得第一份工作的渠道

表 5-5　获得第一份工作的渠道（分性别）

单位：%

项目	男	女
亲属介绍	5.60	5.17
朋友或熟人介绍	9.82	8.73
学校相关途径（就业指导中心、学校推荐）	33.87	32.62
自己直接与用人单位联系	19.99	19.85
社会职业介绍、求职培训机构发布的信息	15.93	17.23
各级政府相关就业指导机构（如人才交流中心）	7.18	6.54
因社会实践活动获取的就业信息及就业机会	3.67	4.04
考取公务员	2.14	3.62
其他	1.79	2.20

　　表 5-6 显示了来自城镇或农村的受访者获得第一份工作的渠道。从中可知，不论来自何处，受访者多依靠学校推荐、自己找寻、社会职业介绍/借助求职培训机构发布的信息获得第一份工作。此外，比之来自农村

的受访者，来自城镇的受访者更多依靠亲属介绍、朋友或熟人介绍、自己找寻、社会职业介绍/借助求职培训机构发布的信息和其他渠道获得第一份工作；比之来自城镇的受访者，来自农村的受访者更多依靠学校推荐、政府相关就业指导机构信息、社会实践活动及考取公务员获得第一份工作。

表 5-6　获得第一份工作的渠道（分城乡）

单位：%

项目	城镇	农村
亲属介绍	5.77	3.36
朋友或熟人介绍	8.06	6.83
学校相关途径（就业指导中心、学校推荐）	34.25	39.33
自己直接与用人单位联系	23.44	22.66
社会职业介绍、求职培训机构发布的信息	14.74	11.63
各级政府相关就业指导机构（如人才交流中心）	3.48	4.68
因社会实践活动获取的就业信息及就业机会	2.75	3.00
考取公务员	3.75	4.92
其他	3.75	3.60

　　表 5-7 显示了受访者第一份工作所在的地域。从中可知，受访者选择第一份工作时多在华北、华东地区，选择这两个地区的受访者分别占比 35.58%、23.21%。受访者很少选择去东北或西北地区寻找第一份工作，选择这两个地区的受访者分别占比 3.04%、2%。选择去海外寻找第一份工作的受访者占 0.22%。特别需要指出的是，在北京、天津、上海、广东等经济较为发达的地区选择第一份工作的受访者占比 48.5%，占比接近全体受访者的一半；留在湖南工作的不多，仅占 8.74%；在内蒙古、西藏、新疆、甘肃、宁夏、青海等经济较为落后地区选择第一份工作的受访者占比 1.76%，占比较少。由此可见，受访者大多在国内选择第一份工作，且多数受访者偏向于去经济较为发达的省份落实第一份工作，只有极少数人选择去经济较为落后的地区落实第一份工作。

表 5-7　第一份工作所在地域

单位：%

排序	地域	占比
1	华北	35.58
2	华东	23.21
3	华南	18.01
4	华中	13.58
5	西南	4.38
6	东北	3.04
7	西北	2.00
8	海外	0.22
9	北京、天津、上海、广东	48.50
10	湖南	8.74
11	内蒙古、西藏、新疆、甘肃、宁夏、青海	1.76
12	香港	0.17

注：各地域定义：华北地区：北京市、天津市、河北省、山西省、内蒙古自治区；华东地区：上海市、江苏省、浙江省、安徽省、福建省、江西省、山东省、台湾省；华南地区：广东省、广西壮族自治区、海南省、香港特别行政区、澳门特别行政区；华中地区：河南省、湖北省、湖南省；西南地区：四川省、贵州省、云南省、西藏自治区、重庆市；东北地区：辽宁省、吉林省、黑龙江省；西北地区：陕西省、甘肃省、青海省、宁夏回族自治区、新疆维吾尔自治区。

图 5-15 显示了受访者第一份工作的职业。从中可知，其中占比最高的职业为专业技术人员，占比达 34%；其次为商业、服务业人员，占比为 17%；随后为办事人员，占比 15%；再然后为生产制造、运输设备操作人员及有关人员，占比 13%。成为专业技术人员是学生们选择职业的首要方向，商业、服务业人员，办事人员和生产制造、运输设备操作人员及有关人员也是学生第一次择业较为青睐的职业。

表 5-8 显示了不同性别受访者第一份工作的职业。从中可知，不论性别如何，受访者均更青睐专业技术人员，商业、服务业人员及办事人员。其中，比之女性受访者，男性受访者更倾向成为专业技术人员，办事人员，生产制造、运输设备操作人员及有关人员，个体户和网店店主等，自由职业者，军事和准军事人员；比之男性受访者，女性受访者更倾向成为党政机

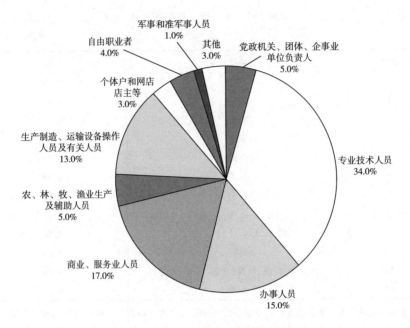

图 5-15　第一份工作的职业类别

关、团体、企事业单位负责人，商业、服务业人员，农、林、牧、渔业生产
及辅助人员。

表 5-8　第一份工作的职业类别（分性别）

单位：%

项目	男	女
党政机关、团体、企事业单位负责人	3.42	5.82
专业技术人员	35.28	32.98
办事人员	15.59	14.62
商业、服务业人员	15.98	19.13
农、林、牧、渔业生产及辅助人员	4.49	4.63
生产制造、运输设备操作人员及有关人员	13.80	11.76
个体户和网店店主等	3.12	2.79
自由职业者	3.84	3.51
军事和准军事人员	1.79	0.36
其他	2.69	4.40

　　表 5-9 显示了来自城镇或农村的受访者第一份工作的职业。从中可知，不论来自何处，受访者均更青睐专业技术人员，商业、服务业人员及办事人员。其中，比之来自农村的受访者，来自城镇的受访者更倾向成为个体户和网店店主等、自由职业者、军事和准军事人员；比之来自城镇的受访者，来自农村的受访者更倾向成为党政机关、团体、企事业单位负责人，专业技术人员，办事人员，商业、服务业人员，农、林、牧、渔业生产及辅助人员，生产制造、运输设备操作人员及有关人员。

表 5-9　第一份工作的职业类别（分城乡）

单位：%

项目	城镇	农村
党政机关、团体、企事业单位负责人	5.49	6.00
专业技术人员	38.64	39.09
办事人员	12.36	13.07
商业、服务业人员	17.03	17.27
农、林、牧、渔业生产及辅助人员	2.93	3.00
生产制造、运输设备操作人员及有关人员	10.90	11.75
个体户和网店店主等	1.74	1.32
自由职业者	2.56	1.92
军事和准军事人员	1.92	1.80
其他	6.41	4.80

　　表 5-10 显示了自身职业类别与父母职业类别相同的受访者第一份工作职业的类别分布。已有研究发现，子承父业现象普遍存在于多种职业，但不同职业的代际传递水平有所差异（曾国华、吴培瑛、秦雪征，2020）。从中可知，调查中与父母职业类别相同的比例最高的为选择专业技术人员作为第一份职业的受访者；与父母职业类别相同的比例排第二位的为选择商业、服务业人员作为第一份职业的受访者。与父母职业类别相同的比例最低的为选择军事和准军事人员作为第一份职业的受访者。

表 5-10　第一份工作职业与父母职业相同的受访者职业分布

单位：%

项目	父亲	母亲
党政机关、团体、企事业单位负责人	6.68	4.43
专业技术人员	42.11	40.08
办事人员	9.72	10.79
商业、服务业人员	15.99	20.04
农、林、牧、渔业生产及辅助人员	3.64	5.20
生产制造、运输设备操作人员及有关人员	12.55	9.44
个体户和网店店主等	1.62	2.50
自由职业者	2.83	3.47
军事和准军事人员	0.20	0.00
其他	4.66	4.05

图 5-16 显示了受访者第一份工作的单位。从中可知，众多受访者选择在私营企业寻找第一份工作，这类受访者占比 34%；其次是在国企，占比 23%；随后是在外资、中外合资企业，占比 16%；第一份工作在事业单位的受访者人数占比达 13%。据分析可知，企业依旧是学生首选的工作单位，其中选择私企的人数比选择国企的人数更多。事业单位就业稳定，也是学生就业时着重考虑的单位之一。

图 5-17 显示了不同性别受访者第一份工作的单位。从中可知，不论性别如何，受访者多选择在私营企业寻找第一份工作。其中，比之女性受访者，男性受访者选择在国企，外资、中外合资企业，非营利机构寻找第一份工作或自主创业的比例较高；比之男性受访者，女性受访者选择在政府部门、事业单位、私营企业寻找第一份工作的比例较高。由此可知，女性相比男性更看重工作的稳定性，而男性或许更为看重工作收入和长远发展。

图 5-18 显示了来自城镇或农村的受访者第一份工作的单位。从中可知，不论来自何处，受访者多选择在私营企业寻找第一份工作。其中，相比来自农村的受访者，来自城镇的受访者选择在事业单位，外资、中外合资企业，私营企业，非营利机构寻找第一份工作或自主创业的比例较高；相比来

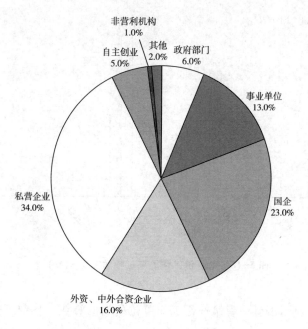

图 5-16 第一份工作的单位性质

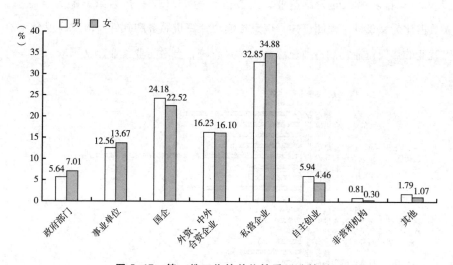

图 5-17 第一份工作的单位性质（分性别）

自城镇的受访者，来自农村的受访者选择在政府部门、国企寻找第一份工作的比例较高。

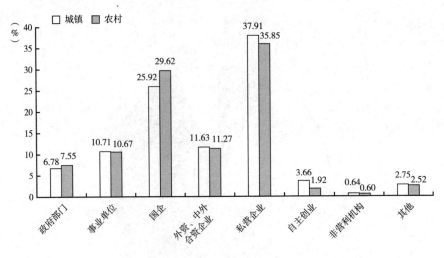

图 5-18　第一份工作的单位性质（分城乡）

图 5-19 显示了受访者第一份工作单位所属的行业。从中可知，受访者人数占比最多的行业为信息传输、计算机服务和软件业，人数占比为 19.92%；排名第二的为制造业，人数占比为 11.13%；排名第三的为金融业，人数占比为 9.09%。由此可知，信息传输、计算机服务和软件业依旧为现今大学生就业的热门行业，制造业也深受大学生青睐，金融行业就业热度不减。

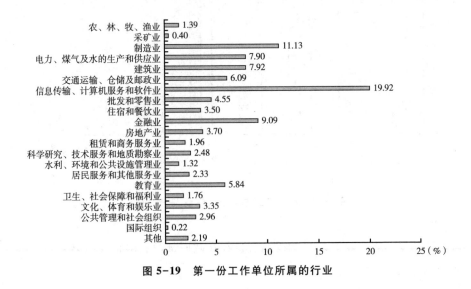

图 5-19　第一份工作单位所属的行业

　　表5-11显示了不同性别受访者第一份工作单位所属的行业。从中可知，不论性别如何，受访者人数占比最多的行业都为信息传输、计算机服务和软件业。男性在制造业，建筑业，交通运输、仓储及邮政业，批发和零售业中工作的占比远高于女性（比例相差1个百分点以上）；女性在金融业、教育业中工作的占比远高于男性（比例相差1个百分点以上）。

表5-11　第一份工作单位所属的行业（分性别）

单位：%

项目	男	女
农、林、牧、渔业	1.32	1.49
采矿业	0.47	0.30
制造业	12.00	9.92
电力、煤气及水的生产和供应业	7.82	8.02
建筑业	9.57	5.64
交通运输、仓储及邮政业	6.71	5.23
信息传输、计算机服务和软件业	20.21	19.49
批发和零售业	5.13	3.68
住宿和餐饮业	3.55	3.45
金融业	6.88	12.18
房地产业	3.84	3.51
租赁和商务服务业	1.62	2.44
科学研究、技术服务和地质勘查业	2.73	2.14
水利、环境和公共设施管理业	1.28	1.37
居民服务和其他服务业	2.05	2.73
教育业	4.91	7.13
卫生、社会保障和福利业	1.84	1.66
文化、体育和娱乐业	2.95	3.92
公共管理和社会组织	2.61	3.45
国际组织	0.26	0.18
其他	2.26	2.08

　　表5-12显示了来自城镇和农村的受访者第一份工作单位所属的行业。从中可知，不论来自何处，受访者人数占比最多的行业都为信息传输、计算

机服务和软件业。来自城镇的受访者在交通运输、仓储及邮政业，金融业，教育业中工作的占比远高于来自农村的受访者（比例相差 1 个百分点以上）；来自农村的受访者在制造业，信息传输、计算机服务和软件业中工作的占比远高于来自城镇的受访者（比例相差 1 个百分点以上）。

表 5-12　第一份工作单位所属的行业（分城乡）

单位：%

项目	城镇	农村
农、林、牧、渔业	1.10	1.44
采矿业	0.09	0.48
制造业	11.45	15.47
电力、煤气及水的生产和供应业	5.68	6.00
建筑业	9.34	9.35
交通运输、仓储及邮政业	4.67	3.36
信息传输、计算机服务和软件业	15.84	16.91
批发和零售业	3.30	2.64
住宿和餐饮业	1.92	2.04
金融业	13.64	10.79
房地产业	4.58	5.16
租赁和商务服务业	1.83	2.52
科学研究、技术服务和地质勘查业	2.84	2.04
水利、环境和公共设施管理业	0.92	1.08
居民服务和其他服务业	1.83	2.64
教育业	8.42	6.47
卫生、社会保障和福利业	1.74	1.44
文化、体育和娱乐业	3.21	2.40
公共管理和社会组织	3.85	4.68
国际组织	0.09	0.24
其他	3.66	2.88

表 5-13 显示了父母受教育程度不同的受访者第一份工作单位所属的行业。从中可知，父母受教育程度对受访者第一份工作所属行业的选择有一定程度的影响。受访者选择电力、煤气及水的生产和供应业，交通运

输、仓储及邮政业，金融业，卫生、社会保障和福利业，公共管理和社会组织这五个行业的比例随着父亲受教育程度的提高有较为明显的提高（比例相差 0.5 个百分点以上）；受访者选择电力、煤气及水的生产和供应业，交通运输、仓储及邮政业，金融业，卫生、社会保障和福利业，文化、体育和娱乐业这五个行业的比例随着母亲受教育程度的提高而提高（比例相差 0.5 个百分点以上）。

表 5-13　父母受教育程度与第一份工作单位所属的行业

单位：%

项目	父亲受教育程度		母亲受教育程度	
	低	高	低	高
农、林、牧、渔业	1.59	0.65	1.37	0.90
采矿业	0.35	0.37	0.37	0.34
制造业	14.12	9.27	14.22	8.00
电力、煤气及水的生产和供应业	6.06	9.08	6.45	8.91
建筑业	8.59	8.06	8.30	8.57
交通运输、仓储及邮政业	4.24	5.28	3.96	6.09
信息传输、计算机服务和软件业	18.76	18.26	18.50	18.71
批发和零售业	3.88	4.26	4.23	3.61
住宿和餐饮业	2.94	1.67	3.01	1.24
金融业	8.53	13.16	8.67	13.87
房地产业	4.29	4.08	4.49	3.61
租赁和商务服务业	2.18	1.95	2.38	1.47
科学研究、技术服务和地质勘查业	2.53	2.50	2.43	2.71
水利、环境和公共设施管理业	1.29	1.39	1.22	1.58
居民服务和其他服务业	2.59	1.58	2.43	1.69
教育业	7.35	6.39	7.19	6.54
卫生、社会保障和福利业	1.35	2.32	1.37	2.48
文化、体育和娱乐业	3.41	2.78	2.96	3.61
公共管理和社会组织	3.00	3.99	3.38	3.38
国际组织	0.12	0.09	0.11	0.11
其他	2.82	2.87	2.96	2.59

5.3 当前工作

该部分主要调查了受访者当前工作的状况，并与上一节的受访者第一份工作的相关数据做对比分析。

5.3.1 当前就业状况

图 5-20 显示了受访者目前的就业状况。从中可知，该次调查的受访者中现处于工作状态的人占比最多，达 77%；其次是尚处在求学状态的受访者，占比达 13%。处于失业状态、在家进行家务劳动和处于其他状态的受访者占比均较少。

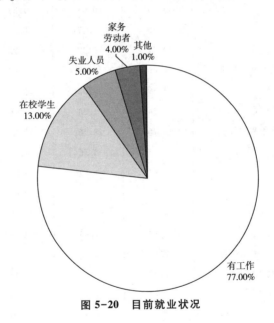

图 5-20　目前就业状况

图 5-21 显示了不同性别受访者目前的就业状况。从中可知，不论性别如何，该次调查的受访者中目前处于工作状态的人占比均最多。分性别而言，目前状态为失业人员、家务劳动者的男性受访者比之女性受访者更多，目前状态为有工作、在校学生的女性受访者比之男性受访者更多。

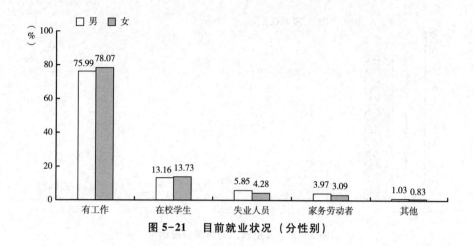

图 5-21　目前就业状况（分性别）

　　图 5-22 显示了来自城镇和农村的受访者目前的就业状况。从中可知，不论来自何处，该次调查的受访者中现在处于工作状态的人占比均最多。分城乡而言，目前状态为在校学生、失业人员的城镇受访者比之农村受访者更多，目前状态为有工作、家务劳动者的农村受访者比之城镇受访者更多。

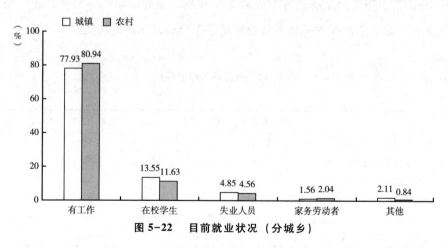

图 5-22　目前就业状况（分城乡）

　　图 5-23 显示了不同家庭收入的受访者目前的就业状况。从中可知，不论家庭收入如何，该次调查的受访者中现在处于工作状态的人占比均最多。随着家庭收入提高，处于有工作状态的受访者增多，处于在校学生、失业人员和家务劳动者状态的受访者减少。

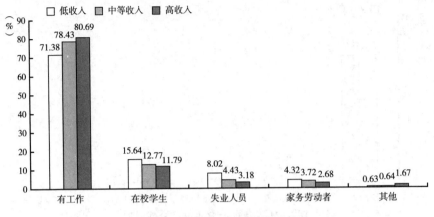

图 5-23　家庭收入与目前就业状况

表 5-14 展示了受访者对当前工作的评价。从中可知，各项评价均是"比较满意"选项占比最高，"非常满意"占比第二，两项相加占比可超过 70%。各项评价中选择"比较不满意"和"非常不满意"的占比均不超过 6.5%。这说明无论是受访者本人对工作环境、领导、同事的总体评价，还是父母、恋人或配偶对受访者当前所从事工作的总体评价均较好。

表 5-14　对当前工作的评价

单位：%

项目	非常满意	比较满意	一般	比较不满意	非常不满意
对当前工作环境总体评价	29.24	44.31	20.52	4.74	1.20
对当前工作领导的总体评价	29.88	43.82	20.93	4.02	1.35
对当前工作同事的总体评价	32.88	45.28	17.70	3.08	1.05
对目前所从事工作的态度	32.28	40.62	20.86	5.37	0.86
父母对目前所从事工作的态度	32.88	42.28	19.39	4.40	1.05
恋人或配偶对目前所从事工作的态度	30.70	39.35	23.60	5.07	1.28

5.3.2　更换工作状况

图 5-24 显示了受访者毕业后更换工作的次数。从中可知，大部分受访

者没有更换过工作，这一部分受访者占比 48%，接近总受访者人数的一半。换过 1 次、2 次、3 次及 3 次以上工作的受访者数量依次递减，分别占比 25%、19%、5%、3%。工作之后不更换工作或是换一两次工作是受访者的常态，更换工作 3 次及 3 次以上的情况是极少数。

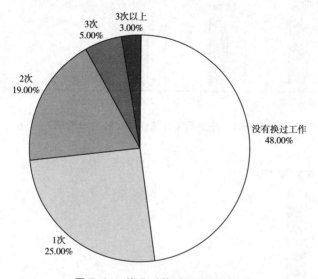

图 5-24 毕业后换过工作的次数

图 5-25 显示了不同性别受访者毕业后更换工作的次数。从中可知，不论性别如何，大部分受访者没有更换过工作。在换过工作的受访者中，换过 1 次工作的女性受访者比男性受访者占比多，换过 2 次及 2 次以上工作的男性受访者比女性受访者占比多。在这一方面，男性更喜欢变动工作，而女性更偏向于稳定在当前工作。

图 5-26 显示了来自城镇或农村的受访者毕业后更换工作的次数。从中可知，不论来自何处，大部分受访者没有更换过工作。在换过工作的受访者中，换过 1 次工作的农村受访者比城镇受访者占比多，换过 2 次及 2 次以上工作的城镇受访者比农村受访者占比多。在这一方面，来自城镇的受访者更喜欢变动工作，而来自农村的受访者更偏向于稳定在当前工作。

图 5-27 显示了不同家庭收入受访者毕业后更换工作的次数。从中可

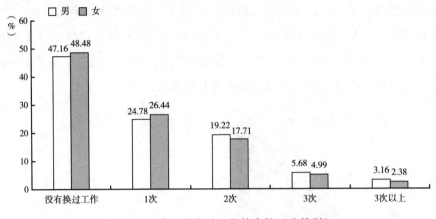

图 5-25 毕业后换过工作的次数（分性别）

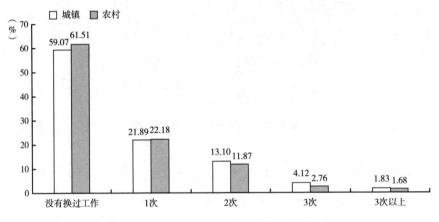

图 5-26 毕业后换过工作的次数（分城乡）

知，不论家庭收入如何，大部分受访者没有更换过工作。但家庭收入对受访者更换工作的次数有一定程度的影响，随着家庭收入的提高，没有换过工作的受访者占比逐步增多，换过 2 次及 2 次以上工作的受访者占比逐步减少。

表 5-15 显示了 1507 名换过工作的受访者（约占全体受访者的 29.9%）当前工作所在的省份。从中可知，受访者多选择在华北、华东落实当前工作，选择这两个地区的受访者分别占比 39.75%、24.11%，与第一次工作所在地区的统计结果相差不大。受访者较少去西南、西北落实当前工作，选择

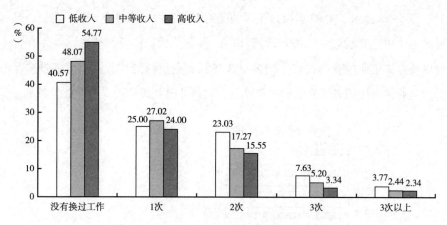

图 5-27 家庭收入与毕业后换过工作的次数

这两个地区的受访者分别占比 3.46%、1.52%。选择去海外落实当前工作的受访者占 0.07%。特别需要指出的是,选择在北京、天津、上海、广东等经济较为发达的地区落实当前工作的受访者占比 47.71%,占比接近全体受访者的一半;选择在湖南工作的为 7.37%,比第一份工作时下降 1.37 个百分点;选择在内蒙古、西藏、新疆、甘肃、宁夏、青海等经济较为落后的地区落实当前工作的受访者占比 1.52%,占比较少。

表 5-15 当前工作所在地域

单位:%

排序	地域	占比
1	华北	39.75
2	华东	24.11
3	华南	15.40
4	华中	11.95
5	东北	3.79
6	西南	3.46
7	西北	1.52
8	海外	0.07
9	北京、天津、上海、广东	47.71
10	湖南	7.37
11	内蒙古、西藏、新疆、甘肃、宁夏、青海	1.52
12	台湾、香港	0.14

图 5-28 显示了 1507 名换过工作的受访者现在的工作单位。从中可知，受访者的工作单位变动较小，选择政府部门，事业单位，国企，外资、中外合资企业以及自主创业的受访者略有增多；选择私营企业的受访者占比下降较多，但私营企业仍是受访者所喜爱的工作单位；选择非营利机构的受访者数量持平。

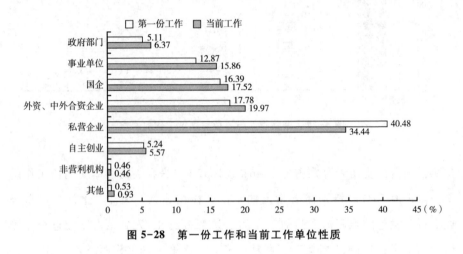

图 5-28　第一份工作和当前工作单位性质

表 5-16 显示了不同性别换过工作的受访者现在的工作单位。从中可知，不论性别如何，受访者在大部分类型的工作单位的选择上变动趋势相同，只有在国企、自主创业和非营利机构三类工作性质的变动趋势上有所差别。男性受访者选择国企、非营利机构的人数减少，选择自主创业的人数持平；女性受访者选择国企的人数持平，选择自主创业和非营利机构的人数增多。

图 5-29 显示了 1507 名换过工作的受访者现在的工作行业。从中可知，受访者选择第一产业、第三产业的比例略有提升；选择第二产业的比例略有下降。从整体上来说，第三产业依旧是最热门的行业。

表 5-17 显示了不同性别换过工作的受访者现在的工作行业。从中可知，性别对受访者选择当前工作行业存在一定程度的影响。男性选择第一产业的人数持平，选择第二产业的人数略有提升，选择第三产业的人数略有下降；女性选择第一产业的人数略有提升，选择第二产业的人数略有下降，选择第三产业的人数略有提升。

表 5-16 第一份工作和当前工作单位性质（分性别）

单位：%

项目	男		女	
	第一份工作	当前工作	第一份工作	当前工作
政府部门	5.11	6.85	5.12	5.75
事业单位	13.47	15.91	12.11	15.84
国企	17.77	15.80	17.24	17.24
外资、中外合资企业	17.31	19.16	18.32	20.96
私营企业	39.37	35.54	41.93	32.92
自主创业	5.92	5.92	4.35	5.12
非营利机构	0.58	0.23	0.31	0.78
其他	0.46	0.58	0.62	1.40

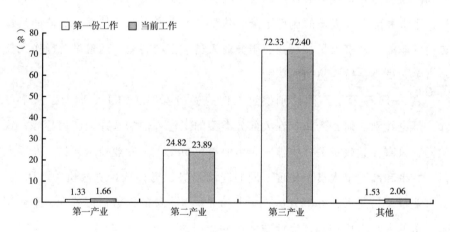

图 5-29 第一份工作和当前工作行业

注：第一二三产业定义：第一产业：农、林、牧、渔业；第二产业：采矿业，制造业，电力、煤气及水的生产和供应业，建筑业；第三产业：交通运输、仓储及邮政业，信息传输、计算机服务和软件业，批发和零售业，住宿和餐饮业，金融业，房地产业，租赁和商务服务业，科学研究、技术服务和地质勘查业，水利、环境和公共设施管理业，居民服务和其他服务业，教育业，卫生、社会保障和福利业，文化、体育和娱乐业，公共管理和社会组织。

表 5-17　第一份工作和当前工作行业（分性别）

单位：%

项目	男		女	
	第一份工作	当前工作	第一份工作	当前工作
第一产业	1.17	1.17	1.59	2.47
第二产业	23.88	24.09	26.46	23.63
第三产业	73.99	73.24	69.66	71.08
其他	0.96	1.49	2.29	2.82

图 5-30 显示了 1507 名换过工作的受访者现在的工作职业。从中可知，受访者担任党政机关、团体、企事业单位负责人，专业技术人员，农、林、牧、渔业生产及辅助人员，生产制造、运输设备操作人员及有关人员，个体户和网店店主等，自由职业者的比例增多；担任办事人员，商业、服务业人员，军事和准军事人员的比例下降。从整体上来说，专业技术人员依旧是最热门的职业。办事人员，商业、服务业人员，生产制造、运输设备操作人员及有关人员也是较为热门的职业。

表 5-18 显示了不同性别换过工作的受访者现在的工作职业。从中可知，不论性别如何，受访者在大部分类型的工作单位的选择上变动趋势大致相同，只有在党政机关、团体、企事业单位负责人，专业技术人员，办事人员，军事和准军事人员上呈现不同的变动趋势。男性选择党政机关、团体、企事业单位负责人，办事人员，军事和准军事人员的人数占比减少；专业技术人员的人数占比增加。女性与之相反。

图 5-31 显示了 1507 名换过工作的受访者现在工作的税后月薪。从中可知，从整体上来说，受访者的月薪较第一份工作有了明显的提高。大部分受访者的月薪集中在 5000～10000 元这一区间内。税后月薪在 5000 元及以下的受访者有了明显的减少，月薪在 10000 元以上的受访者有了明显的增加。

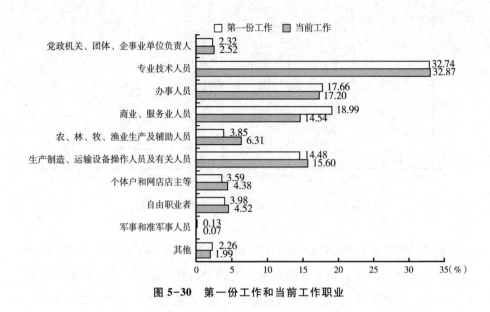

图 5-30 第一份工作和当前工作职业

表 5-18 第一份工作和当前工作职业（分性别）

单位：%

项目	男		女	
	第一份工作	当前工作	第一份工作	当前工作
党政机关、团体、企事业单位负责人	2.21	1.40	2.33	3.88
专业技术人员	32.91	34.88	32.45	30.12
办事人员	19.88	16.86	14.75	17.70
商业、服务业人员	17.79	14.77	20.65	14.29
农、林、牧、渔业生产及辅助人员	3.72	6.40	4.04	6.21
生产制造、运输设备操作人员及有关人员	14.07	15.47	15.06	15.84
个体户和网店店主等	3.95	4.53	3.11	4.19
自由职业者	3.84	4.53	4.19	4.50
军事和准军事人员	0.23	0.00	0.00	0.16
其他	1.40	1.16	3.42	3.11

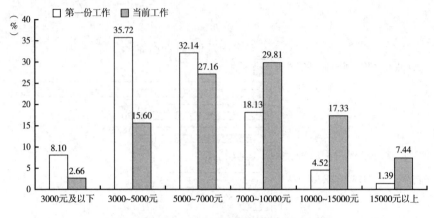

图 5-31　第一份工作和当前工作的税后月薪

表 5-19 显示了不同性别换过工作的受访者现在工作的税后月薪。从中可知，从整体上来说，不论性别如何，受访者的月薪较第一份工作都有了明显的提高，男性和女性受访者在各薪酬区间的人数占比变化趋势基本一致，但是在高薪区间中男性比女性的工资增长更快一些。

表 5-19　第一份工作和当前工作的税后月薪（分性别）

单位：%

项目	男		女	
	第一份工作	当前工作	第一份工作	当前工作
3000 元及以下	8.84	2.91	7.14	2.33
3000~5000 元	34.88	16.05	36.80	15.06
5000~7000 元	31.16	26.05	33.54	28.57
7000~10000 元	19.19	28.26	16.61	31.83
10000~15000 元	4.77	18.14	4.19	16.30
15000 元以上	1.16	8.60	1.71	5.90

5.3.3　工作外收入状况

图 5-32 显示了受访者每月除了工作之外的其他收入。从中可知，大部

分受访者表示除了工作收入之外没有其他收入，该类受访者占比 33%；其他收入在 0~1000 元的受访者占比 25%；其他收入在 1000~3000 元的受访者占比 22%；其他收入在 3000 元以上的受访者较少，仅占比 20%。这说明大部分受访者的收入来源局限于工资，拥有其他收入来源且能获得较多收入的受访者人数较少。

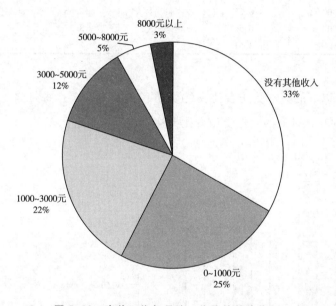

图 5-32 当前工作每月除工作外的其他收入

表 5-20 显示了不同年级受访者每月除了工作之外的其他收入。从中可知，入学年份对受访者每月除工作外的其他收入多少存在一定程度的影响。随着入学年份推后，没有其他收入的受访者人数占比增加；每月除工作外其他收入在 1000~5000 元的受访者人数占比减少。这说明越早进入社会的受访者更有寻找其他渠道获得收入的意识，较晚进入社会的受访者则更多靠工资度日。

图 5-33 显示了不同性别受访者每月除了工作之外的其他收入。从中可知，性别对受访者每月除工作外的其他收入多少存在一定程度的影响。没有其他收入的女性受访者比男性受访者人数占比多；每月除工作外其他收入在

表 5-20　当前工作每月除工作外的其他收入（按入学年份）

单位：%

项目	2012 级	2013 级	2014 级	2015 级
没有其他收入	22.11	28.47	36.71	45.74
0~1000 元	23.80	22.75	28.21	23.20
1000~3000 元	27.83	26.16	18.49	16.51
3000~5000 元	16.25	11.44	10.66	8.52
5000~8000 元	6.50	6.33	3.37	3.93
8000 元以上	3.51	4.87	2.56	2.10

5000 元及以下的男性受访者比女性受访者人数占比多；每月除工作外其他收入在 5000 元以上的女性受访者比男性受访者人数占比多。

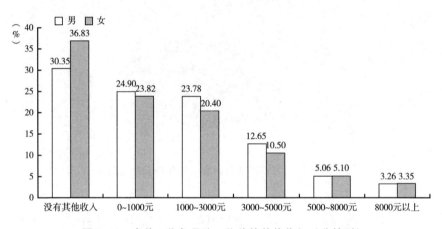

图 5-33　当前工作每月除工作外的其他收入（分性别）

图 5-34 显示了来自城镇或农村的受访者每月除了工作之外的其他收入。从中可知，城乡差别对受访者每月除工作外的其他收入多少存在一定程度的影响。每月除工作外无其他收入或其他收入在 0~1000 元以内的农村受访者比城镇受访者人数占比多；每月除工作外其他收入在 1000~3000 元的城镇受访者比农村受访者人数占比多；每月除工作外其他收入在 3000~5000 元的农村受访者比城镇受访者人数占比多；每月除工作外其他收入在 5000 元以上的城镇受访者比农村受访者人数占比多。

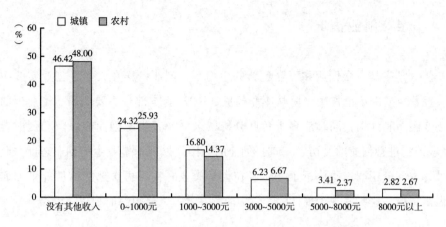

图 5-34　当前工作每月除工作外的其他收入（分城乡）

表 5-21 显示了父母受教育程度不同的受访者每月除了工作之外的其他收入。从中可知，父母受教育程度对受访者每月除工作外的其他收入多少存在一定程度的影响。随着父亲或母亲受教育程度的提高，每月除工作外无其他收入或其他收入在 0～1000 元的受访者人数占比减少，每月除工作外其他收入在 1000 元以上的受访者人数占比增多。

表 5-21　父母受教育程度与当前工作每月除工作外的其他收入

单位：%

项目	父亲受教育程度		母亲受教育程度	
	低	高	低	高
没有其他收入	42.81	38.76	43.22	36.84
0～1000 元	27.19	20.96	26.84	20.18
1000～3000 元	17.56	20.84	17.76	21.20
3000～5000 元	7.63	9.60	7.50	10.38
5000～8000 元	2.81	6.21	2.83	7.02
8000 元以上	2.00	3.63	1.84	4.39

5.4 创业情况

大学生是大众创业和万众创新的生力军，创业榜样在大学生创业实践中发挥着重要的示范作用（陈从军和杨瑾，2022）。本部分主要调研了毕业生的创业经历和计划，同时从多个角度分析了未创业者拒绝创业的原因和创业者（或即将进行创业的受访者）选择创业的原因，以展示毕业生的创业态度。此外，本部分还调查并分析了受访者在大学毕业时在可再次选择的情况下如何做出选择。这些发现为现在的大学毕业生在选择人生道路时提供了参考。

5.4.1 创业经历及打算

图 5-35 展示了受访者的创业经历和打算。从中可知，很大部分的受访者没有任何的创业经历和打算，这一类受访者占比 41.52%。大学期间曾经创业的占比为 19.62%。从毕业到现在为止，曾创业的受访者占比 22.89%。同时，还有 36.11% 的受访者表示未来准备创业。总体来说，有创业经历和打算的受访者多于没有创业经历和打算的受访者，受访者具有较高的创业积极性。

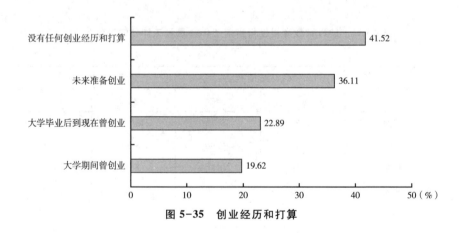

图 5-35　创业经历和打算

图 5-36 展示了不同性别受访者的创业经历和打算。从中可知，性别对受访者的创业经历和打算存在一定程度的影响。大学期间曾创业、大学毕业

后到现在曾创业、未来准备创业的男性受访者人数占比多于女性受访者；没有任何创业经历和打算的女性受访者人数占比多于男性受访者。在这一方面，男性更乐于进行创业和挑战，而女性的创业偏好较弱。

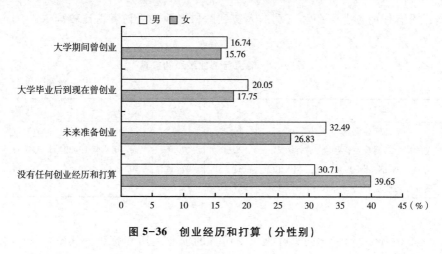

图 5-36　创业经历和打算（分性别）

图 5-37 展示了来自城镇或农村的受访者的创业经历和打算。从中可知，城乡差别对受访者的创业经历和打算存在一定程度的影响。大学期间曾创业、大学毕业后到现在曾创业、没有任何创业经历和打算的城镇受访者人数占比多于农村受访者；未来准备创业的农村受访者人数占比多于城镇受访者。

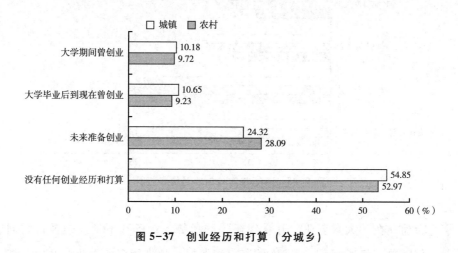

图 5-37　创业经历和打算（分城乡）

表 5-22 展示了不同专业受访者的创业经历和打算。从中可知，专业对受访者的创业经历和打算存在一定程度的影响。大学期间曾创业、大学毕业后到现在曾创业、未来准备创业的理工、经管和艺术类专业的受访者占比较高；没有任何创业经历和打算的人文和医科专业的受访者占比较高。

表 5-22　专业与创业经历和打算

单位：%

项目	人文	理工	经管	医科	艺术	其他
大学期间曾创业	8.56	16.76	16.15	13.04	18.21	10.71
大学毕业后到现在曾创业	7.21	20.46	17.36	8.70	19.29	21.43
未来准备创业	17.12	31.68	27.88	30.43	29.64	32.14
没有任何创业经历和打算	67.12	31.10	38.61	47.83	32.86	35.71

图 5-38 展示了不同家庭收入受访者的创业经历和打算。从中可知，家庭收入对受访者的创业经历和打算存在一定程度的影响。大学期间曾创业、大学毕业后到现在曾创业的低收入家庭受访者占比较多；没有任何创业经历和打算的高收入家庭受访者占比较多。

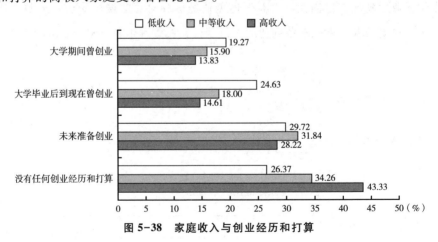

图 5-38　家庭收入与创业经历和打算

目前，在"大众创业，万众创新"的形势下，已有不少人选择自主创业。伴随着"互联网+"新业态的兴起和发展，越来越多的行业被开发，越来越多的职业被创造，许多创业者可借助这一东风进行自主创业。

图 5-39 展示了 2644 位同时参与第二轮调查与第一轮调查的受访者（约占总受访者的 52.5%）在选择创业时的变化。从中可知，在第二轮调查时，已有创业经历或准备创业的受访者占比较第一轮时明显增多。这说明随着时间的推移，高校学生创业的热情明显提高。

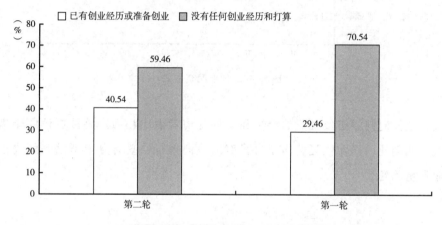

图 5-39　创业经历和打算变化

图 5-40 展示了第二轮调查中，2841 位已有创业经历或未来准备创业的受访者（约占总受访者的 56.4%）创业或未来准备创业时，采用或想要采用的融资方式。从中可知，大部分受访者选择用自己工作积累的储蓄融资，该类受访者占比 58.91%；另外受访者选择较多的融资方式还有合伙、银行贷款、家庭投资和向政府部门申请资金，分别占比 43.51%、32.56%、31.65%、31.09%。受访者采用的融资方式主要集中在依靠自己、家庭、合伙人、银行及政府上。

图 5-41 展示了第二轮调查中，不同性别受访者创业或未来准备创业时，采用或想要采用的融资方式。从中可知，性别对受访者选择融资方式存在一定程度的影响。选择合伙、向亲戚借钱、向（同学外）朋友借钱融资的男性受访者占比比女性受访者大；选择家庭投资、自己工作积累的储蓄、银行贷款、向政府部门申请资金融资的女性受访者占比比男性受访者

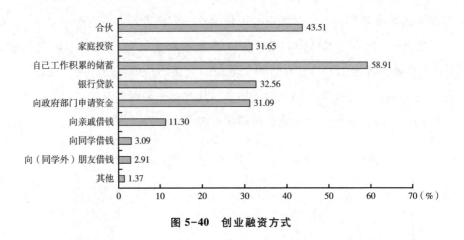

图 5-40　创业融资方式

大；选择向同学借钱融资的男性和女性受访者占比相当。男性更偏向于借钱完成创业，而女性更偏向于自我努力或向银行、政府寻求帮助来解决创业资金问题。

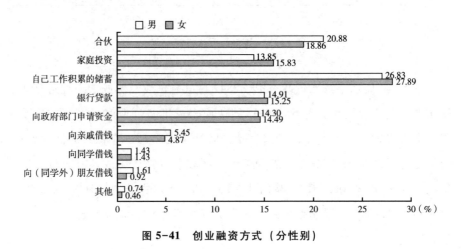

图 5-41　创业融资方式（分性别）

表 5-23 展示了第二轮调查中，不同家庭收入受访者创业或未来准备创业时，采用或想要采用的融资方式。从中可知，家庭收入对受访者选择融资方式存在一定程度的影响。随着家庭收入的提高，选择合伙或家庭投资这两种融资方式的受访者增多，选择使用自己工作积累的储蓄、银行贷款、向政

府部门申请资金或向同学借钱的受访者减少。这说明，低收入家庭的学生创业更需要政府的帮扶和支持。

表 5-23　家庭收入与创业融资方式

单位：%

项目	低收入	中等收入	高收入
合伙	19.70	20.22	20.44
家庭投资	12.43	15.31	16.38
自己工作积累的储蓄	27.59	27.34	26.60
银行贷款	15.21	14.98	14.94
向政府部门申请资金	15.45	14.40	12.97
向亲戚借钱	5.88	4.70	5.14
向同学借钱	1.67	1.33	1.26
向(同学外)朋友借钱	1.29	1.21	1.61
其他	0.77	0.50	0.66

5.4.2　未创业/创业原因

图 5-42 展示了 2017 位没有任何创业经历和打算的受访者（约占总受访者的 40.0%）没有创业的最重要的三项理由。从中可知，缺乏资金、缺乏社会经验和对市场不了解为受访者没有创业的最为重要的三项理由，选择这三个理由的受访者分别占比 19.17%、15.44%、14.72%。其次，没有好的创业点子、风险大和缺乏管理企业的技能也是受访者没有创业的重要理由，这三项分别占比 13.57%、12.91%、11.95%。

表 5-24 展示了不同性别没有任何创业经历和打算的受访者没有创业的最重要的三项理由。从中可知，性别对受访者对未创业理由的认知存在一定程度的影响。相比女性来说，男性更担忧缺乏资金因而没有任何创业经历和打算（占比差距超过 2 个百分点）；相比男性来说，女性更担心缺乏吃苦的精神、对市场不了解、没有好的创业点子因而没有任何创业经历和打算（占比差距超过 1 个百分点）。

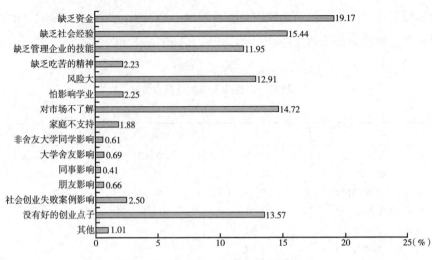

图 5-42　没有创业的最重要三项理由

表 5-24　没有创业的最重要三项理由（分性别）

单位：%

项目	男	女
缺乏资金	20.62	17.67
缺乏社会经验	15.29	15.60
缺乏管理企业的技能	12.25	11.65
缺乏吃苦的精神	1.70	2.78
风险大	12.71	13.09
怕影响学业	2.65	1.84
对市场不了解	13.59	15.86
家庭不支持	2.29	1.47
非舍友大学同学影响	0.72	0.50
大学舍友影响	0.82	0.57
同事影响	0.62	0.20
朋友影响	0.92	0.40
社会创业失败案例影响	2.65	2.34
没有好的创业点子	12.09	15.09
其他	1.08	0.94

图 5-43 展示了 2841 位已有创业经历或未来准备创业的受访者（约占总受访者的 56.4%）选择创业的最重要的三项原因。从中可知，排名前三位的原因分别是做自己喜欢的事、自由，改善收入，实现人生价值；这些原因分别占比 15.69%、15.28%、14.84%。此外，占比超过 10% 的原因还有认识和改变社会，该项占比 13.31%。受访者主要受个人喜好、个人收入和人生理想三方面的影响从而选择创业。

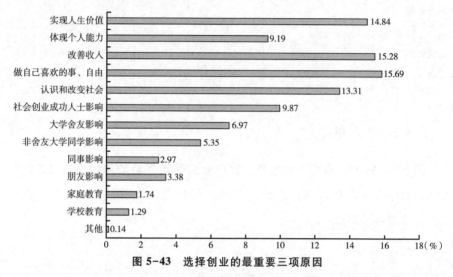

图 5-43　选择创业的最重要三项原因

表 5-25 展示了不同性别已有创业经历或未来准备创业的受访者选择创业的最重要的三项原因。从中可知，性别对受访者对选择创业理由的认知存在一定程度的影响。相比女性来说，男性更多是因为想要认识和改变社会而选择创业（占比差距超过 0.5 个百分点）。在其他原因方面，不同性别创业者观点较为接近。

表 5-25　选择创业的最重要三项原因（分性别）

单位：%

项目	男	女
实现人生价值	14.88	14.76
体现个人能力	9.26	9.07

119

续表

项目	男	女
改善收入	15.21	15.37
做自己喜欢的事、自由	15.69	15.67
认识和改变社会	13.51	12.99
社会创业成功人士影响	9.87	9.87
大学舍友影响	6.99	6.94
非舍友大学同学影响	5.28	5.47
同事影响	2.84	3.18
朋友影响	3.26	3.57
家庭教育	1.70	1.80
学校教育	1.43	1.07
其他	0.08	0.24

5.4.3 个人期望

图 5-44 展示了若可再次选择，在毕业时受访者会如何做出选择。从中可知，其中升学占比最高，总计达 53%，超过受访者总数的一半。其次是工作占比较高，达 25%。

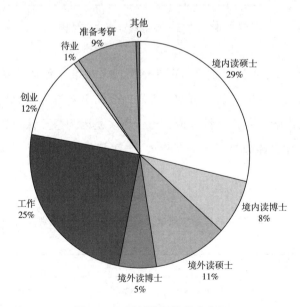

图 5-44 重新选择的毕业出口

对比图 5-1，升学人数占比提升 9 个百分点，创业人数占比提升 4 个百分点，工作人数占比减少 13 个百分点，其余各项与受访者大学刚毕业时的状态持平。经历一段时间后，许多大学毕业生更加意识到学历的重要性。高学历有助于他们获得更好的就业机会，而对于那些对自己未来有较高期望的学生来说，继续深造也是一个不错的选择。

图 5-45 展示了若可再次选择，不同性别受访者对大学毕业自己的期望。对比图 5-3，不论性别如何，选择境内（外）读硕士、境内（外）读博士、创业的受访者比例明显提高；选择工作的受访者比例明显减少。其中，选择境内（外）读硕士的女性受访者比男性受访者占比高；选择境内（外）读博士、工作和创业的男性受访者比女性受访者占比高。

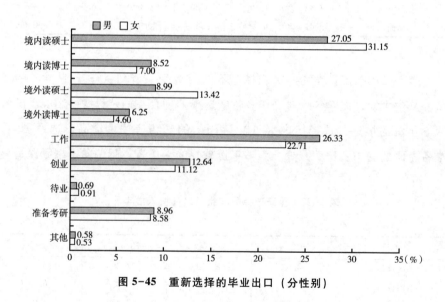

图 5-45　重新选择的毕业出口（分性别）

表 5-26 展示了若可再次选择，不同专业受访者对大学毕业时自己的期望。从中可知，专业对受访者重新选择期望存在一定程度的影响。选择升学（境内或境外读硕博）的人文、医科和艺术类专业的受访者占比较高，选择工作或创业的理工、医科和艺术类专业的受访者占比较高。对比图 5-4，不

论专业如何，选择升学的受访者占比明显增高，选择就业或创业的受访者占比明显降低。

表 5-26　专业与重新选择的毕业出口

单位：%

项目	人文	理工	经管	医科	艺术	其他
境内读硕士	37.07	26.87	32.53	18.18	28.32	34.78
境内读博士	4.39	9.07	5.25	18.18	7.96	4.35
境外读硕士	18.05	8.88	14.12	13.64	15.49	0.00
境外读博士	2.93	6.27	3.87	13.64	6.19	4.35
工作	24.88	25.88	22.20	31.82	20.80	43.48
创业	2.93	12.73	11.54	4.55	13.27	8.70
待业	0.00	0.89	0.81	0.00	0.00	0.00
准备考研	7.32	8.98	9.20	0.00	6.64	4.35
其他	2.44	0.41	0.48	0.00	1.33	0.00

表 5-27 展示了若可再次选择，不同年级受访者对大学毕业自己的期望。从中可知，入学年份对受访者重新选择期望存在一定程度的影响。随着入学年份的推迟，选择境内（外）读硕士的受访者比例增高，选择创业、准备考研的受访者比例减少。入学年份越晚的受访者，越偏向于继续深造。

表 5-27　重新选择的毕业出口（按入学年份）

单位：%

项目	2012 级	2013 级	2014 级	2015 级
境内读硕士	14.97	23.10	32.28	39.59
境内读博士	9.61	10.67	5.82	6.21
境外读硕士	6.54	9.88	12.81	13.02
境外读博士	5.95	7.14	5.24	4.30
工作	28.44	24.34	25.21	22.34
创业	21.90	14.73	8.90	5.75
待业	0.79	1.06	1.00	0.40
准备考研	11.69	8.82	7.99	7.47
其他	0.10	0.26	0.75	0.93

表 5-28 展示了若可再次选择，父母受教育程度不同的受访者对大学毕业自己的期望。从中可知，父母受教育程度对受访者重新选择期望存在一定程度的影响。父母的受教育程度越高，受访者选择境内读硕士、工作、创业、准备考研的比例越低，受访者选择境内读博士、境外读硕士、境外读博士、待业的比例越高。

表 5-28　父母受教育程度与重新选择的毕业出口

单位：%

项目	父亲受教育程度		母亲受教育程度	
	低	高	低	高
境内读硕士	35.14	32.10	36.32	28.96
境内读博士	7.01	7.52	6.77	8.14
境外读硕士	7.57	18.25	8.22	19.37
境外读博士	3.79	6.75	3.90	7.20
工作	27.01	21.31	26.28	21.51
创业	9.35	6.48	8.92	6.68
待业	0.51	0.56	0.46	0.69
准备考研	8.83	6.48	8.39	6.86
其他	0.79	0.56	0.75	0.60

5.5　小结

本章的重点是调查毕业生的工作和创业经历。通过数据分析，我们发现毕业生毕业后往往会选择升学或就业两种道路。这种选择受到许多因素的影响，包括社会、家庭、学校、个人和周围环境等。已有研究表明，影响中国高校毕业生就业或升学选择的因素可以归为家庭背景、教育背景和个人特征三类（方行明等，2019）。然而，这些因素之间的影响逻辑仍不清楚，需要进一步深入研究。

第一份工作对毕业生十分重要，它有可能左右毕业生未来的发展。第一份工作对毕业生未来的就业方向、工作态度和工作机会有重要影响（张德成和肖东，2013）。本调查发现，现在毕业生在找第一份工作时多选择成为专业技术人员，偏爱私营企业，多从事信息传输、计算机服务和软件行业，其月薪以3000~6000元为主。大部分毕业生表示未更换过工作，更换过工作的毕业生大多也只更换过1~2次。

毕业生对当前工作的选择也呈现一些特点。针对更换过工作的毕业生来说，其当前工作的薪酬较第一份工作有了明显的提高；但该部分人群的工作地域、工作单位的变动较小，工作行业依旧多聚焦在第三产业；专业技术人员是该人群中最热门的职业。

在调查毕业生创业经历和打算时，研究发现，拥有创业经历和打算的毕业生占比较高，毕业生创业热情高涨。但大学生创新创业中仍存在不少问题，如大学生创业技能不足、社会创业氛围不够浓厚、大学生对创业失败容忍度低、相关创新创业政策不够完善等（孟照军和贺玉娟，2022）。大学生创新创业依旧是亟待挖掘的一个领域，相关研究可聚焦这一领域进行探索。

本章所探索的大学毕业生就业选择和创业经历方面的相关数据，可为以后大学生进行毕业选择提供一定的参考。

第六章

社会交往

随着现代信息技术的快速发展，人们的社会交往方式正在发生巨大变革。通信工具的不断更新和社交网络的高速发展，对人们的社交方式产生了影响，甚至老年人的互联网参与度也在不断提高，重新与世界建立了紧密的联系（Wales 等，2023）。对于大学生而言更是如此，他们更热衷于新事物，他们接收信息的途径也更加丰富，对社交方式的敏感度也更高，因此他们的社交方式代表着一种比较典型的趋势。

该部分主要从交往方式和网络社交两个方面对大学生的社会交往进行调查。在交往方式部分，主要分析了大学生的交友途径、交往联络方式、深入交流方式和联络频率等方面；在网络社交部分，主要分析了网络社交时间、观看短视频类型和社交虚拟空间行为等方面。这些调研有助于我们更加深入地了解当代大学生的行为及心理，认识大学生的社会交往的方式演化。

6.1 交往方式

6.1.1 交友途径

如图 6-1 所示，大学生在大学期间交友途径主要集中在校园内，其中通过校园活动（如社团、学生组织等）交友的占比高达 74.50%，通过班级活动交友的占比 68.44%，通过宿舍联谊交友的占比 43.12%。如图 6-2 所示，就不同性别的大学生而言，男生选择这三种交友途径的比例分别占73.24%、68.08%和 43.12%，女生选择这三种交友途径的比例分别占76.14%、68.90%和 43.12%。通过性别的比较可以看出，女生在大学期间通过校园活动和班级活动交友的可能性略微高于男生。

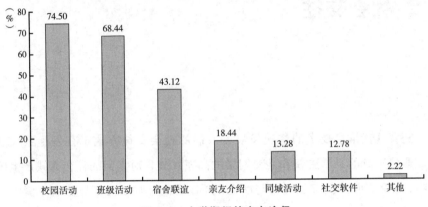

图 6-1　大学期间的交友途径

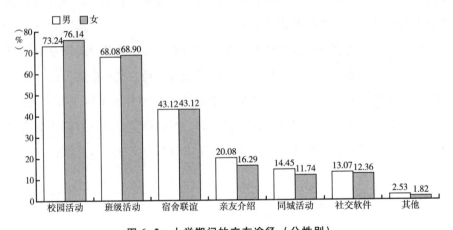

图 6-2　大学期间的交友途径（分性别）

综合图 6-1 和图 6-2，可以发现尽管进入大学以后，大学生们会拥有一个相对更加开阔的交友环境，但他们的好友主要来自学生时代，与社会接触偏少。如图 6-1 中，通过亲友介绍交友的大学生占 18.44%，通过同城活动交友的占 13.28%。值得注意的是，大学生通过社交软件交友的占 12.78%，这一数字令人担忧。有研究显示，社交软件的使用可能对用户的精神和性健康造成不良影响（Jennings 等，2023），随着互联网和智能手机的普及，这一数字具有增大的趋势。因此，规范和引导大学生社交软件使用有利于防范大学生群体身心健康风险。

当与社会接触偏少时，大学生的认知会局限于校园内，容易导致社会资源不足、交往能力缺乏和思想较为单一等问题，对大学生在校学习和其未来的发展都具有一定的局限性。因此，大学生应该逐步走出象牙塔，走出校园，尝试迈入社会，结交更多不同类型的朋友。

如图 6-3 所示，分别来自城镇和农村的大学生在交友途径的选择上有所不同。不论是来自农村还是城镇，他们都主要通过校园活动、班级活动和宿舍联谊三个途径进行交友，这说明大学是一个包容的环境，大学生们可以不在乎来自哪里，而有进行充分交往的自由。但在其他方面表现出了不同点。来自农村的大学生通过亲友介绍的频率高于来自城镇的大学生，但来自城镇的大学生通过同城活动和社交软件交友的频率又高于来自农村的大学生，这说明大学生的交往方式和家庭背景有一定的关系，来自农村的大学生更注重亲朋好友的介绍，而来自城镇的大学生在交友方面有更自由和更丰富的选择。

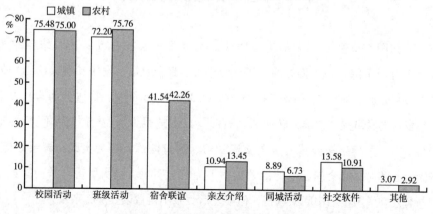

图 6-3　大学期间的交友途径（分城乡）

6.1.2 交往联络方式

互联网络的蓬勃发展给当代大学生的社交生活带来了许多便利，也更加丰富了大学生的生活。如图 6-4 所示，大学生毕业前与大学舍友在学习生活中的联络频率较高，其中频率较高的四项活动中，总是与舍友交流学习、聚会吃饭、娱乐和聊天谈心的频率分别达 26.43%、24.45%、21.90% 和 24.25%。

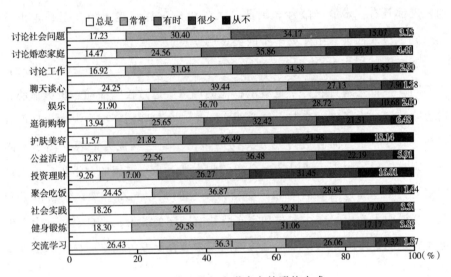

图 6-4 毕业前与大学舍友的联络方式

但如图 6-5 所示，大学生在毕业后与大学舍友在各方面的联络频率整体上都有所下降，以上四方面（即交流学习、聚会吃饭、娱乐和聊天谈心）的联络频率分别下降至 14.04%、12.06%、13.38% 和 15.44%。整体上而言，大学生与舍友的联络频率大部分转向了"有时"或者"很少"，甚至"从不"。在这些活动中，大学生毕业后与舍友交流学习、健身锻炼、社会实践、聚会吃饭、聊天谈心和讨论社会问题等的活动频率下降较为明显。说明尽管大学期间大学生与舍友在学习生活中联系紧密，但毕业后关系不再像以往那么亲密。

有趣的是，我们可以发现投资理财的频率却有所升高，如"总是"的

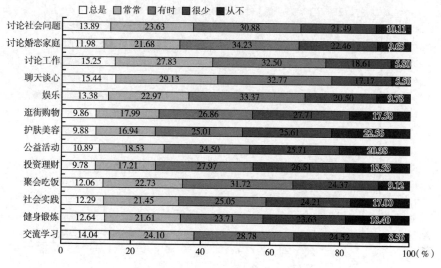

图6-5　毕业后与大学舍友的联络方式

频率从 9.26% 上升至 9.78%，"常常"的频率从 17% 上升至 17.21%，"有时"的频率从 26.27% 上升至 27.97%。尽管上升不明显，但相对比于其他活动，投资理财或许是大学生加强与舍友间联系的一个良好的渠道。在毕业以后步入社会，通过投资理财进行财富管理尤为重要，一些良好的信息资源对于投资理财很关键。大学生与学生时代的同学在这方面的交流既可以加强双方之间的联系，也可能获得不一样的投资信息。

如图 6-6 和图 6-7 所示，不同性别的毕业生在交流方面各有侧重点，男生在健身锻炼、社会实践、聚会吃饭、投资理财和公益活动等方面相较于女生而言频率更高，而女生在护肤美容、聊天谈心、讨论婚恋家庭和讨论社会问题等方面相较于男生而言频率更高。这说明男女生之间会有性格和爱好之间的差异，这一结果也充分表现了他们之间的不同。

以上这种情况表明，大学生毕业后会变得更加独立，与朋友聚会见面的频率都会下降。这可能是来自以下三个方面的原因：一是大学生毕业后各自有了自己的生活空间，也有了新的生活圈子，从而导致了见面的机会减少；二是毕业后大家各奔东西，地理上的距离使大学生和舍友很难有机会再次

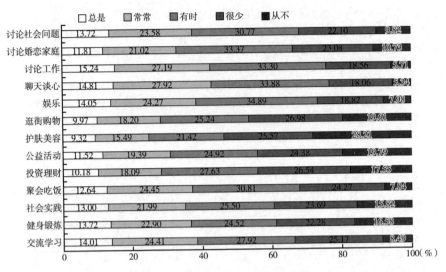

图6-6 毕业后男生与大学舍友的联络方式

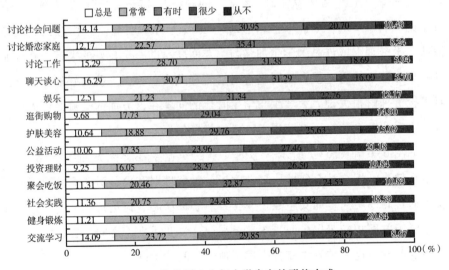

图6-7 毕业后女生与大学舍友的联络方式

聚到一起；三是大学生毕业后会有新的工作或者新的学习任务，生活的作息会不一样，也较难有更多的空余时间相聚。大学生在毕业后在投资理财方面与大学舍友的联络频率小幅度上涨，这说明其毕业后身上肩负的工作赚钱的责任更大，同时投资理财一定程度上也能促进朋友间感情的联络。

图 6-8、图 6-9 和图 6-10 中我们筛选出参与了两轮调查的被调查者，回答了第二轮调查中"您与朋友见面聚会的频率"这一问题。

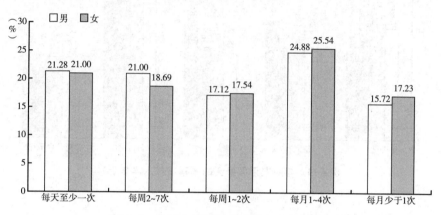

图 6-8 与朋友见面聚会的频率（分性别）

通过图 6-8 可以发现，在调查的大学生中，21.28% 的男生和朋友见面的频率为每天至少一次，21% 的男生与朋友见面的频率为每周 2~7 次，男生与朋友见面聚会的频率略微高于女生，但男生和女生在各频率间差异不大。无论男女都有超半数以上保持着每周至少 1~2 次与同学见面的频率，可以看出，保持一定的见面频率对于大学生的人际交往很重要。

通过图 6-9 可以看出，不同年级的大学生在毕业后与朋友见面聚会的频率也有所不同。具体来看，每天至少一次这样频繁的联系多体现在较晚入学的大学生身上，这可能是因为毕业时间较短，大学生和朋友之间的关系还比较密切。但如每周 2~7 次、每周 1~2 次这样的联系频率方面，毕业更早的 2012 级大学生和朋友的联系频率更多，这表明即使毕业时间较久，他们和以前的朋友仍会保持较高的联系频率。

通过图 6-10 可以发现，来自农村和城镇的大学生在毕业后与朋友见面聚会的频率有所不同。整体来看，来自农村的大学生毕业后与朋友见面聚会的频率明显低于来自城镇的大学生。这可能是因为农村的学生在人际关系交往的处理上没有来自城镇大学生热情，缺乏一定的交往能力，也可能是由于家庭背景的差异导致了城乡学生的性格差异。

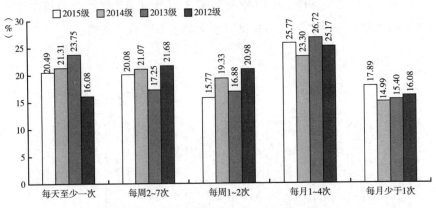

图6-9 与朋友见面聚会的频率（按入学年份）

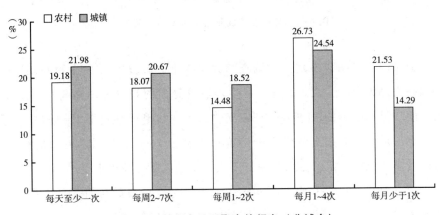

图6-10 与朋友见面聚会的频率（分城乡）

6.1.3 深入交流方式

如图6-11所示，大学生遇到不同的事情时选择交流的对象存在一定的差异，但都更倾向于选择与父母家人交流，如当遇见难事时倾向于与父母家人交流的占比为68.11%，当想要借钱时的占比为69.18%，当有心事时的占比为46.40%，以及当获得荣誉时的占比为76.35%。这说明大学生对父母和家人仍存在较大的依赖性，在遇到心事或者困难时更愿意与父母家人交流。家庭是大学生们温暖的港湾，而恋人则是大学生选择交流的第二位对象，其中当有心事时的占比为 43.78%，略微小于父母家人。这说明恋爱关系对大学生也是具有重要作用的，恋人也能够很好地帮助大学生在远离父母家人期间化解情绪。

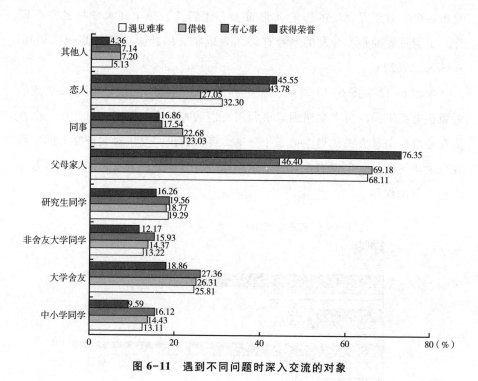

图 6-11 遇到不同问题时深入交流的对象

因此，恋人间的交流和与父母家人的交流对于大学生来说都是很重要的。大学生可以在恋爱中寻找合适的方法来处理情绪，学会在恋爱中变得更加负责和成熟，也可以通过父母的关怀合理有效地处理情绪。不论是亲情还是爱情，大学生们都可以尝试通过这二者来进行深入的交流。

可以看出，虽然都是同龄人，大家平常也会相互联络交往，但是当遇到心事时，大学生选择向同学倾诉的比例较小，这说明同学之间的交往大多是日常的学习和工作交流，而较少有深入交流。但在各类型的同学中，大学生还是略微倾向于与大学舍友深入交流，其次才是研究生同学、非舍友大学同学和中小学同学。

结合图 6-4 和图 6-5，可以发现无论是日常生活中的交流还是深入人心的交流，大学生与舍友之间的互动更为紧密。在大学生活中，大学生们每天接触最多的通常是舍友。如何与舍友和谐相处是一个非常重要的问题。可以看出，舍友对于大学生的影响非常重要，他们是大学生在大学里的重要同伴。更为重要的是，舍友关系是许多新兴成年人的社会环境的基础（Willis 和 Sean，2022）。

如图 6-12 和图 6-13 所示，男生和女生在遇到不同问题时深入交流的对象也有些不同。男生在遇到难事和需要借钱时，比女生更容易开口，而女生在心事和荣誉方面比男生更乐于分享。可以看出，女生对父母家人的依赖程度大于男生。这也说明在对大学生群体进行分析时，男女之间的性格差异起着重要的作用。

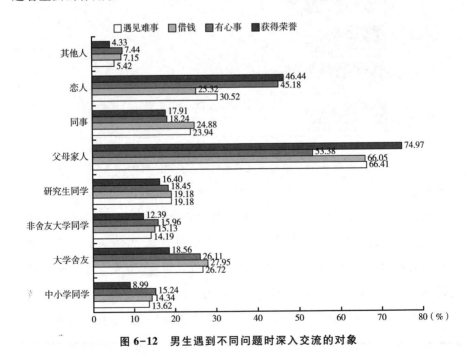

图 6-12　男生遇到不同问题时深入交流的对象

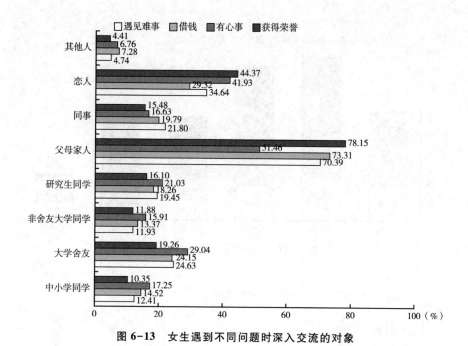

图 6-13　女生遇到不同问题时深入交流的对象

6.1.4　联络频率

就大学生的联络频率而言，如图 6-14 和图 6-15 所示，大学生每个月与大学舍友联络频率较多为 1~2 次、3~5 次和 6~10 次，占比分别为20.58%、27.87% 和 20.34%，而与非舍友大学同学的联络频率稍微低一些，大多集中于 1~2 次和 3~5 次，占比分别为 27.67% 和 24.50%。这说明大学舍友是大学生在学校中主要的联络对象，因为与舍友共同生活在一起，有更多的交流机会，在生活上接触的事情也更多，因此许多事情都需要和舍友进行商量讨论。

从图 6-15 可以明显地看出，大学生与父母的联络频率更高，其中联络母亲的频率高于联络父亲的频率，并且女生联络父母的频率又高于男生联络父母的频率。这说明大学生的交往对象除了日常相处的大学舍友，还是以父母居多，他们更愿意与父母交谈，大学生对父母家人的依赖性仍较大，并且女生对父母的依赖程度高于男生。

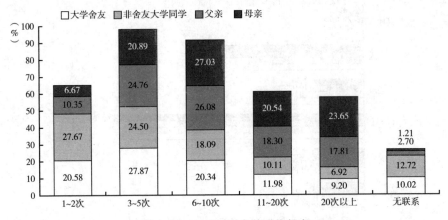

图 6-14　与不同对象的联络频率

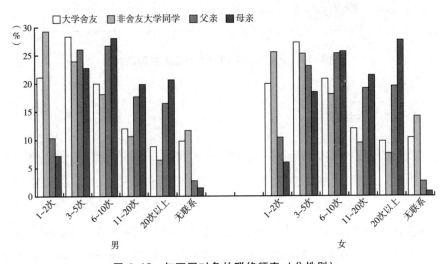

图 6-15　与不同对象的联络频率（分性别）

注：对于大学舍友和同学，上述数量可以是不同人的累计次数；对于父亲和母亲，上述数量是累计联系次数，包括但不限于打电话、微信语音视频等。

　　结合图 6-11 可知，大学生与父母家人交流频率较高，可能除了交流日常生活，还会交流、分享和倾诉心事。尽管大学生与不同的对象联络频率有所差异，但整体上大学生的联络频率集中在每个月 3~10 次。较为密切的交流有利于大学生增进与各类人群的感情，逐渐培养良好的人际交往能力。因此大学生们可以尝试在闲暇的时间里多与不同的对象进行交流，不论是对双方的感情联系还是自身的人际交往能力，都会有一定的好处。

6.2 网络社交

6.2.1 网络社交时间

如图 6-16 所示，大学生每天花在网络社交上的时间为 3 小时左右。相比于先入学的大学生，后入学的大学生每天会在网络社交上花费更多的时间，而女生平均每天使用网络社交的时间略多于男生。这可能是因为过去这几年，我国网络发展极其迅速，随着网络的高速发展，大学生在网络社交上花费的时间越来越多，其中既可能包括网络学习工具使用的增多，也可能包括虚拟社交空间的使用增多。随着大学生上网时间延长，网络成瘾现象也愈加普遍，有研究表明，网络成瘾与过长的上网时间将在一定程度上导致大学生与社会隔离，不利于大学生的社会交往（Kutty 等，2022）。

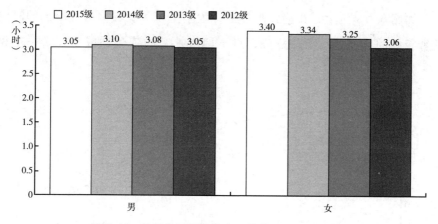

图 6-16 每天使用网络社交工具的时间（分性别）

图 6-17 分别对来自农村和城镇的大学生每天使用网络社交工具的时间进行了统计。从平均水平来看，二者相差不是很大，但先入学的来自农村的大学生（2012 级）在社交网络上花费的时间稍多于来自城镇的大学生，这

可能是因为在较早期网络工具没有特别发达，农村的学生对网络的接触更少，进入大学后对网络工具的热情和好奇较大。可见，网络社交工具的使用仍和家庭背景有一定的关系，而大学生活可以在网络社交方面提高来自农村的学生对网络的使用程度，一定程度上能够缩小城乡学生在网络使用方面的差距。

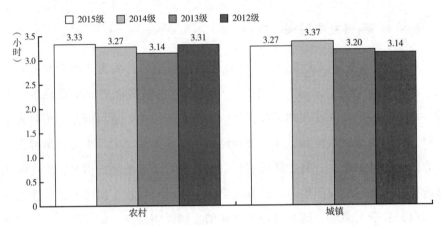

图6-17　每天使用网络社交工具的时间（分城乡）

如图6-18所示，在整体趋势上，大学生每天花在网络社交上的时间随着年级的升高呈现下降趋势，对于网络社交的依赖性减弱。说明在较

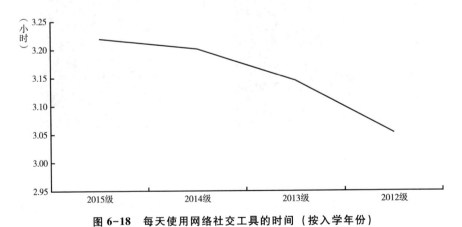

图6-18　每天使用网络社交工具的时间（按入学年份）

注：仅指活跃地使用网络社交工具的时间，不包括打开软件却不进行任何操作的时间。

低年级阶段，大学生更愿意花时间于网络社交，而较高年级阶段大学生更愿意花时间于面对面人际交往。斯坦福大学学者诺曼尼等认为，人们花在网上的时间和他们面对面人际交往的时间成反比。因此，大学生对于网络的依赖一定程度上可能会对他们现实中的面对面人际交往产生影响。所以大学生们不应该过于依赖社交网络的交往，还需要注重实际的面对面人际交往。

6.2.2　观看短视频类型

如图 6-19 所示，在观看短视频时，接近半数的大学生喜欢观看幽默搞笑类型的短视频。这说明除了要在学校进行学习，大学生也喜欢利用课余时间观看娱乐的或者搞笑的视频内容。但男生和女生对短视频的偏好是不同的，如男生更偏好于体育赛事类、明星娱乐类、新闻类和财经类等，而女生更偏好于生活创意类、旅游打卡类、美妆穿搭类、音乐舞蹈类、明星娱乐类和美食类等。

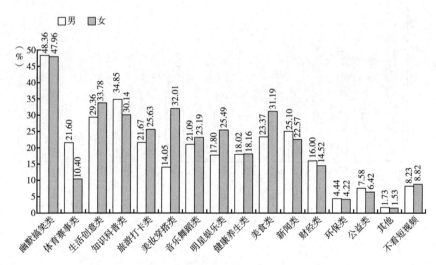

图 6-19　观看短视频的类型（分性别）

短视频有利于大学生在课余时间放松，也有利于大学生课外知识的补充。Nong 等（2022）认为短视频在教育活动中具有良好的实用性。但大学生每天花费在社交网络的时间达到 3 小时左右，在这 3 小时之中他们会受网络世界种类繁多和良莠不齐的内容影响，加上一些大学生缺乏自制力，容易花费大量时间在虚拟社交网络上。因此，大学生可以通过看短视频等来进行放松，在娱乐放松之余有选择地获取更多有质量的内容，同时还要避免在虚拟网络上花费过多的时间。

如图 6-20 所示，经管类专业的大学生和非经管类专业的大学生对于不同类型的短视频也有不同的喜好。经管类专业的大学生更倾向于旅游打卡、美妆穿搭、音乐舞蹈、明星娱乐、美食和财经类。其中对于财经类的关注程度远高于非经管类。这可能由两点原因造成：第一，经管类的女生居多，对于短视频的关注度更受女生数据的影响；第二，就专业的角度而言，经管类的大学生会更偏好观看财经类的短视频。但不论怎样，大学生观看最多的短视频类型仍然是幽默搞笑类。

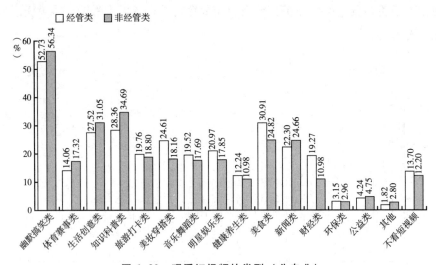

图 6-20 观看短视频的类型（分专业）

6.2.3 社交虚拟空间行为

如表 6-1 所示，对于本科毕业后选择升学或者当下状态仍为在读的人来说，他们的社交虚拟空间的行为主要针对研究生同学、大学舍友、

父母家人和恋人，如他们点赞或评论最多的对象为以上四者的频率分别
为 36.99%、28.41%、21.64% 和 17.39%，他们转发最多的频率分别为
15.49%、12.35%、14.25% 和 12.30%。而他们也更倾向于屏蔽研究生
老师、父母家人、商业交往人员和大学老师的朋友圈，如他们发朋友圈
选择屏蔽最多的对象为以上四者的频率分别为 25.04%、24.78%、
20.04% 和 17.88%，对这四者发朋友圈可见的频率仅分别为 9.87%、
17.96%、3.36% 和 9.42%。这说明对于目前仍在读的人来说，同学、父
母和恋人仍然为他们在社交虚拟空间的主要联络对象，在社交虚拟空间
中他们更愿意与朋友和家人分享，但老师和商业交往人员，甚至是父母
也更容易成为他们屏蔽的对象，与老师互动较少，可能是因为作为学生
他们对老师持有尊重的态度，与老师更多的是学术交流，同时也表明他
们很注重隐私的保护。

表 6-1　在读的大学生社交虚拟空间行为

单位：%

项目	中小学同学	大学舍友	非舍友大学同学	研究生同学	大学老师	研究生老师	父母家人	恋人	商业交往人员	无该行为
您点赞或评论最多的是谁？	17.26	28.41	21.19	36.99	9.25	11.37	21.64	17.39	6.11	8.45
您转发最多的是谁？	7.04	12.35	9.91	15.49	10.53	13.19	14.25	12.30	4.69	37.08
您发朋友圈选择屏蔽最多的是谁？	3.76	4.73	5.66	8.19	17.88	25.04	24.78	6.19	20.04	26.11
您发朋友圈选择可见最多的是谁？	12.92	20.58	17.35	21.64	9.42	9.87	17.96	18.98	3.36	26.68

如表 6-2 所示，对于本科毕业后没有选择升学或者当下状态也不是在读的人来说，他们的社交虚拟空间的行为主要针对同事、父母家人、大学舍友、恋人，而他们也更容易屏蔽单位领导、父母家人、同事、商业交往人员。这些结果表明，非在读的人更加注重个人生活和社交圈子，而不是职业发展和商业机会。这也可能表明，非在读的人对于自己在社交媒体上的形象和隐私比较注重，他们可能不想在公开的平台上与工作单位领导、同事和商业伙伴互动，因为这可能会影响到他们的工作和生活。

表 6-2　非在读的大学生社交虚拟空间行为

单位：%

项目	中小学同学	大学舍友	非舍友大学同学	大学老师	父母家人	恋人	同事	单位领导	商业交往人员	无该行为
您点赞或评论最多的是谁？	14.68	25.34	16.84	8.46	26.24	25.31	33.38	10.80	6.52	9.06
您转发最多的是谁？	5.20	13.72	8.94	9.87	19.97	20.02	18.81	10.94	5.46	30.40
您发朋友圈选择屏蔽最多的是谁？	2.70	3.68	6.19	11.84	21.65	9.36	18.19	25.82	15.97	28.40
您发朋友圈选择可见最多的是谁？	11.05	18.45	13.08	7.34	20.84	28.23	18.67	7.62	4.02	25.53

表 6-3、表 6-4、表 6-5 和表 6-6 分别显示了男生和女生的在读或者非在读的社交虚拟空间行为，性别特征也会造成大学生在社交虚拟空间上表现得不同。

表6-3 在读的大学生（男生）社交虚拟空间行为

单位：%

项目	中小学同学	大学舍友	非舍友大学同学	研究生同学	大学老师	研究生老师	父母家人	恋人	商业交往人员	无该行为
您点赞或评论最多的是谁？	17.14	25.08	19.31	32.44	10.12	12.29	19.73	19.48	5.18	9.53
您转发最多的是谁？	6.52	12.46	10.62	15.80	11.20	13.13	14.80	14.30	4.26	34.70
您发朋友圈选择屏蔽最多的是谁？	4.43	5.02	6.94	8.95	16.05	23.49	23.24	6.61	15.55	28.51
您发朋友圈选择可见最多的是谁？	11.79	16.05	14.88	19.40	10.37	11.29	16.97	19.23	3.34	28.51

表6-4 在读的大学生（女生）社交虚拟空间行为

单位：%

项目	中小学同学	大学舍友	非舍友大学同学	研究生同学	大学老师	研究生老师	父母家人	恋人	商业交往人员	无该行为
您点赞或评论最多的是谁？	17.39	32.14	23.31	42.11	8.27	10.34	23.78	15.04	7.14	7.24
您转发最多的是谁？	7.61	12.22	9.12	15.13	9.77	13.25	13.63	10.06	5.17	39.76
您发朋友圈选择屏蔽最多的是谁？	3.01	4.42	4.23	7.33	19.92	26.79	26.50	5.73	25.09	23.40
您发朋友圈选择可见最多的是谁？	14.19	25.66	20.11	24.15	8.36	8.27	19.08	18.70	3.38	24.62

表6-5 非在读的大学生（男生）社交虚拟空间行为

单位：%

项目	中小学同学	大学舍友	非舍友大学同学	大学老师	父母家人	恋人	同事	单位领导	商业交往人员	无该行为
您点赞或评论最多的是谁？	13.01	22.74	15.53	8.76	25.74	26.42	32.90	10.45	6.39	9.43
您转发最多的是谁？	5.03	13.69	9.05	9.43	21.67	21.77	19.50	11.03	4.98	27.38
您发朋友圈选择屏蔽最多的是谁？	2.66	3.82	6.58	11.61	20.85	10.45	17.71	22.54	13.50	29.66
您发朋友圈选择可见最多的是谁？	8.71	15.97	11.18	7.64	20.61	28.21	19.25	8.18	3.92	26.85

表6-6 非在读的大学生（女生）社交虚拟空间行为

单位：%

项目	中小学同学	大学舍友	非舍友大学同学	大学老师	父母家人	恋人	同事	单位领导	商业交往人员	无该行为
您点赞或评论最多的是谁？	17.01	28.98	18.70	8.07	26.97	23.81	33.96	11.30	6.72	8.54
您转发最多的是谁？	5.45	13.79	8.81	10.49	17.62	17.62	17.82	10.76	6.12	34.63
您发朋友圈选择屏蔽最多的是谁？	2.76	3.50	5.65	12.17	22.80	7.87	18.90	30.40	19.30	26.70
您发朋友圈选择可见最多的是谁？	14.26	21.92	15.74	6.93	21.18	28.31	17.82	6.86	4.17	23.74

对于在读的大学生来说，男生和女生点赞或评论较多的对象分别是研究生同学、大学舍友和非舍友大学同学，其中女生的活跃程度明显高于男生。他们转发最多的对象也以校园中的对象为主，如研究生同学、大学舍友、研究生老师、大学老师，父母家人和恋人的占比也比较高。而他们发朋友圈选择屏蔽最多的对象分别有研究生老师、父母家人、大学老师和商业交往人员，其中女生的比例也相对较高一些。他们发朋友圈选择可见最多的也以同学、父母家人和恋人为主，整体上女生相对于男生更愿意展现自己的朋友圈。

对于非在读的大学生来说，男生和女生点赞或评论较多的对象分别是同事、父母家人、恋人和大学舍友，其中女生的活跃程度略高于男生。他们转发最多的对象也以父母家人、恋人和同事为主。而他们发朋友圈选择屏蔽最多的对象分别有单位领导、父母家人和同事，其中女生的比例比男生更高一些。他们发朋友圈选择可见最多的也以恋人、父母家人和同事为主，整体上也可以看出女生比男生更愿意展现自己的朋友圈，并且女生还更愿意将朋友圈展示给过去的同学。

6.3 小结

本章主要研究了毕业大学生的社会交往经历。主要分为两个部分，分别探讨毕业大学生的交往方式和网络社交情况。

在交往方式部分，分别探讨了毕业大学生在大学期间的交友途径、交往联络方式、深入交流方式，以及联络频率。可以发现，大学生在大学期间交友途径主要集中在校园内，与社会接触偏少。大学生在毕业前与大学舍友在学习生活中的联络频率较高，但毕业后联络频率整体上有所下降。男女生之间会有性格和爱好的差异，不同性别的毕业生在交流方面也各有侧重点。毕业后大学生们的见面频率也会受到性别、入学年份、家庭背景等的影响而有所不同。在需要进行深入交流的时候，大部分大学生更倾向于父母家人和恋人，但男女生对于交流对象的选择也表现出了一定的差异。

第二部分探讨了毕业大学生在网络社交方面的问题，分别对其网络社交时间、观看短视频类型和社交虚拟空间行为进行了分析。随着互联网的发展，不同入学年份、性别、家庭背景等的大学生在网络社交上花费的时间不同；在观看短视频类型方面，男女也表现出了较大的差异；在读的大学生和非在读的大学生的社交虚拟空间行为也表现得不同。

从以上的探讨可以发现，不同类型的毕业大学生在社会交往中会表现得不同。但对于价值观念尚未完全成熟的大学生来说，其友情观具有很强的可塑性。我们应深入探析价值观变迁对大学生友情观的影响，分析大学生交友中存在的主要问题，从社会、高校、家庭及大学生自身四个层面引导其形成正确健康的友情观（谢剑媛和李英林，2021）。通过这一部分的调查我们可以看出，新时代大学生的生活和交往方式不断发生着改变，仍然呈现以下几个特点。

第一，相似性。大学生的交友途径主要是通过校园活动，交友的对象大多是具有相同特点的同龄人，他们更容易有相同的价值观，产生共鸣。

第二，依赖性。大学生更愿意与父母联络，遇到心事或者困难时更愿意与父母分享和倾诉。已有文献指出，大学生社交焦虑易感性与各种可能的因素有关，主要与羞耻感、人格中的精神质、内外向等因素相关（李波等，2003）。这些因素与大学生在遇到各种问题时通过社会交往解决问题的能力较为相关。

第三，开放性。网络社交工具是一个开放性的平台，能够为大学生提供更加丰富多元的内容，同时也能够包容不同背景的学生对交友的选择。

第四，社交性。大学生的交往很大一部分是以网络为媒介进行的，交流的目的也多种多样，但这种以网络为媒介的交流，减少了大学生面对面的直接交流。有调查表明，社交焦虑会在大学生人格特征和手机依赖关系中起部分中介作用（王欢等，2014），大学生们在进行网络社交的同时也需要注意这种社交焦虑。

第五，虚拟性。大学生在不同的阶段表现出的交流欲望与交往形象不同，他们会在网络上构建一个虚拟的形象，并以此进行交流交往。

第七章
身心健康与行为习惯

身心健康是指身体和心理的健康状况，涉及以下方面。①身体健康：包括健康的饮食习惯、充足的睡眠、适量的锻炼和运动等。②心理健康：包括积极的情绪、压力管理、情感的表达、自我认知、社交技能等。③社会健康：包括与他人的良好互动、家庭关系、工作环境等。④精神健康：包括信仰和精神信念、思考方式、情感状态等。⑤环境健康：包括良好的居住环境、工作环境、学习环境等。这些方面相互作用，共同构成了一个人的身心健康状态。

大学生面临来自学业、生活、情感、就业等多个方面的压力，这给他们保持身心健康带来了考验。针对这些问题，我们对毕业大学生进行了全面的回访调查，收集了他们在毕业后身心各方面的数据。我们了解了他们过去的身高、体重、相貌、睡眠质量等身体和心理情况，以探究他们身心健康的各个方面。

7.1 身体健康

表 7-1 显示了同性别同年龄段学生的全国标准身高和体重情况，以此作为调查的比较基准。

表 7-1　同性别同年龄段学生的全国标准身高和体重

项目	小学一年级	初一	高一	现在
男性标准身高（cm）	118	152	170	172
男性标准体重（kg）	24	42	60	61
女性标准身高（cm）	117	152	160	160
女性标准体重（kg）	22	41	50	51

7.1.1　身高

如图 7-1 所示，分性别展示了毕业生所回忆的自己与同年龄段的全国标准身高相比在小学一年级时的身高情况。在小学一年级时，受访者的身高水平相对于标准身高，男女差异很小。超过一半的同学认为自己在小学一年级时与同龄人的身高水平差不多，为平均值水平；约 1/4 的同学认为自己略高于（低于）平均值；仅有小于 3% 的同学认为在小学一年级时远高于（低于）同龄人的身高。

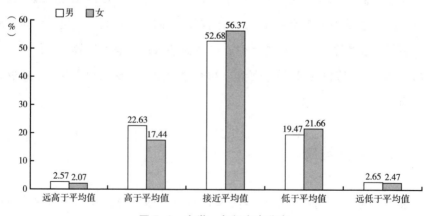

图 7-1　小学一年级身高分布

如图 7-2 所示，分性别展示了毕业生所回忆的自己与同年龄段的全国标准身高相比在初一时的身高情况。男女的身高分布均有所变化，且二者变化相似。在初一时，相比于同年龄段的标准身高来说，大约一半的同学仍然接近于平均值水平；相比于小学一年级时的情况，高于和远高于平均值水平的同学比例变得更低，低于和远低于平均值水平的同学比例变得更高；女生在以上这些变化中表现更明显，比重更大一些。

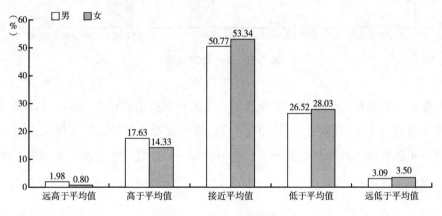

图 7-2　初一身高分布

如图 7-3 所示，分性别展示了毕业生所回忆的自己高一时的身高情况。参考同性别同年龄段的全国标准身高，男性和女性中认为自己接近于平均水平的人数都有所下降，但仍然处于 50% 左右；认为自己高于和远高于平均值水平的同学比例进一步下降了；而低于和远低于平均值水平的同学有较大比例的增加；在高一时期，男性的身高变动比例比女性更大一些，但二者的变化方向是相同的。

如图 7-4 所示，分性别展示了毕业生目前的身高情况。参考同性别同年龄段的全国标准身高，男女性都有了更大的变动且变化方向相同。从小学一年级到现在，身高高于和远高于平均值的同学的比例不断地下降，截至目前，这两组的数据保持较低的稳定状态；接近平均值的同学比例也在不停地下降，截至目前，其比例甚至低于 50%；在前三种选择的比例逐渐下降的

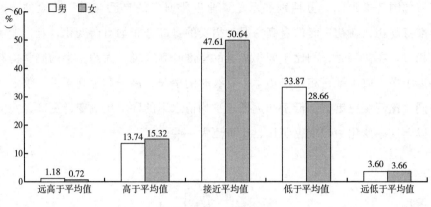

图 7-3　高一身高分布

过程中，后两种选择的比例逐渐增加，大家的身高渐趋低于平均值，其比例从开始的约 1/5 到现在增加到超过 1/3；身高远低于平均值的人数比例在小学一年级时和远高于平均值的人数比例近似，目前却变为远高于平均值人数比例的 3 倍左右。

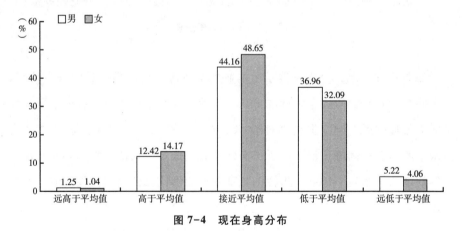

图 7-4　现在身高分布

7.1.2　体重

如图 7-5 所示，分性别展示了毕业生回忆的小学一年级的体重情况。参考同性别同年龄段的全国标准体重，男女性之间的差异很小。大部分同学的体重处于平均值的状态；近30%的同学体重高于平均值，约1/8的同学体重低于平均值。

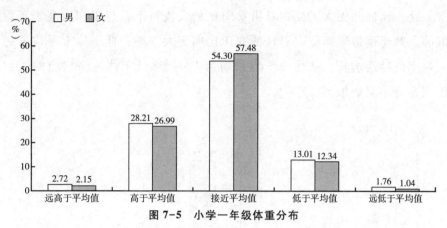

图 7-5　小学一年级体重分布

如图 7-6 所示，分性别展示了毕业生回忆的初一的体重情况。参考同性别同年龄段的全国标准体重，男女的变化同向，且女性变化更显著一些。50%左右的同学体重维持在平均值；高于和远高于平均值的人数比例有所降低，可能是因为在青春期大家对自己的健康和身材有了更多的关注；但低于体重平均值的人数有所增加，比例达到1/5，可能是因为大家对自己的身材关注过度，有许多同学进行减肥，所以这一比例大大增加了；远低于体重平均值的同学比例也有小幅增加。

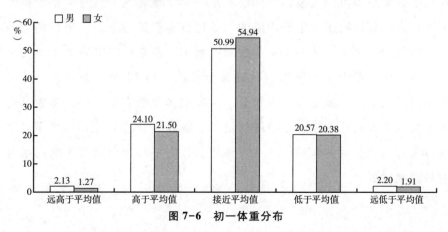

图 7-6　初一体重分布

　　如图 7-7 所示，分性别展示了毕业生回忆的高一的体重情况。参考同性别同年龄段的全国标准体重，几乎一半的同学体重仍维持在平均值，这一比例并无太大变化且男女间比例大概持平；高于和远高于平均值的人数比例持续降低，男性的变化比例更大一些；低于体重平均值的人数比例持续增长，从约 1/5 增长到约 1/4；远低于体重平均值的人数比例也有小幅增加。

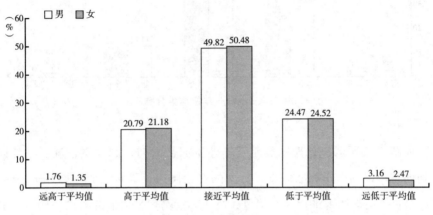

图 7-7　高一体重分布

　　如图 7-8 所示，分性别展示了毕业生现在的体重情况。参考同性别同年龄段的全国标准体重，男性在该时间段的变化更明显。自己的体重接近于体重平均值的人数比例均已不足一半，该比例一直在小幅度持续下降；高于和远高于体重平均值的人数比例也在持续下降，男性体重高于平均值的比例从原本的 1/4 左右降低到 1/7 左右；体重略低于平均值的人数比例逐渐上涨，男性的比例甚至增长了约 12 个百分点，可能是由于目前的工作、家庭等事务繁杂，大家的体重都有所下降；体重远低于平均值的人数比例也有小幅度的增长。徐淼（2022）指出，由于久坐等行为习惯的长时间作用，身高、体重、体态姿势等会随着年龄的增长有偏差地发展。

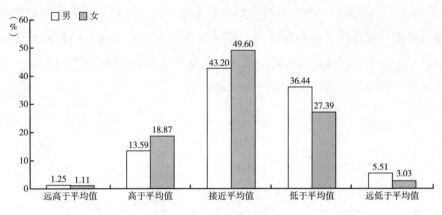

图 7-8　现在体重分布

7.1.3　相貌

如图 7-9 所示，分性别给出个体自评的和父母亲的相貌相似度平均程度，区间为 0~100%，比例越大表明个体自己觉得和父母的相貌（相貌指包括面部特征的个人外表的整体观感）更相似。平均来看，无论是男性或者女性，大部分人认为自己和父亲的相貌更相似，女性在此方面差异还要更大一些，而男性自评和父亲相貌的相似程度平均高达 61.35%。

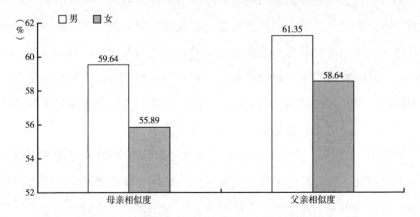

图 7-9　自评和父母相貌的相似程度（分性别）

如图 7-10 所示，分城乡给出毕业生个体自评与父母相貌的平均相似程度。城镇与农村的个体差异较大，城镇个体认为自身与父母的相似程度更高；无论是来自城镇还是农村，个体认为自身与父亲的相貌相似度更高，城镇个体自评与父亲的相貌相似度高达 60.85%。

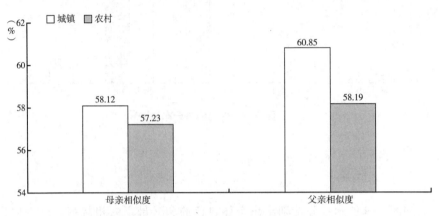

图 7-10　自评和父母相貌的相似程度（分城乡）

如图 7-11 所示，分性别给出个体自评的父母亲在 40 岁时的平均相貌得分，分数为 0~100 分，得分越高表明个体认为父母在 40 岁时的相貌越好看。平均来看，大家对父母的相貌都给出了较高的分数，这可能受到主观情绪的影响。大家普遍给予了母亲比父亲更高的相貌分数，且女性在父母亲相貌得分上表现出了相对于男性更大的差异，男性对父母的相貌评分仅差 0.6 分左右。该数据表明大家对母亲给出了更高的相貌评分而在相貌相似度上却认为自己与父亲的相貌相似度更高，因此并不是因为大家觉得父亲更好看才自评与父亲更高的相貌相似度。

如图 7-12 所示，分城乡给出个体自评的父母亲在 40 岁时的平均相貌得分，横向相比，无论是对于母亲还是父亲，城镇个体给出的分数均高于农村个体，且在给母亲的评分中，差距更大。纵向相比，无论是城镇还是农村个体，给母亲的相貌分数均高于给父亲的相貌分数，城镇个体给出的评分差距更大一些。

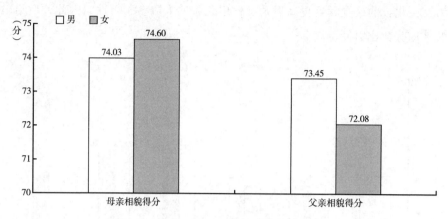

图 7-11 自评父母 40 岁时相貌得分（分性别）

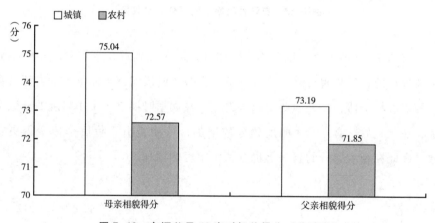

图 7-12 自评父母 40 岁时相貌得分（分城乡）

如图 7-13 所示，分性别给出个体自评从小学到现在平均素颜相貌得分以及现在的妆后相貌得分，分数为 0~100，得分越高表明个体认为自己的相貌越好看。平均来看，大家普遍认为自己的相貌处于中等偏上的水平，这可能受到所处环境以及自己主观欣赏的影响。除现在时期以外，在其他的时间段，男性对自己的相貌自评分数均略高于女性，但男性和女性的自评相貌分数均随着年龄的增加而不断变高；处于现在时期的素颜和妆后平均相貌自评分数有较大的差别，尤其是对于女性来说，差异甚至在 8 分以上。可能是因为女性化妆的接受程度更高以及女性中化妆的人数多于男性，因此妆后给出的平均分数比男性更高。

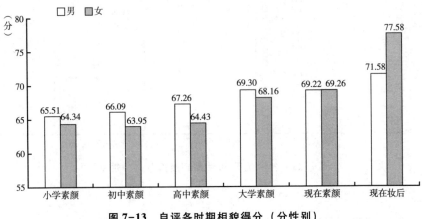

图 7-13　自评各时期相貌得分（分性别）

如图 7-14 所示，分城乡给出个体自评从小学到现在平均素颜相貌得分以及现在的妆后相貌得分，平均来看，在各个阶段城镇个体给出的自评分数均高于农村个体；二者的变动趋势类似，在大学时期有一个小幅度的分数增加，在化妆后，有一个大幅度的分数增加，可能是由于妆后个体变得更精致，因此在相貌得分的自信上也有了大幅度的增加。

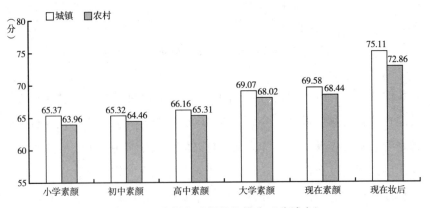

图 7-14　自评各时期相貌得分（分城乡）

7.1.4　睡眠状况

在本部分，我们考察毕业生的睡眠情况。如图 7-15 所示，分性别给出毕业生的睡眠质量评价，目前约 37% 的毕业生睡眠质量比较好，超过 26% 的毕业生睡眠质量非常好，但是也有约 10% 的毕业生有偶尔失眠的状况，经常失眠的群体仅占毕业生的 3% 左右。失眠问题有较大的影响，会损害工作记忆容量，需要引起足够的重视。女性群体的失眠比例稍大一些，可能是因为男性的抗压力相对于女性更好一些以及女性更容易受到情绪波动的影响。

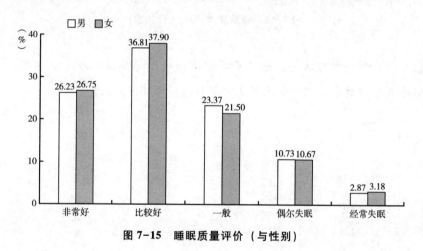

图 7-15　睡眠质量评价（与性别）

如图 7-16 所示，把毕业生划分为仍在读书的群体与已工作或其他状态的群体，然后分析各自的睡眠质量评价。结果显示，在读和非在读毕业生的睡眠质量并未有太大的差别，将近 70% 的群体睡眠质量较好。在偶尔失眠与经常失眠的人群中，在读群体的比例更高一些。这可能是由于在读毕业生面临的学业压力较大，且需要思考未来就业方向等多种压力因素的影响。

7.1.5　身体健康状况

如图 7-17 所示，分性别给出毕业生自评健康状况，绝大部分毕业生认为自己的身体相对健康，只有不到 7% 的毕业生认为自己的身体不健康，其

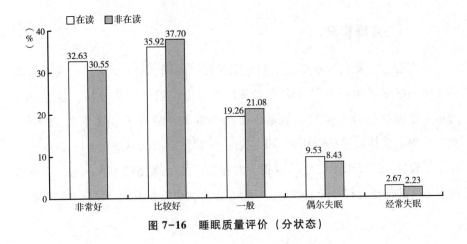

图 7-16　睡眠质量评价（分状态）

中仅有 0.63% 的女性认为自己非常不健康；超过 70% 的毕业生认为自己比较健康或非常健康，这反映出毕业生对自己身体状况的自信。

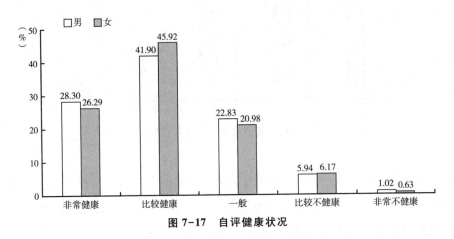

图 7-17　自评健康状况

如图 7-18 所示，分性别给出毕业生身体亚健康表现。结果显示绝大部分人存在亚健康问题，仅有 22.29% 的女生和 27.32% 的男生目前没有出现身体亚健康的现象。不论是男生还是女生，出现最多的三种亚健康表现都是注意力难以集中、记忆力减退，经常疲乏无力、反应迟钝以及用脑后易疲劳。从性别差异看，与自评身体健康状况不同，女生出现身体亚健康问题的比例比男生更高。

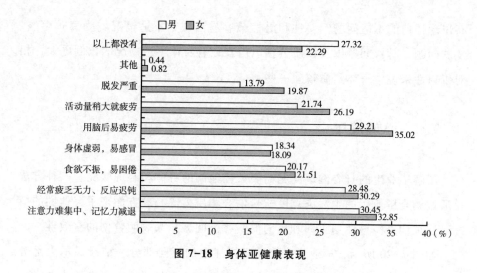

图 7-18　身体亚健康表现

如图 7-19 所示，分性别给出毕业生过去两周身体不适情况表现。调查结果显示有 30.54% 的女性和 36% 的男性在过去两周时间内，身体很好，没

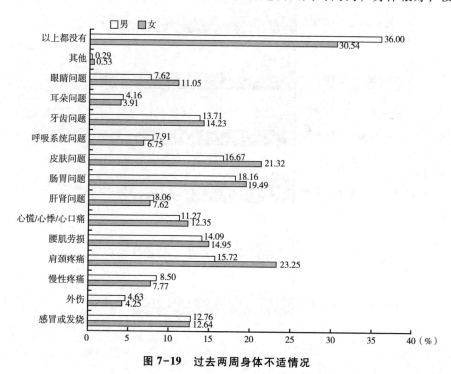

图 7-19　过去两周身体不适情况

有出现任何的不适问题。女性和男性最容易出现的不适情况均为肩颈疼痛、皮肤问题、肠胃问题以及腰肌劳损，但女性有身体不适情况的比例更大，相对于男性来说，身体素质较差一些。

7.2 心理健康

了解毕业生的身心健康问题需要关注他们的身体和心理状况。一种方法是通过调查毕业生的生活满意度、自信心和压力等心理方面来了解他们的情况。这种调查应该使用正向和负向的交替询问方式来表明数据的有效性。

如图 7-20 所示，毕业生自我感觉描述中的正向部分。结果显示大部分毕业生表现出积极正面的态度，对自己有积极正向的描述。尽管给出非常不

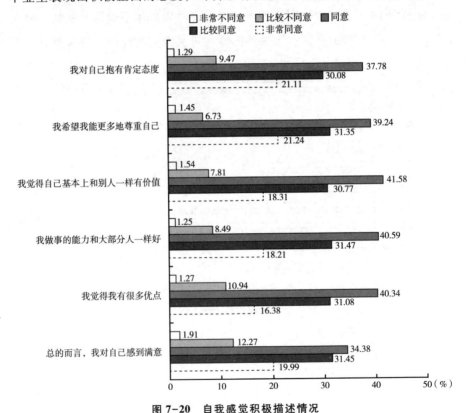

图 7-20 自我感觉积极描述情况

同意的毕业生人数少于 2%，但是该选择意味着这部分毕业生目前对自己的认知很消极，生活可能相对颓废或者没有信心，需要对其重点关注。约 40% 左右的毕业生对自己的认知描述相对中庸，没有过度自信也没有自卑的表现。总的来说，有 85.82% 的毕业生是对自己感到满意的。

如图 7-21 所示，毕业生自我感觉描述中的负向部分。结果从非常不同意到非常同意逐渐递进。表示自己积极的选项为前两个，40%～70% 的毕业生仍然展现出自己的正向外在；消极的选项为后三个，30%～40% 的毕业生会作出自己没用、失败、一无是处等不乐观的自我描述。所谓 "近墨者黑"，负向消极的观念也会通过自身的网络社交系统进行传导（李长洪和林文炼，2019），多结识一些乐观向上的同学或朋友有助于自身负向观念的改善。

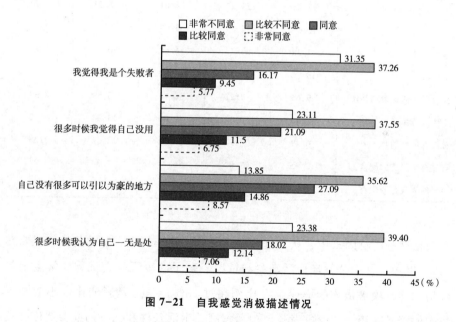

图 7-21 自我感觉消极描述情况

表 7-2 显示了毕业生自信力养成的部分影响因素。结果显示，约 16.5% 的毕业生认为学习成绩、有没有丰厚的收入、家庭的生活条件对自信力的养成影响巨大，是影响自信力的最重要的三个因素。这可能是因为在毕业生形成人生初步阶段的信心时，一直处于学习时期，因此学习成绩对毕业

生的行为以及他人对毕业生的看法都会产生重要的影响，同群效应可能会转换为同群压力（谭娅等，2021）。而成年后的自信力的养成受到收入水平的影响更大，因为收入越高通常意味着更高的生活品质和更广泛的选择范围。家庭的生活条件和前两个因素都有关联，更好的家庭条件帮助毕业生创造更好的学习和生活环境，提供更优质的工作机会（杨瑞龙等，2010），这些都有助于毕业生自信力的养成。

表 7-2 自信力养成的影响因素

单位：%

项目	影响巨大	影响比较大	有影响	影响比较小	毫无影响
家庭的生活条件	16.34	31.78	35.67	12.87	3.34
父母的社会地位	12.81	29.27	38.01	16.21	3.70
学习成绩	16.63	36.89	35.23	8.91	2.35
学生干部经历	11.38	23.21	36.60	20.64	8.18
课外特长	10.86	25.31	41.48	18.29	4.07
公益环保活动参与情况	9.65	19.27	36.18	26.59	8.30
工作是否体面	12.95	30.00	40.09	13.24	3.72
有没有丰厚的收入	16.42	32.32	35.98	12.02	3.26
有没有很优秀的配偶	12.95	27.03	36.74	17.33	5.94
孩子的表现是否优秀	11.81	23.65	35.58	17.79	11.17

在这些影响因素中，认为这些因素影响比较小或毫无影响的比例主要在20%~30%；其中公益环保活动参与情况、孩子的表现是否优秀、学生干部经历，这三项被最多的毕业生（比例超过28%）认为是影响比较小或毫无影响的因素。第一，家庭背景，包括家庭的生活条件和父母的社会地位，被超过80%的毕业生认为对自己的自信力有影响，这与李宏彬等（2012）的发现是一致的。第二，校园表现中，学习成绩对个人信力的养成有重要影响，而学生干部经历的影响相对较弱。第三，校外活动，包括课外特长和公益环保活动参与情况，也对个人的自信力的养成有重要的影响，有超过

77%的个人认为课外特长对自信力有影响。第四，工作情况，包括工作是否体面和有没有丰厚的收入，对个人自信力有重大影响，仅有不到17%的毕业生认为工作情况对自己的自信力影响比较小或毫无影响。第五，家人情况，包括有没有很优秀的配偶和孩子的表现是否优秀，相对于其他因素来说，对于自信力的影响较小，有11.17%的毕业生认为孩子的表现优秀与否对自己自信力的养成毫无影响。

如图7-22所示，分性别给出毕业生目前生活满意度。无论是男生还是女生，约1/4的毕业生对目前的生活非常满意或基本满意，有40%以上的毕业生对目前生活持比较满意的态度，仅有6%左右的毕业生对目前生活不太满意，不到1%的毕业生目前处于非常不满意的生活状态中。总的来看，女生对生活的满意度相较于男生稍微高一些，但差异不大。

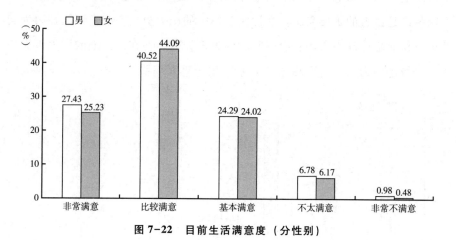

图7-22 目前生活满意度（分性别）

如图7-23所示，分城乡给出毕业生目前生活满意度。对生活满意的群体中，城镇群体所占比例更高一些；只有0.55%的城镇毕业生对生活非常不满意，但是有1.28%的农村毕业生对生活非常不满意，其比例是城镇毕业生比例的2倍，这可能与农村地区收入水平较低和生活设施不完善有关。

如图7-24所示，分性别给出毕业生目前生活压力来源。约3/4的毕业

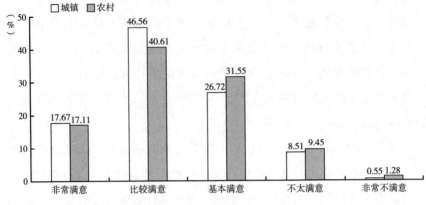

图 7-23　目前生活满意度（分城乡）

生目前生活压力来源于学习、经济和工作。此外，超过 13% 的毕业生认为人际关系是压力的重要来源。女性在工作中的压力更大一些，可能是因为女性更容易面临劳动力市场和家庭间的两难选择。男性在经济上的压力更大一些，可能是因为男性所面临的"养家"压力更大一些。

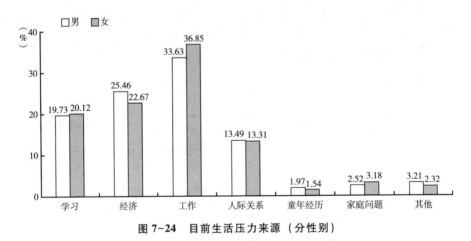

图 7-24　目前生活压力来源（分性别）

如图 7-25 所示，分城乡给出毕业生目前生活压力来源。超过 1/3 的城镇和农村毕业生目前生活压力都是来自工作；约 1/4 的城镇毕业生生活压力来自学习，高于农村毕业生超过 6 个百分点；而约 1/4 的农村毕业生生活压力来自经济情况，高于城镇毕业生近 6 个百分点；城镇毕业生在童年经历上的压力是农村毕业生的近 2 倍，可能是因为农村毕业生的童年生活更加自由，而城镇毕业生的童年面临更大的压力从而对未来产生了负面的影响。

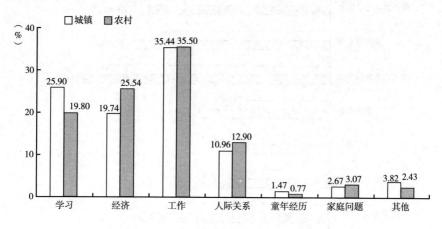

图 7-25　目前生活压力来源（分城乡）

如图 7-26 所示，分性别给出毕业生情绪状态表现。总的来看，女生比男生在情绪方面有更大的波动，更容易感到孤独、莫名发脾气、注意力不集中等。不过女生的情绪丰富不仅表现在消极方面，积极方面也更丰富，相比于男生，也有更高比例的女生觉得世界充满阳光、未来充满希望、感觉很幸福。有约 1/5 的毕业生有稳定的情绪状态，目前既没有消极情绪也没有积极情绪，这方面男生比例高于女生。对未来缺乏信心、注意力不集中、情绪低落、失眠等是男生和女生都会出现且比例较高的问题。

如图 7-27 所示，分城乡给出毕业生情绪状态表现。总的来看，城镇毕业生和农村毕业生都主要表现出情绪低落、对未来缺乏信心、注意力不集中等问题。在积极情绪的感知方面，城镇毕业生比农村毕业生表现更好，比例高约 4 个百分点。约 1/5 的毕业生，无论是来自城镇还是农村，情绪表现稳定，没有出现以上情绪。

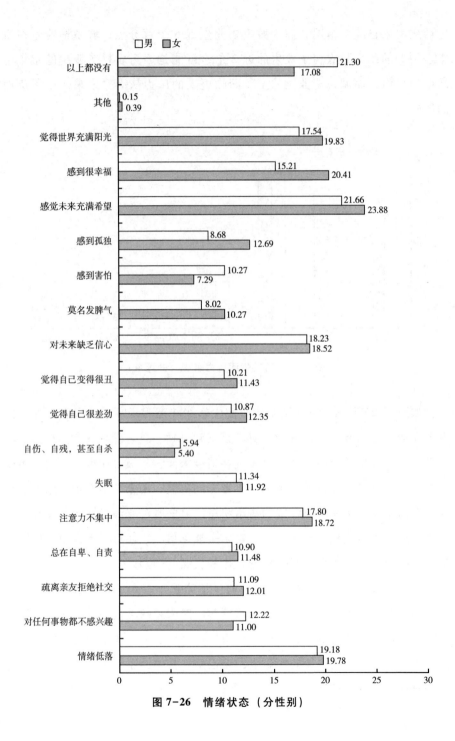

图 7-26　情绪状态（分性别）

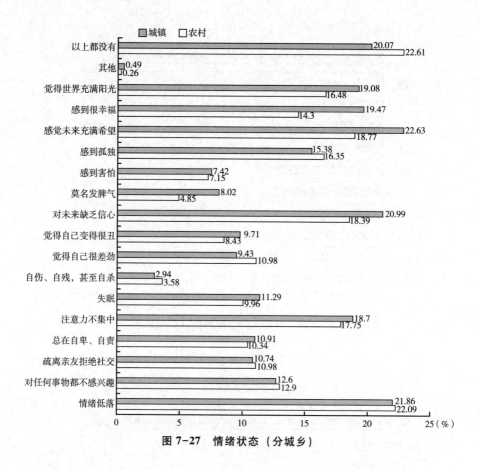

图 7-27　情绪状态（分城乡）

如图 7-28 所示，分性别给出毕业生身边人心理问题状况。40%左右的毕业生的身边人曾经或现在并没有存在严重的心理问题，但有 60%左右的毕业生身边人确实存在心理问题，其中大学舍友、非舍友大学同学、父母家人、同事甚至中学同学都存在比较高的比例，约为 15%。受到身边人的影响，毕业生自己可能也会增加存在心理问题的概率，身边人的心理问题也需要重视，尽可能给予关怀与照顾，相互治愈才能变得更好。

如图 7-29 所示，分城乡给出毕业生身边人心理问题状况。城镇毕业生身边的中学同学、非舍友大学同学存在心理问题的比例高于农村群体；农村群体身边的大学舍友与同事存在心理问题的比例高于城镇毕业生；总体来看，农村毕业生身边人存在心理问题的比例更低，低于城镇毕业生 5 个百分点左右。

167

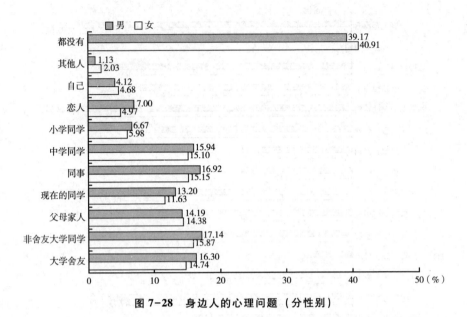

图 7-28　身边人的心理问题（分性别）

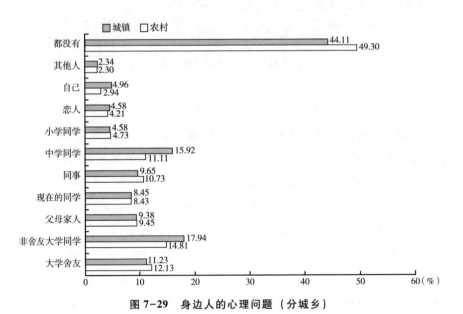

图 7-29　身边人的心理问题（分城乡）

7.3 行为习惯

本部分就毕业生的平时生活行为习惯进行了深入的调研，包括体育锻炼、作息起居、抽烟习惯、喝酒习惯等方面。

7.3.1 体育锻炼

如图 7-30 所示，分性别给出毕业生最近一个月每周锻炼天数情况。绝大部分毕业生有锻炼习惯，只有 7.73% 的男性和 13.22% 的女性每天都不锻炼，男性锻炼的频率明显高于女性。每周进行 3 天以上锻炼以及天天锻炼的男性比例高于女性，二者合计将近 1/3；每周进行 1~2 天锻炼的人数约占 1/3，男女差异不大。颜向东（2016）发现，多参与体育锻炼有助于大学生的心理健康、提升幸福感和维持良好的情绪状态。适当地进行体育锻炼对身心健康

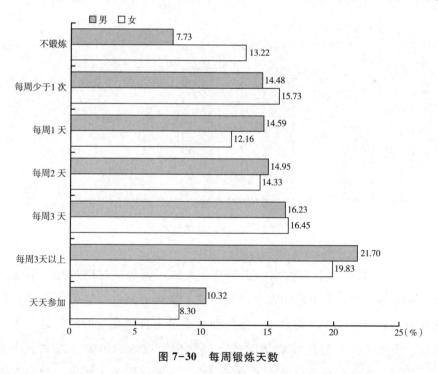

图 7-30 每周锻炼天数

有益，还能减轻一定的内心压力。对于没有锻炼习惯的毕业生来说，逐渐增加锻炼频率，保持身体良好状态，以更好地应对生活中的压力，是非常重要的。

如图 7-31 所示，分性别给出毕业生每次锻炼时间长度情况。不论男女，大多数毕业生在锻炼时将时间控制在 1 小时之内，且 30~60 分钟时间长度的人数最多，可能是因为锻炼在 40 分钟左右可以保持最好的锻炼身体的效果；在 1 小时之内的锻炼时间中，女性的比例高于男性；但是在大于 1 小时的锻炼时间段中，男性的比例高于女性。这个现象可能是由多种因素造成的，包括社会文化因素。长期以来，男性更倾向于在体育领域中表现出色，而女性则被认为更适合从事家务和照顾他人的工作。因此，在短时间内进行锻炼的女性比例较高，因为这种锻炼方式更符合女性的社会角色和期望。但是，在更长时间的锻炼中，男性可能更有意愿和能力去投入更多的时间和精力，这可能是男性比例高于女性的原因之一。

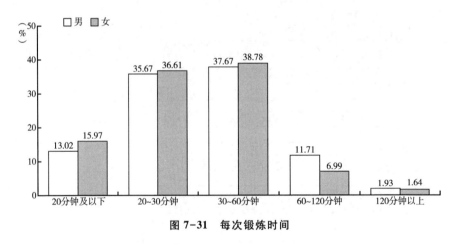

图 7-31　每次锻炼时间

如图 7-32 所示，分性别给出毕业生锻炼习惯养成时期情况。不论男女，40% 左右的毕业生是在大学时期养成了锻炼的良好习惯，可能是因为大学时期相对于其他时期来说，他们拥有更多可自由支配的时间进行体育锻炼。有约 1/4 的男性在大学前就已经养成了锻炼的习惯。在大学毕业后，仍有约 1/5 的毕业生养成了锻炼习惯，可能是因为工作压力较大需要保持良好的身体状态来应对工作，或者是想通过运动的方式来增强抗压能力。有14.26%的男性和21.80%的女性未养成锻炼习惯。总体而言，男性比女性有更高比例养成了锻炼的习惯，也更早养成了锻炼的习惯。

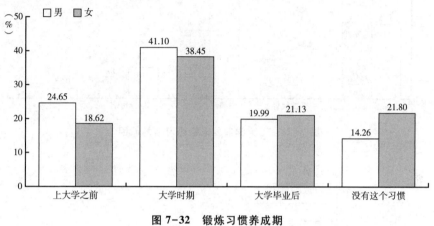

图7-32　锻炼习惯养成期

如图7-33所示，针对锻炼习惯养成时期的不同，分性别给出毕业生在上大学前就养成锻炼习惯的影响因素。对于24.66%上大学前就已经养成锻炼习惯的男性来说，自身从小就热爱运动是他们在这一时期养成锻炼习惯的最主要的因素，其次是家庭教育。对于18.62%上大学前就已经养成锻炼习惯的女性来说，最主要的影响因素是家庭教育，其次是自身从小热爱，该项因素也占据了近1/3的比例。此外，学校教育和同学影响也对个人在上大学前就养成锻炼习惯具有一定的影响力。

如图7-34所示，针对锻炼习惯养成时期的不同，分性别给出毕业生在大学时期养成锻炼习惯的影响因素。在大学期间养成锻炼习惯的41.01%的男性和38.44%的女性中，最主要的影响因素都是受到大学舍友影响，其次是受到非舍友大学同学和家庭教育的影响。根据同群效应研究的结果，由于大学舍友是大学期间最频繁交流的对象，因而大学舍友是能对毕业生产生最直接影响的群体。另外家庭教育与学校教育是一直伴随着毕业生求学历程的，良好的环境熏陶着他们的成长，受到氛围的鼓动，也

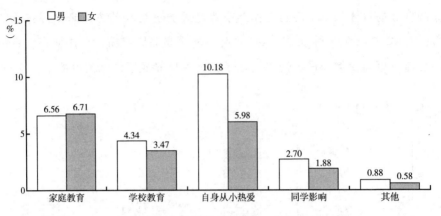

图 7-33　上大学前养成锻炼习惯的原因

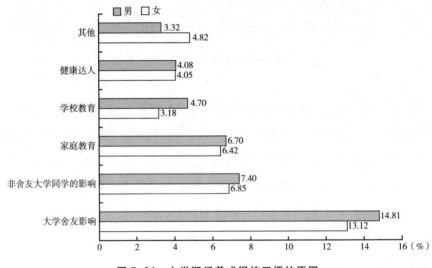

图 7-34　大学期间养成锻炼习惯的原因

更容易养成良好的生活习惯，其影响合计约占 1/4。健康达人对锻炼习惯的养成也有不小的作用，如 2022 年健身教练刘畊宏的爆火，带来了一阵全民健身的热潮。

如图 7-35 所示，针对锻炼习惯养成时期的不同，分性别给出毕业生在大学毕业后养成锻炼习惯的影响因素。毕业后，有 19.99% 的男生和 21.12% 的女生养成了锻炼身体的习惯，最主要的影响因素都是同事影响和家庭教育。可能是因为在毕业后，大部分人群会选择就业，而同事是每天都会沟通交流与相处的一类人群，具有直接的带动影响力量。此外，健康达人对于毕业生大学毕业后养成锻炼习惯具有重要的影响。

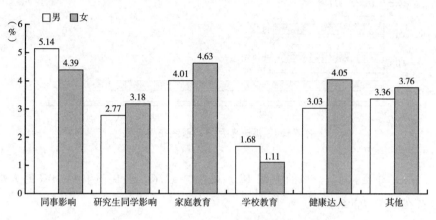

图 7-35　大学毕业后养成锻炼习惯的原因

如图 7-36 所示，分性别给出毕业生最近一年时间内，平均每月在健身和锻炼上花费的金额分布情况。花费包括购买健身卡、运动装备，以及运动器械的费用、场所费用、来回运动场所的交通费用、教练学费等相关费用。大部分人的健身费用控制在 600 元及以下，且整体上男性比女性花费更多的金额在健身上。一半左右的女生将健身费用控制在 200 元及以下，这一比例超过男生同区间近 5 个百分点。将近 1/5 的毕业生健身费用为 200~400 元，超过 16% 的毕业生健身费用位于 400~600 元区间；只有极少数毕业生会在健身方面花费 1000 元以上，且在该区间男女比例几乎相等。

7.3.2　作息起居

如图 7-37 所示，给出毕业生平均每周的早上起床时间。在工作日时，毕业生早上起床时间集中在 7~8 点这个时间段，其中 7 点至 7 点半起床的人数是最多的，可能是因为通常开始上课的时间是在 8 点，而上班的时间是8 点半。在休息日时，毕业生的起床时间有了明显的延后，大部分集中在 8

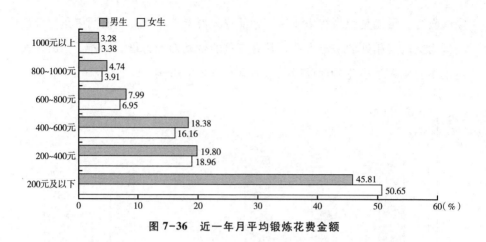

图 7-36　近一年月平均锻炼花费金额

点之后，甚至有 11.58% 的人在 10 点之后才起床，但仍然有约 10% 的人群坚持在 7 点以前起床。

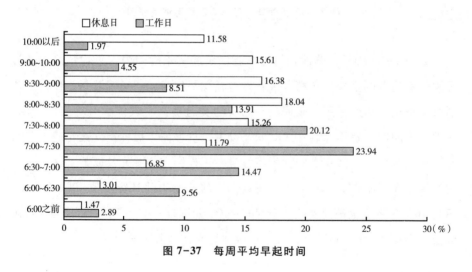

图 7-37　每周平均早起时间

　　如图 7-38 所示，给出毕业生平均每周的睡觉时间。在工作日，毕业生晚上平均休息时间为晚上 11 点半至 12 点。约 60% 的人会在晚上 11 点到午夜 1 点期间入睡。考虑到早起的时间，大多数人在工作日的休息都不足够。在休息日，人们的睡眠时间普遍推迟了，约 1/4 的人在午夜 12 点到 1 点才开始休息。与工作日相比，凌晨 1 点以后才睡觉的人比例增加了近 1 倍。

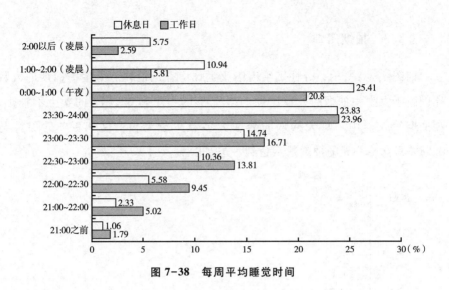

图 7-38　每周平均睡觉时间

如图 7-39 所示，给出毕业生日均睡眠时长。在工作日，毕业生每日平均睡眠时间集中在 7~8 小时，不到国际标准的 8 小时睡眠时间。甚至有约 1/4 的人群睡眠时间仅在 6~7 小时。休息日时，大家的睡眠时间有明显的增加，约 70% 的人群睡眠时间在 7~9 小时。睡眠时间在 9~10 小时及 10 小时以上的人数比例在休息日是在工作日的 3~4 倍，而睡眠时间少于 7 小时的人数比例在休息日是工作日的近一半。

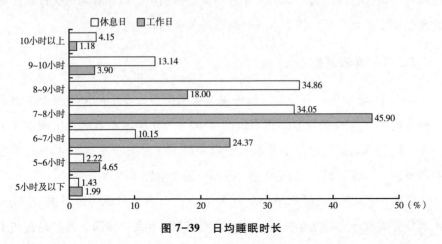

图 7-39　日均睡眠时长

7.3.3　抽烟习惯

如图 7-40 所示，分性别给出毕业生日均香烟消耗。男生中抽烟的人数比例高于女生中抽烟的人数比例，75.53%的男生和 82.54%的女生不抽烟；在抽烟的人群中，每天抽烟的数量大多数少于半包；仅 0.98%的男性与0.58%的女性一天的抽烟数量达到一包及以上。

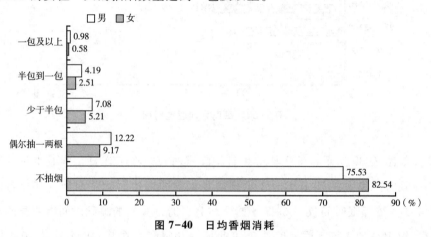

图 7-40　日均香烟消耗

如图 7-41 所示，给出毕业生有关第一次抽烟和养成抽烟习惯的时间。观察有抽烟行为的个人可知，大部分毕业生是初中之后才有第一次抽烟的行为和养成了抽烟习惯，其中本科期间是最关键的时期。

7.3.4　喝酒习惯

如图 7-42 所示，分性别给出毕业生喝酒情况。女生比男生更少喝酒也更少醉酒，33.43%的女生滴酒不沾，41.00%的女生基本不喝，比例均高于男性。近 70%的男生也处于基本不喝或者偶尔喝酒的状态，26.48%的男生滴酒不沾。只有不到 5%的男生和不到 3%的女生经常喝酒和醉酒。

如图 7-43 所示，给出毕业生有关第一次喝酒和养成喝酒习惯的情况。大部分有喝酒行为的毕业生第一次喝酒是在本科和高中期间，其次是在初中和本科毕业后。在有喝酒习惯的人群中，大多数是在本科期间和本科毕业后

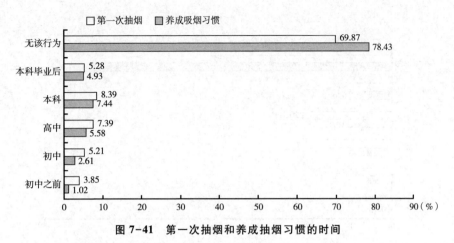

图 7-41　第一次抽烟和养成抽烟习惯的时间

　　注：由于在图 7-40 选择不抽烟的个人同样需要回答图 7-41 的问题，两次回答无法保证完全一致，故两张图中没有抽烟行为的个人占比略有偏差。

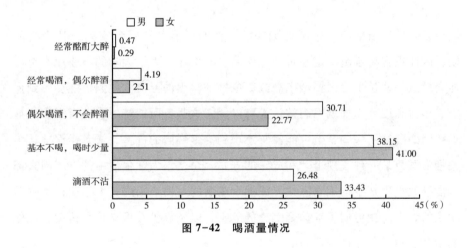

图 7-42　喝酒量情况

养成的。

　　有几个因素可能会导致本科期间最容易第一次开始抽烟喝酒和养成抽烟喝酒的习惯。①社交压力：大学通常是人们第一次远离家庭和朋友圈的时期，这会让许多人感到孤独和不安。在这种情况下，一些人可能会寻求社会交往，如和舍友、同学或其他社交圈子一起抽烟喝酒，以缓解孤独感和社交压力。②自由度增加：大学也是一个自由度增加的阶段，许多学生在这个阶

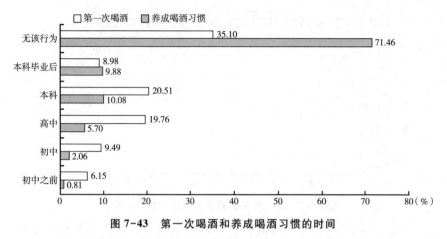

图 7-43　第一次喝酒和养成喝酒习惯的时间

注：由于在图 7-42 选择不喝酒的个人同样需要回答图 7-43 的问题，两次回答无法保证完全一致，故两张图中没有喝酒行为的个人占比略有偏差。

段会开始尝试新事物，包括抽烟喝酒。他们可能没有受到家庭或社会的限制，因此更容易自由决定是否抽烟喝酒。③学业压力：大学的学业压力也可能会导致一些学生尝试抽烟喝酒或养成抽烟喝酒的习惯。他们可能会感到焦虑、压力和疲劳，抽烟喝酒被认为可以缓解这些负面情绪。④没有意识到抽烟喝酒的危害：一些学生可能没有意识到抽烟喝酒的危害，或者错误地认为抽烟喝酒只是一种表现个性和成熟的方式。总之，大学生活中的许多因素都可能导致学生开始抽烟喝酒或养成抽烟喝酒的习惯。因此，大学应该加强对学生的教育，让他们了解抽烟喝酒的危害，以及提供心理支持和帮助，让他们学会应对学业和社交压力。

7.3.5　抽烟喝酒的支出与影响人

如图 7-44 所示，给出毕业生每月平均在烟酒方面支出的情况。根据图 7-40 的结果，不到 1/4 的人抽烟，而在抽烟的人群中，大多数人在香烟上的支出平均不超过 600 元。可能是工作或者社交需求（尹志超和甘犁，2010）。与抽烟人群相比，喝酒的人数要多得多。然而，由于大部分人基本上不喝酒，即使在喝酒时也只是少量饮用，因此有约一半的人的烟酒消费在 200 元及以下。只有极少数人（不到 4%）会在烟酒方面支出超过 800 元。

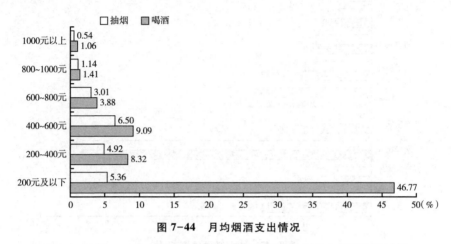

图 7-44　月均烟酒支出情况

注：由于在图 7-40 中选择不抽烟和图 7-42 中选择滴酒不沾的个人不需要回答图 7-44 的问题，所以各个选项的加总不等于 100%。

如图 7-45 所示，给出毕业生抽烟喝酒的影响人。无论是抽烟还是喝酒，对毕业生影响最大的是父母家人，超过 40% 的毕业生吸烟或喝酒都是受到了父母家人的影响。这可能是因为他们一直生活在家庭环境中，如果父母或其他家庭成员有类似的行为，毕业生更有可能会模仿他们，更容易受到影响。此外，同事、大学舍友和高中同学对毕业生的影响也很大。可见越亲近的身边人，越容易对毕业生产生影响（王春超等，2018）。

7.4　小结

本章调研毕业大学生的身体健康（如身高、体重、相貌、睡眠状况、身体健康状况）、心理健康（如自我感觉、生活满意度、自信力、压力、情绪）、行为习惯（如体育锻炼、作息起居以及抽烟喝酒）。我们不仅从总体

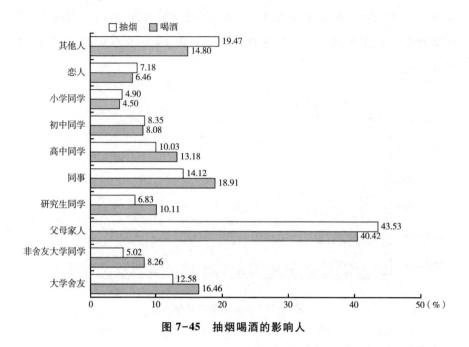

图 7-45　抽烟喝酒的影响人

上总结本科毕业生的身心健康和行为习惯的具体表现，还进行了广泛的性别差异和城乡差异的对比分析。

　　第一，关于身体健康。横向相比，无论是在哪个年龄阶段，50%～60%的人群都处于身高、体重的平均值。纵向相比，随着年龄的增长，毕业生的身高或体重低于和远低于平均身高的人数比例逐渐增加，毕业生身高或体重高于和远高于平均身高的人数比例逐渐降低。毕业生自评的平均相貌分数普遍较高，无论是针对 40 岁左右的父母的相貌还是各时期自己的相貌，且个体的自评相貌分数随着年龄的增加有持续的轻微增长，妆后相貌提升较大。毕业生普遍认为自己和父亲的相貌相似程度更高，尽管在给父母相貌评分时给了母亲更高的分数。

　　第二，关于心理健康。在积极的自我描述询问中，约 90% 的毕业生表现出了正向的状态；而在消极的自我描述询问中，有 30%～40% 的毕业生展示出了负向的状态。对于自信心力养成，学习成绩、收入和家庭条件是影响最重要的因素。毕业生目前的生活满意度较高，学习、经济和工作是毕业生目前生活压力的主要来源。女性相对于男性情绪波动更大，不论是在积极方面还是消极方面都表现出来。注意力不集中、失眠、情绪低落等问题是毕业生最常见的情绪问题。

第三，关于行为习惯。近 90% 的人拥有锻炼的习惯，至少会一周锻炼一次，每次以 30～60 分钟为最多。大部分人是在大学期间和毕业之后养成了锻炼的习惯，主要是受到了舍友和同事的影响。毕业生平均每天的早起时间在工作日集中在 7 点到 8 点；在休息日时，早起时间有了明显的延后。女性在抽烟和饮酒方面的比例均低于男性，本科期间和毕业后更容易形成抽烟饮酒习惯。在影响抽烟饮酒的人中，父母家人对毕业生的行为影响最大，其次是同事、大学舍友和高中同学等与毕业生关系密切的人。

第八章

婚恋家庭和社会观

随着时间的推移，本科毕业生逐渐步入社会，社会生活渐渐取代校园生活。在这个新的阶段，毕业生也许会经历新的恋情、组建新的家庭，由此考察青年人的婚恋状况、家庭观和社会观也变得十分重要。

在上一轮的调查中，我们重点调查了大学生的婚恋和家庭观以及公益和环保的社会观。在这一轮调查中，我们不仅包括了上述内容，还扩展了对家庭教育背景的调查，包括家庭背景、宗族文化和父母教育，以及对家庭氛围的观察。此外，在社会观方面，我们还增加了社会评价和个人评价的内容，使调查更加全面和详尽。

8.1 家庭教育

家庭教育是人们最初接受的教育，也是最为持久的教育形式。习近平总书记在 2021 年指出，"不论时代发生多大变化，不论生活格局发生多大变化，我们都要重视家庭建设，注重家庭，注重家风"。本书将从家庭背景、宗族文化、父母教育三个方面解读个人从小受到的家庭影响。家庭背景反映了家庭的经济能力和教育程度；宗族文化作为一种非正式制度，可以影响家庭的凝聚力和文化传承能力；父母教育通过言传身教的方式直接影响了孩子的学习和成长。家庭教育的内涵丰富，影响深远，不仅随着时代的变化而变化，同时也对时代的变迁产生着深刻的影响。

8.1.1 家庭背景

毫无疑问，家庭背景对个人未来的成就有重要影响。张诗奇等（2021）的研究结果显示，家庭的物质背景和知识背景都对学生的学业表现产生了正向显著的影响，并进一步影响了其接受高等教育的过程。家庭物质和知识背景较好的学生更容易取得出色的学业表现。因此，家庭背景如何影响个人发展，也是学术界经常探讨的话题。

我们调查了除报纸、杂志、电子书及课本之外的家庭藏书的持有量情况。如图 8-1，通过取间隔区间中值来计算平均值，被调查者小学期间家中平均藏书量约为 157 本，超半数被调查者小学时期家中藏书不超过 100 本，28.46% 的被调查者小学时期家中藏书数量集中在 11 ~ 50 本。现在被调查者家中平均藏书量约为 212 本，现在阶段被调查者家中藏书数量明显增加，21.20% 的被调查者现在家中藏书数量集中在 51 ~ 100 本，18.64% 的被调查者家中藏书数量集中在 101 ~ 200 本。

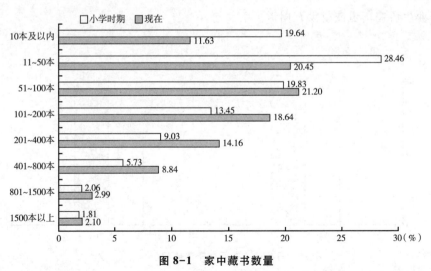

图 8-1 家中藏书数量

8.1.2 宗族文化

宗族文化是指在一个宗族内形成的一种共同的文化和生活方式。宗族文化的形成是宗族长期演变的结果，通常由同姓的亲属群体共同维护和传承。宗族文化通常包括宗族的历史、传统、价值观念、风俗习惯、乐器舞蹈、宗族祭祀等方面的内容。在中国传统文化中，宗族文化曾经是非常重要的一部分，它不仅代表着一个家族或一个宗族的文化传承，更是中国文化传统的一部分。中国文化是辉煌而独特的，实现伟大的中国梦，弘扬和传承中华文化，宗族文化是其中不可或缺的一部分。因此，本节主要从家庭关系出发，探究毕业生家中是否存在家谱以及所在街道或村是否有祠堂，以此来试图探寻宗族现象的起因，并统计父母与孩子在清明节的祭祖习惯，分析年轻人受到的宗族文化教育情况。

如图 8-2，一半以上的毕业生家中有家谱。家谱，又称族谱、宗谱等，是一种以表谱形式，记载一个家族的世系繁衍及重要人物事迹的书。57.26%的毕业生家中都有家谱。在祠堂方面，祠堂是同族的人共同祭祀祖宗的厅堂，存放有家谱和祖先牌位等。可能受所处地域的限制，60.91%的毕业生所在街道或村没有祠堂。

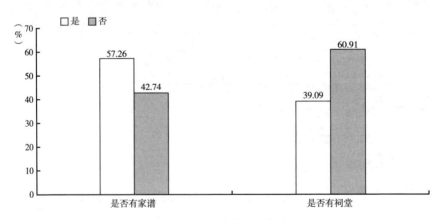

图 8-2　是否有家谱或祠堂

如图 8-3，在家谱方面，农村和城镇毕业生中拥有家谱的人均超半数且差别不大。在祠堂方面，农村拥有祠堂的比例为 37.29%，高于城镇中拥有祠堂的比例 30.59%。

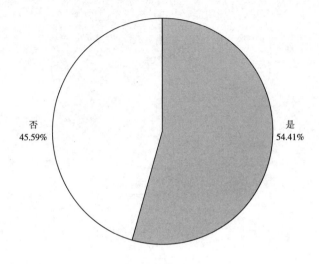

a.是否有家谱（农村）

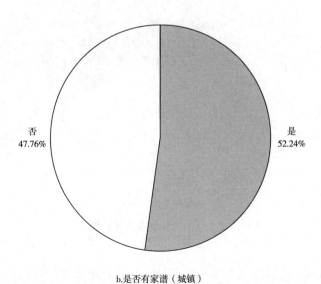

b.是否有家谱（城镇）

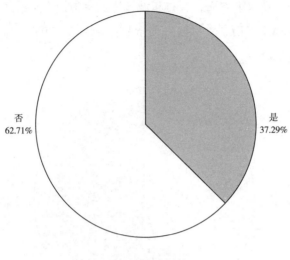

c.是否有祠堂（农村）

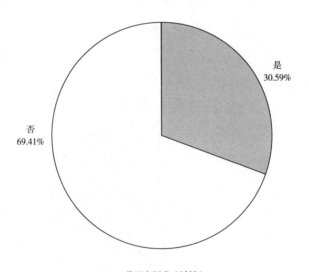

d.是否有祠堂（城镇）

图 8-3　是否有家谱或祠堂

如图 8-4，可以看出西部和中部地区更有传承家谱的习俗，中部地区和西部地区毕业生拥有家谱的比例分别为 53.76% 和 53.72%，而东部地区仅为 50.76%。在祠堂方面，东、中、西部地区毕业生拥有祠堂的比例呈现递减趋势，分别为 35.41%、31.55% 和 30.80%。

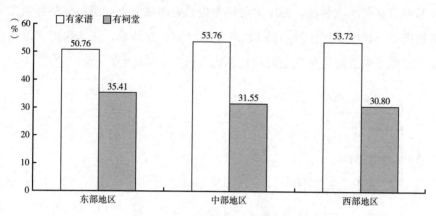

图 8-4　有家谱或祠堂的地区分布

如图 8-5，大部分毕业生都有被父母在清明节带去祭拜祖先或者给祖先上坟的经历，超半数毕业生表示初中之前总是或常常被父母带着在清明节祭拜祖先或者给祖先上坟；只有 7.83% 的毕业生表示从未跟着父母在清明节祭拜祖先或者给祖先上坟。结合性别数据，男生跟父母在清明节祭拜祖先或给祖先上坟的比例明显高于女生，45% 的男生总是被父母带着在清明节祭拜祖先或者给祖先上坟，女生为 39.89%；与之相对，10.32% 的女生从未跟着

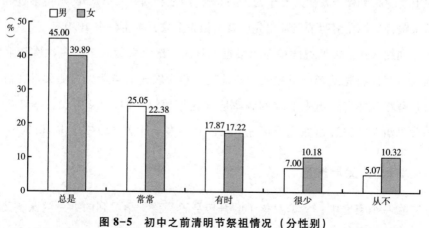

图 8-5　初中之前清明节祭祖情况（分性别）

父母在清明节祭拜祖先或者给祖先上坟，男生仅占 5.07%。

如图 8-6，农村的毕业生跟随父母在清明节祭拜祖先或者给祖先上坟的频率明显更高。在农村，初中之前毕业生总是跟随父母在清明节祭拜祖先或者给祖先上坟的比例比城镇高 12.77 个百分点，在城镇，从未跟随父母在清明节祭拜祖先或者给祖先上坟的比例比农村高 6.40 个百分点。

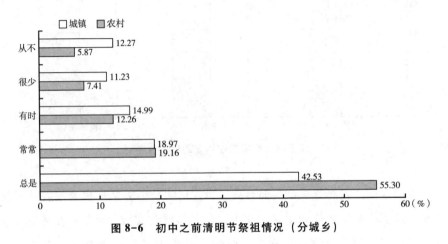

图 8-6　初中之前清明节祭祖情况（分城乡）

由图 8-7 可知，最近五年，男生跟父母在清明节祭拜祖先或给祖先上坟的比例明显高于女生，19.22% 的男生被父母带着在清明节祭拜祖先或者给祖先上坟的频率多于 5 次，女生为 16.98%。与之相对，15.97% 的女生最近五年从未跟着父母在清明节祭拜祖先或者给祖先上坟，男生仅占 10.07%。

如图 8-8，被调查的毕业生最近五年内，绝大多数人至少一次在清明节与父母祭拜祖先或者给祖先上坟。最近五年中农村的毕业生跟随父母在清明节祭拜祖先或者给祖先上坟的频率明显比城镇高。21.71% 的农村毕业生跟随父母清明节祭拜祖先或给祖先上坟的频率多于 5 次，城镇仅占 16.96%。

8.1.3　父母教育

在一个家庭中，父母对孩子的言传身教是孩子学习到的第一堂课。父母在家庭生活中经常扮演拥有丰富社会经验的角色，在日常生活中教育并指导

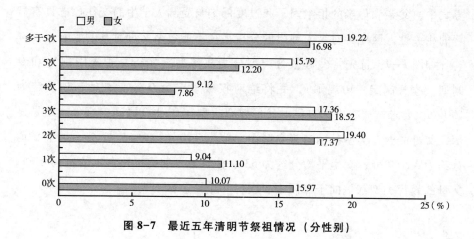

图 8-7　最近五年清明节祭祖情况（分性别）

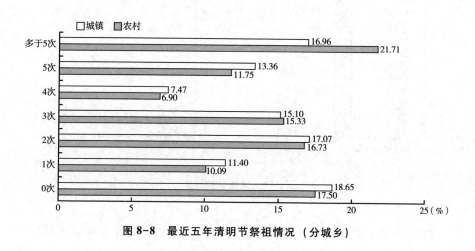

图 8-8　最近五年清明节祭祖情况（分城乡）

子女。长辈的价值取向在一定程度上直接影响孩子的价值观。但是父母与子女所接受的教育背景、所接触事物有所不同，随着时代的变化其思想观念也不尽相同，使其观点在传递给孩子的过程中会产生融合与冲突。不同的理念和教育方式会对孩子的性格培养产生不同的影响。刘小锋（2021）发现，不同类型的父母教养方式对大学生的抑郁状况影响不同。当父亲和母亲的教养方式均为"权威式"时，子女抑郁的可能性最低；当教养方式均为"专制式"时，子女抑郁的可能性最高。计敏敏（2022）则发现，父母的教养方式中，父亲和母亲的拒绝因子和过度保护与受测大学生的交往焦虑具有显著的相关性。因此，对个人健康的分析往往不能忽略父母对其的影响。

如图8-9，首先将父母教育类型分为权威型（实行民主集中制）和专制型（家长制定一切规则），并将绝对权威设定为0分，绝对专制设定为100分，要求被调查者为自己的父母教育类型在0～100区间中打分。结果显示，父母的教育类型都偏向于专制型。总体平均分约为55.47分，男生平均分约为56.67分，女生平均分约为53.9分，男生的父母比女生的更为专制。父母的教育类型都偏向于专制型，农村和城镇差异不大。

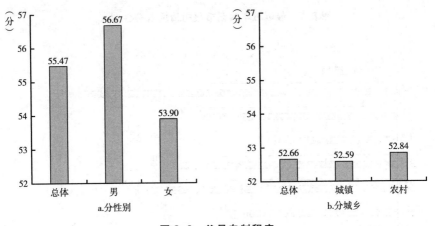

图8-9　父母专制程度

如图8-10，根据父母受教育程度分类可以看出，父母为高学历的毕业生普遍认为父母的专制程度更高，其中母亲为高学历的毕业生认为父母教导方式最为专制，其打分为54.5分；而父母为低学历的毕业生则认为家庭环境相对自由，且无论父亲还是母亲低学历的结果相差不大。

如图8-11，再将父母教育类型分为溺爱型（家长对孩子言听计从）和冷漠型（家长对孩子不管不顾），并将绝对溺爱设定为0分，绝对冷漠设定为100分，要求被调查者为自己父母的教育类型在0～100区间中打分。结果显示，父母的教育类型没有特别明显的偏向性。总体平均分约为50.10分，男生平均分约为50.88分，女生平均分约为49.07分，男生的父母比女

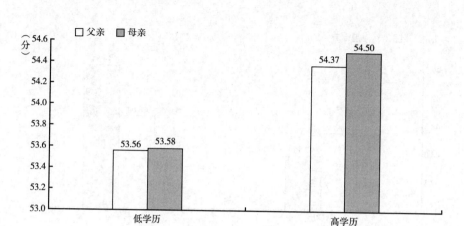

图 8-10　父母受教育程度与父母专制程度

生的父母更为冷漠。在都参加了两轮调查的受访者中父母的教育类型都偏向于溺爱型，农村和城镇差异不大。

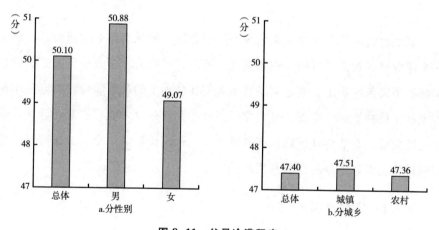

图 8-11　父母冷漠程度

如图 8-12，在家庭中，无论父亲是低学历还是高学历，对家庭冷漠程度的影响并不大，拥有低学历的父亲和拥有高学历的父亲的毕业生分别认为父母冷漠程度为 48.37 分和 48.64 分；而如果母亲拥有高学历，会使家庭表现得更为冷漠，其平均打分为 49.54 分，母亲拥有低学历会使家庭表现得更加温暖，其平均打分为 47.96 分，可以看出母亲对于家庭氛围的影响更大。

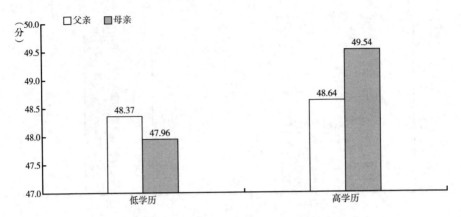

图 8-12　父母受教育程度与父母冷漠程度

8.2　家庭观

　　家庭价值观是个人对于家庭事务所抱有的一种观点、态度或信念，也是一个评价家庭意义、目的与理想家庭的标准，并影响着个人经营家庭生活与家庭相关事务的决定。家庭离不开亲人们在精神上的联系纽带，家庭观体现着家庭在精神层面的高度，具有完善正确的家庭观念才能让家庭和睦，让家族延续发展。本节将从家庭氛围和婚恋状况来解读毕业生个人的家庭观，更好探讨社会婚恋家庭的现状和发展趋势。

8.2.1　家庭氛围

　　家庭氛围，是指家庭环境的气氛与情调。它客观地存在于家庭中，由家庭中每位成员参与构造，也同时影响着每位成员。家庭氛围的变化可能会对家庭成员产生或好或坏的影响，对成长期的孩童影响更甚。如何营造一个良好的家庭氛围是每位家庭成员都需要认真参与讨论的，家庭氛围对个人的影响力更是一个重要的话题，本节主要通过调查受访者对原生家庭的看法和是否与父母一同居住来分析。

针对被调查的大学生男女样本总体而言，相当一部分毕业生认为家庭氛围融洽。31.18%的人认为家庭氛围非常融洽，没有任何问题；42.99%的人认为家庭氛围较为融洽，偶尔有些矛盾。绝大部分人在家庭成员关系问题上认为不存在太多问题。91.86%的人认为不存在兄弟姐妹关系欠佳的问题，85.24%的人认为不存在父或母和老一辈关系欠佳的问题，86.84%的人认为不存在和父或母关系欠佳的问题，86.61%的人认为不存在父母情感欠佳的问题。如图8-13，结合性别数据，女生在家庭氛围问题上比男生更容易感到矛盾紧张，33.63%的男生认为家庭氛围非常融洽，没有任何问题，女生仅占27.98%；认为家庭偶尔有些矛盾的女生占45.88%，男生占40.77%。在亲属关系中男女感知各有不同，但差异不大。

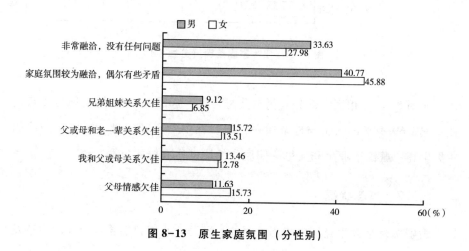

图 8-13 原生家庭氛围（分性别）

针对被调查的大学生城镇和农村样本总体而言，较少人认为家庭存在紧张的关系，只有5.16%的人认为兄弟姐妹关系欠佳，11.08%的人认为父或母和老一辈关系欠佳，10.24%的人认为和父或母关系欠佳，16.09%的人认为父母情感欠佳。如图8-14，对城镇和农村进行区分后，可以看到城镇毕业生比农村毕业生在核心家庭（子女和父母）关系上更为紧张，10.74%的城镇毕业生认为自己和父或母关系欠佳，16.25%的城镇毕业生认为父母情感欠佳，农村对应数据分别为9.07%和15.71%；与此相对应，农村毕业生更多地认为自己家庭非常融洽，没有任何问题，农村和城镇的对应数据分别为 30.40% 和 28.90%；但在问及上一代的矛盾问题时，农村毕业生更多地认为父亲或母亲和老一辈关系欠佳。

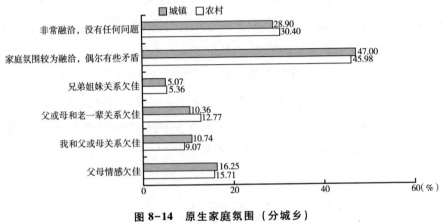

图 8-14　原生家庭氛围（分城乡）

如图 8-15，相当一部分人仍与父母住在一起，68.13% 的人仍与父亲住在一起，69.44% 的人仍与母亲住在一起，其中女生和父母一同居住的比例比男生高，城镇毕业生和父母一同居住的比例比农村的更高。

8.2.2　婚恋状况

婚姻恋爱是人生经历中相当重要的一部分，它不仅关系到个人的情感发展和人生走向，也影响一个国家未来的生育率和人口组成。蒋珠丽和李永枫（2021）指出，当前我国在婚姻家庭方面存在一些问题，如将择偶标准建立在利益基础之上，注重婚姻的功利性；婚姻道德意识逐渐丧失；男尊女卑现象仍然存在，两性地位不平等。正确认识这些问题，并建立和形成正确的婚姻观和家庭观，有助于促进婚姻家庭和睦、推动和谐社会的构建。

如图 8-16，仍有相当一部分人处于单身状态，41.62% 的人目前单身没有恋爱关系。单身、离婚后单身中、丧偶后单身中的人共占 43.49%。24.23% 的人目前正在恋爱并未同居，13.54% 的人正在恋爱并且已经同居，

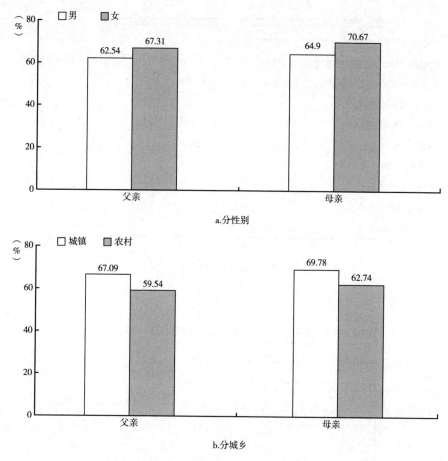

a.分性别

b.分城乡

图 8-15　是否和父母居住在一起

14.28%的人已婚且已经同居。

如图 8-17 和图 8-18，在男女差异方面，女生处于单身的比例高于男生，44.24%的女生处于单身状态，39.68%的男生处于单身状态。恋爱未同居的男女比例相近，女生的比例为 24.12%，男生的比例为 24.33%。其他状态的比例差距皆不大。城镇毕业生处于单身的比例高于农村毕业生，并且恋爱未同居的比例也高于农村；而农村毕业生更多地选择恋爱并且同居，农村和城镇毕业生目前恋爱并且同居的比例分别为 11.78%和 10.59%，同时农村毕业生已婚同居的比例也高于城镇毕业生。

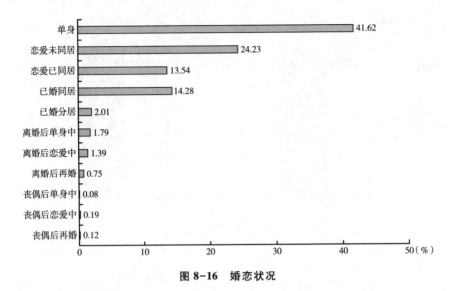

图 8-16　婚恋状况

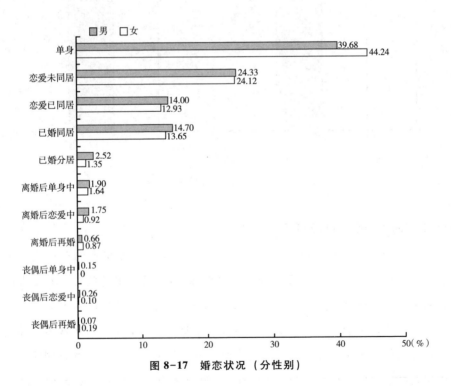

图 8-17　婚恋状况（分性别）

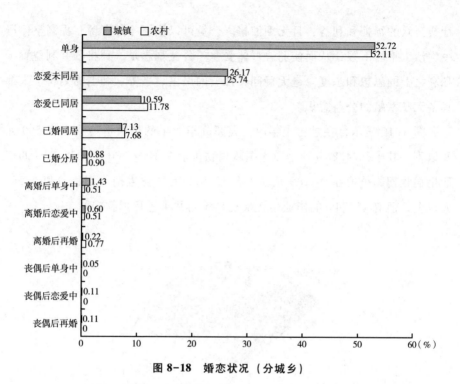

图 8-18　婚恋状况（分城乡）

8.3　社会观

个人是社会组成的最小单位，无数个人聚集在一起形成了整个社会。社会的存在离不开每一个个人的参与，而无数个人的社会观念则构成了整个社会的公序良俗和道德准则。人类社会的形成和发展伴随着人类社会思想的不断推动。把握当前的社会观念，对于构建人类命运共同体、维护社会主义制度、发展马克思主义人类社会观念具有重要意义。本节将从一些具有强大的正外部影响的行为，如公益和环保等，以及受访者的一些社会评价和个人评价展开讨论。

8.3.1　公益观念

公益是指公共利益事业的简称。这是一种通俗易懂的说法，意味着关注

社会公众的福祉和利益，且无须回报。公益可以重新分配资源，提高整体居
民生活水平的下限，从而使弱势群体受益。公益观念是一种将公共利益置于
私利之上的思想和态度。毫无疑问，社会的民主、平等、和谐需要每个人都
具备无私奉献的公益意识。

图 8-19 显示，在过去半年内，大部分毕业生的捐赠价值集中在 500 元
及以下。其中，44.88%的毕业生捐款捐物价值在 100~500 元，25.52%的毕
业生捐款捐物价值在 0~100 元。还有 13.87%的毕业生捐款捐物价值在 500
元以上，但有 15.74%的毕业生在最近半年内并未进行捐款捐物。

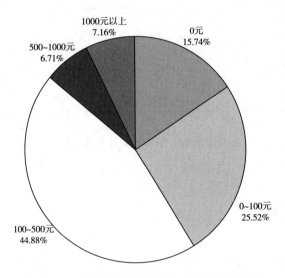

图 8-19　最近半年捐出的物品或款项合计价值

如图 8-20，在调查期限的最近半年内，大部分毕业生捐款捐物价值集
中在 500 元及以下。结合性别数据，男生在 1000 元内区间普遍比女生少进
行捐款捐物活动。17.40%的男生最近半年内从未捐款捐物，女生则为
13.56%。在价值超过 1000 元的区间内，男生捐款捐物的比例略高于女生，
男生比例为 7.99%，女生为 6.03%。

如图 8-21，结合城乡数据可见，在调查期限的最近半年内，城镇毕业
生捐款捐物活动在 500 元以上的区间内普遍比农村毕业生多，39.10%的城

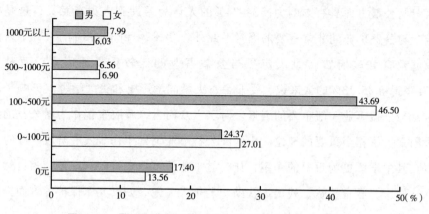

图 8-20　最近半年捐出的物品或款项合计价值（分性别）

镇毕业生最近半年捐款捐物价值在 100~500 元，农村毕业生则为 37.93%；在价值超过 1000 元的区间内，城镇毕业生最近半年捐款捐物价值的比例为 5.02%，农村毕业生为 4.34%。在 0~100 元区间内，农村毕业生比城镇毕业生多进行捐款捐物活动，其比例为 29.89%，城镇毕业生比例为 26.61%。不进行捐款捐物活动的城乡比例差别不大。

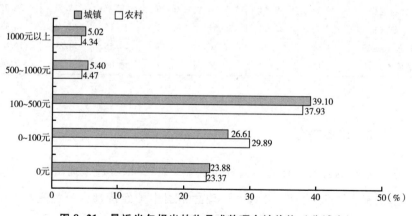

图 8-21　最近半年捐出的物品或款项合计价值（分城乡）

根据表 8-1 的结果，影响个人参与公益的重要因素包括政府宣传、家庭教育和帮助到人很有意义。这些因素普遍被高比例的投票者认为在决定是否参与公益方面具有影响力。34.34%的人认为帮助到人很有意义，这是决定参与公益事业的非常重要的因素。此外，39.82%和32.88%的人分别认为家庭教育和政府宣传是决定参与公益事业的比较重要的因素。而对于37.76%和35.13%的人来说，受非舍友大学同学影响和受大学舍友影响是决定参与公益事业一般重要的因素。对于大众而言，政府宣传作为做公益的激励因素占了相当重要的地位。中国的公益事业仍处于初步发展阶段，政府可以在其中发挥更为重要的作用，让公益事业更多地走进公众视野，为自然环保、健康、教育扶贫、残疾人扶助、老年人关爱、妇女儿童保护等方面提供服务。

表 8-1　不同因素对毕业生决定做公益有多重要

单位：%

项目	政府宣传	家庭教育	帮助到人很有意义	可以认识更多人	受大学舍友影响	受非舍友大学同学影响	受其他朋友影响
非常重要	27.28	29.17	34.34	24.33	16.52	15.61	17.02
比较重要	32.88	39.82	37.74	28.96	28.73	25.91	29.75
一般重要	27.74	23.48	20.51	30.02	35.13	37.76	36.18
比较不重要	9.03	5.34	5.36	12.17	13.56	14.80	12.08
非常不重要	3.07	2.20	2.06	4.53	6.06	5.92	4.96

8.3.2　环保观念

随着经济的发展，环境问题日益凸显。2005 年习近平提出"绿水青山就是金山银山"，多年来，"两山"理念指引中国经济社会绿色变革，已成为全社会的共识和行动。环保观念随着垃圾分类、废物利用、一水多用等行为的普及日益深入人心。

如图 8-22，认为自己"非常符合"避免浪费电、倾向使用双面打印、尽量乘坐公共交通工具出行的比例均超过 25%，其中"非常符合"尽量乘坐公共交通工具出行的比例更是达到 32.49%。而认为自己"比较符合"环保行动的每一项比例都超过了 20%，每一项环保行动程度在"基本符合"之上的比例均超过半数，可见人们普遍都具有基本的环保意识。而经常参加环保活动和经常携带环保袋避免使用塑料袋的普及程度相对较低，选择"非常不符合"的人数比例分别为 10.82% 和 8.37%。

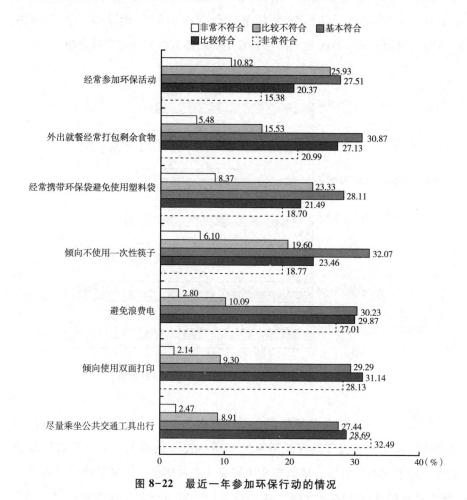

图 8-22　最近一年参加环保行动的情况

为了方便进一步进行男女、城乡差异分析，此处将"非常符合""比较符合""基本符合"统一归类为"符合"，将"非常不符合""比较不符合"

统一归类为"不符合",由此"符合"的比例即为 1 减去"不符合"的比例,根据此标准并结合男女、城乡数据得到图 8-23 和图 8-24。

由图 8-23 可知,除了在"经常参加环保活动"选项上,男生普遍比女生认为自己更符合关于参与环保活动的描述。在"外出就餐经常打包剩余食物"这一选项中,女生认为自己"符合"的比例为 81.14%,男生则为 77.39%;女生认为自己符合"倾向使用双面打印"的比例为 91.12%,男生则为 86.62%。可以看出,女生比男生在日常生活的细节中更具有环保意识。

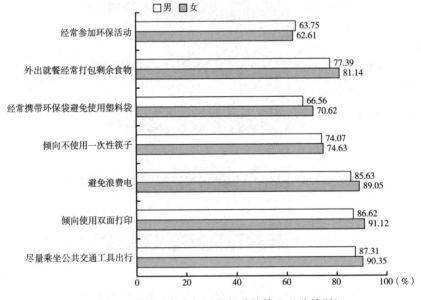

图 8-23　最近一年参加环保行动的情况(分性别)

根据图 8-24,结合城乡数据,可以看出除了在"外出就餐经常打包剩余食物"和"经常携带环保袋避免使用塑料袋"选项上,城镇和农村差别不大。对于这两个选项,城镇毕业生普遍比农村毕业生更具有环保意识,在"外出就餐经常打包剩余食物"这一选项中,城镇毕业生认为自己"符合"的比例为 75.57%,农村毕业生则为 66.28%;城镇毕业生认为自己符合"经常携带环保袋避免使用塑料袋"的比例为 59.27%,农村毕业生则为 52.87%。

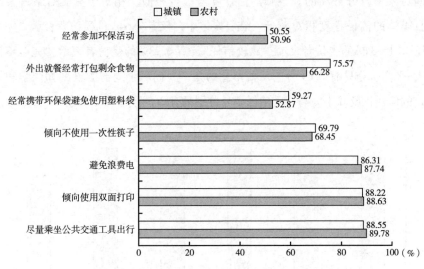

图 8-24 最近一年参加环保行动的情况（分城乡）

8.3.3 社会评价

社会评价部分的主要调查对象是受访者对当前社会状况的看法，包括对周围人、事、物的信任度和公正度，以及对自身认知的程度。通过了解公众对社会的观感，政府可以更好地完善社会制度，促进社会公平正义，营造良好的社会氛围，改善人民的生活。

为了更好地度量受访者对信任和公平问题的感知程度，在此将信任程度划分为"完全信任""比较信任""一般信任""比较不信任""完全不信任"，并分别赋值为 4、3、2、1、0 分，即分值越高信任程度越高，0 分则表示完全不信任，公平问题同理。

图 8-25 显示了受访者对同学、邻居、医生、教师、官方媒体和自媒体的整体信任程度的平均打分。可以看出，大多数人对这些被访问对象抱有"一般"以上的信任（得分在 2 分以上）。对于现实中的个人，人们普遍信任程度较高。在其中，医生的信任度最高，有 21.22% 的受访者表示"完全信任"，50.99% 的受访者表示"比较信任"，平均得分为 3.78 分，是所有

访问对象中得分最高的。教师的信任度与医生相似。相对于真实对象,人们对自媒体的信任程度相对较低。在自媒体中,仅有 7.64% 的受访者表示"完全信任",15.34% 的受访者表示"比较信任",有 6.23% 的受访者表示"完全不信任",平均得分只有 2.84 分。需要留意的是,人们对于周遭的人(如同学和邻居)的信任程度并不太高,其信任评分分别只有 3.58 分和 3.3 分。

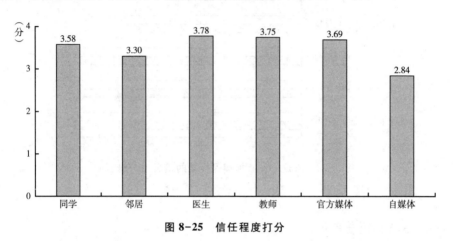

图 8-25　信任程度打分

基于性别数据,在调查受访者对同学、医生、教师、官方媒体和自媒体的信任程度时,男性更容易"完全信任"这些对象,也更容易"完全不信任"他们。特别是在自媒体方面,男性"完全不信任"自媒体的比例为 10.91%,而女性仅为 3.13%。然而,从整体来看,男女在信任程度上的得分差异不大,如图 8-26 所示。

结合城乡数据,在受访者对同学、邻居、医生、教师、官方媒体、自媒体的信任程度方面,城镇毕业生相对于农村毕业生更容易"完全信任"医生,其比例为 18.10%,而农村为 15.36%。但对于其他现实中的人,如同学、教师,城乡之间差别不大。在虚拟对象方面,城镇毕业生相对于农村毕业生更为谨慎,城镇毕业生对于自媒体"完全信任"的比例为 4%,而农村毕业生为 5.25%。从整体打分情况来看,农村毕业生相对于城镇毕业生更信任邻居和自媒体,农村毕业生对邻居和自媒体的整体打分分别为 3.26 分和 2.70 分,而城镇毕业生则为 3.08 分和 2.59 分,如图 8-27 所示。

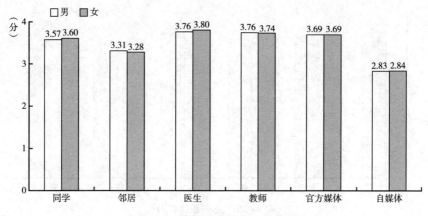

图 8-26　信任程度打分（分性别）

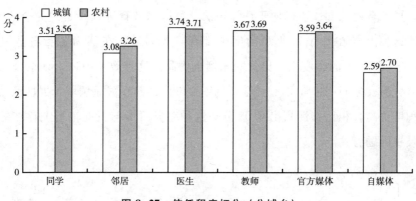

图 8-27　信任程度打分（分城乡）

　　超过半数的人认为社会各行业和制度的公平程度达到"一般"以上。司法领域被认为是最为公平的，16.38%的人认为其"完全公平"，39.09%的人认为其"比较公平"。然而，在收入分配和资源分配问题上，许多人对公平程度的评价较低。20.76%的人认为收入分配"比较不公平"，22.69%的人认为资源分配"比较不公平"。认为收入分配和资源分配"完全不公平"的比例分别为4.32%和5.09%。从整体评分情况来看，普遍认为资源分配具有最高的公平性，其评分为3.78分，而收入分配则被认为是所有选项中公平性最低的，其评分仅为3.11分（见图8-28）。

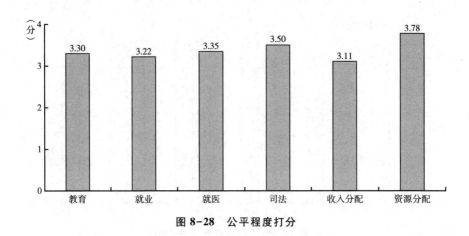

图 8-28 公平程度打分

结合性别数据，男女在对社会各行业和制度的公平问题上存在较大差异。男性普遍比女性更倾向于认为司法、就医和教育等领域是"完全公平"的，这种差异在各个行业和制度中都存在。同时，在认为各行各业是否"完全不公平"的态度上，男性的比例也更高。这导致从整体上评估公平程度时，男女之间的差异并不明显（见图8-29），但在就业领域，男性认为公平程度更高，相比女性高出 0.08 分。这种差异可能与就业市场上存在的性别歧视问题有关。

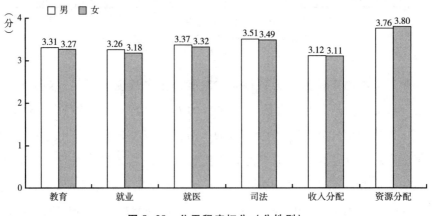

图 8-29 公平程度打分（分性别）

结合城乡数据，在社会各行业和制度的公平问题上，城乡毕业生在认为司法、教育是否"完全公平"的态度上差异较大，有11.52%的农村毕业生认为司法"完全公平"，而城镇毕业生仅占9.22%；有9.35%的农村毕业生认为教育"完全公平"，而城镇毕业生占比为7.13%。对于其他的行业和制度，城乡差距不大。给公平程度赋值后从整体打分情况看，如图8-30，除了资源分配选项外，农村毕业生普遍比城镇毕业生更容易在行业和制度上觉得公平，但城乡差异不大。

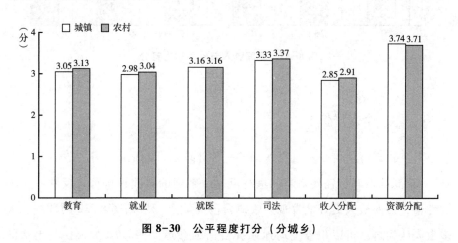

图8-30　公平程度打分（分城乡）

根据被调查者大学期间的家庭平均年总收入，将家庭平均年总收入在5万元及以下的划分为"低收入家庭"，在5万~12万元的划分为"中等收入家庭"，12万元以上的划分为"高收入家庭"；然后给个人认为的公平程度赋分并求分组内的平均值，得到图8-31。在社会各行业和制度的公平问题上，可以看出大概趋势为：面对教育、就业、收入分配的问题，随着家庭收入的递增，态度偏向公平的占比逐渐减少，态度偏向不公平的占比在逐渐增加。如在教育问题上，低收入家庭对教育的公平程度的平均打分为3.37分，中等收入家庭认为其公平程度的平均分值为3.28分，而高收入家庭仅认为其平均分值为3.22分，其他选项也呈现大概趋势；面对就医、司法的问题，看不出阶层明显区别，一定程度上体现了两者的普适性；面对资源分配问题，随着家庭收入的递增，态度偏向公平的占比逐渐增加。

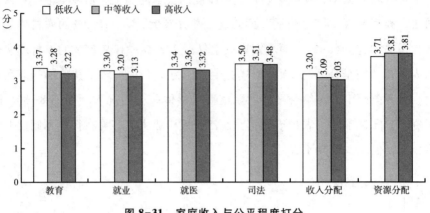

图 8-31　家庭收入与公平程度打分

8.3.4　个人评价

对自我进行评价是对自身认知的一种体现。《论语》中有"吾日三省吾身"，这意味着我们需要对自己进行反思。客观的自我评价可以反映一个人的性格，帮助个人更好地发现并改掉自己的缺点。根据图 8-32 的数据，大多数人认为自己可以积极主动地掌握自己的命运。59.19% 的人认为事情的结局如何完全取决于自己的行动，56.88% 的人认为在制订计划时，他们几乎可以肯定能够实现目标。在面临做出决定的时刻，高达 83.97% 的人认为他们所追求的东西与运气无关，因此他们不会仅仅凭借掷硬币来做决定。然而，在已经发生的事情面前，仍有多数人感到悲观。55.03% 的人在很多时候会感到自己无法掌控自己的命运。

根据性别数据，男女在进行各项选择时差距不大，男生对比女生更倾向于选择"事情的结局如何完全取决于我怎么做""当我制订计划时，我几乎可以肯定我可以实现它们""就我而言，能得到我想要的东西与运气无关"，女生对比男生更多地觉得"很多时候我都感到对我自己的遭遇无能为力"。城镇和农村的毕业生在进行各项选择时差距不大，农村毕业生对比城镇毕业生更倾向于"事情的结局如何完全取决于我怎么做""当我制订计划时，我几乎可以肯定我可以实现它们""就我而言，能得到我想要的东西与运气无关"，城镇毕业生对比农村毕业生更多地觉得"很多时候我都感到对我自己的遭遇无能为力"。

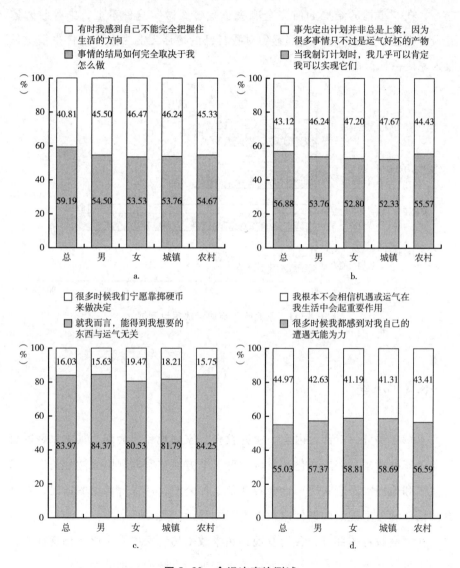

图 8-32 命运决定论测试

如图8-33，结合被调查者大学期间的家庭平均年收入数据，可以看到随着家庭收入的增加，"当我制订计划时，我几乎可以肯定我可以实现它们"和"就我而言，能得到我想要的东西与运气无关"选项占比呈现上升趋势。在"事情的结局如何完全取决于我怎么做"这件事上，中等收入家庭最有把握，"很多时候我都感到对我自己的遭遇无能为力"这件事情上低收入家庭占比最高。

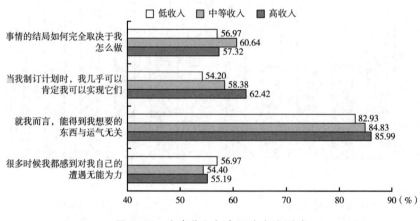

图8-33　家庭收入与命运决定论测试

8.4　小结

本章主要分为三部分内容：家庭教育、家庭观和社会观。其中家庭教育涵盖了家庭背景、宗族文化和父母教育三个方面；家庭观则关注受访者的家庭氛围和他们的婚恋状况；社会观涉及参加公益、环保等活动的情况，对社会的信任和公平程度的评价以及对自身的评价。

在家庭教育的部分，我们发现：超半数受访者家中有家谱，祠堂在农村更为常见；父母对子女的教育方式更多表现为专制型和溺爱型。

在家庭观的部分，我们得出：对于家庭氛围，相当一部分人认为家庭氛围融洽；婚恋状况调查表明仍有相当一部分人处于单身状态，女生处于单身的比例高于男生。

在社会观的部分，我们发现：在公益活动中，绝大部分人最近半年都有捐款捐物行为；对于决定公益重要性的因素，政府宣传、家庭教育和帮助到人很有意义普遍得到了较高比例的投票；人们普遍都具有基本的环保意识，每一项环保行动程度在"基本符合"之上的比例均超过半数；在对社会的评价方面，人们对于真实个人如医生、教师的信任程度较高，对于虚拟对象如自媒体的信任程度会相对较低，对于社会各行业和制度的公平问题，超半数人认为访问对象有"一般"程度以上的公平，司法被认为是最为公平的；在对自身的评价方面，多数人认为自己能主动把握自己的命运，超半数人认为事情的结局完全取决于自己怎么做，且认为当制订计划时，他/她几乎可以肯定自己可以实现它们。

第九章

美容护肤专题

爱美之心，人皆有之，古今中外，概莫能外。亚里士多德早就说过，美是一种比任何介绍信都管用的推荐。被美貌吸引是人类与生俱来的特性，反之，为了变美而采用各种方式，也是由人类的天性决定。"审美"和"追求美"已经演化成一种社会行为。随着我国消费者经济能力的不断提升和消费观念的革新，人们越来越重视对自身外貌的塑造，各类美容行为越来越频繁，各种美妆用品也逐渐进入人们的生活中，几乎成为日常必需品。因此，在本章我们调研了作为社会的消费主力群体之一的大学生对不同美容行为的态度和花费，并分析对比了各类美容行为的性别和城乡差异，同时对于大学生群体美容行为的影响因素进行了一定的考察。

9.1 美容总花费

如图 9-1，从整体上看，女生在美容上的花费比男生更多，大部分女生在美容上的总消费金额在 3000 元及以下，而男生大部分的总消费金额在 1000 元及以下。由于女性受到"女性应该具有外貌吸引力"的刻板印象和大量媒体对女性外貌的宣传的影响，她们会更加注重自己的外貌，因此女生们会在美容上花费比男生更多的金钱。美容在当今社会已经成为常见的现象，部分男性和女性想通过美容的方式来提升自己在劳动力市场和婚姻市场上的价值。需要注意的是，Lee 和 Ryu（2012）的研究表明，虽然美容能够带来金钱方面的好处，但是美容带来的收益不及付出的成本，因此美容也被认为是一种消费品，而不是人力资本的投资。

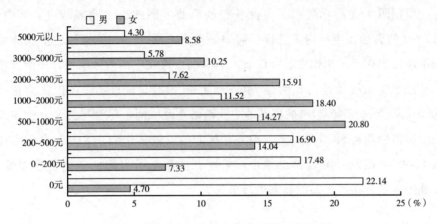

图 9-1　最近半年美容总花费金额（分性别）

如图 9-2，农村的学生整体来看在美容上的花费要低于城镇学生。在 0~500 元的区间内，农村学生的占比都要高于城镇学生。其中差异最大的是在 0~200 元区间，17.15% 的农村学生的花费在该区间内，而城镇学生占12.33%。在 500 元以上的区间中，城镇学生的占比均要高于农村学生，但差距不大，基本上在 2 个百分点以内。

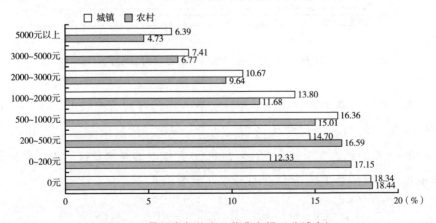

图 9-2　最近半年美容总花费金额（分城乡）

9.2 护肤消费

根据图9-3所示数据，男性在护肤消费方面的支出明显较少。其中，21.99%的男性在半年内未进行任何护肤消费，而65.4%的男性的护肤消费额不超过500元。相比之下，仅有4.74%的女性在半年内未消费，而消费额不超过500元的女性占比为43.46%。此外，18.21%的女性在护肤上花费2000元以上，而10.61%的男性的护肤消费在此区间。尽管男性和女性在护肤上都很少花费5000元以上，但在此区间的女性占比为2.83%，高于男性的1.44%。因此，可以得出结论：男性在护肤消费方面的支出普遍较低，女性则更愿意花费更多的钱来进行护肤。

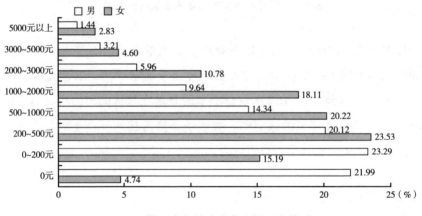

图9-3　最近半年护肤消费金额（分性别）

与美容总花费类似，农村学生在护肤方面的花费普遍较低。在0～200元的花费区间内，农村学生的占比为23.63%，而城镇学生的占比仅为18.40%，差距约为5个百分点；而在5000元以上的高消费区间内，农村学生的占比较城镇学生低0.22个百分点（见图9-4）。

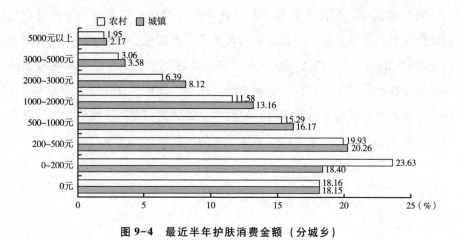

图 9-4　最近半年护肤消费金额（分城乡）

9.3　化妆消费

图 9-5 显示，女性整体上的化妆消费金额高于男性。超过一半的男性在半年内未进行任何化妆消费，而消费金额在 500 元及以下的男性占总数的 72.74%。相比之下，女性中未进行消费的比例为 16.1%，消费金额在 500 元及以下的女性占总数的 57.35%。无论男女，消费金额超过 2000 元的人都只占总体的少数，男性占 9.43%，女性占 10.93%。

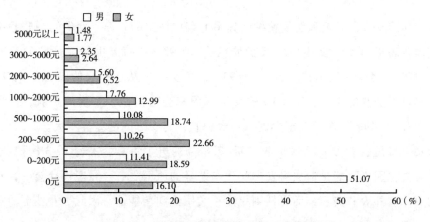

图 9-5　最近半年化妆消费金额（分性别）

图 9-6 显示，在化妆消费方面，城乡之间存在一定差异。无论是在城镇还是农村，都有接近一半的学生消费为零，而在过去的半年中，化妆消费超过 2000 元的学生不超过 10%。在其他消费区间中，城乡之间对化妆消费的差异也很小。但是，在区间分布方面，城乡之间仍然存在明显的差异。在消费金额 500 元及以下的范围内，农村学生的比例明显高于城镇学生；而在消费金额超过 500 元的范围内，城镇学生的比例明显高于农村学生。

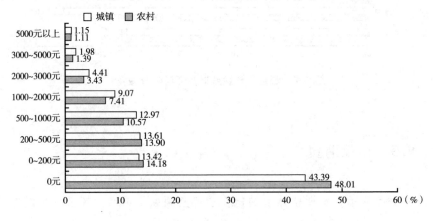

图 9-6　最近半年化妆消费金额（分城乡）

9.4　护肤频率

如图 9-7，男生和女生在护肤频率上存在一定的差异，女生的护肤频率整体要高于男生。女生中每天护肤的占 40.93%，而男生每天护肤的只有15.47%；男生中从不护肤的占 23.93%，而女生中从不护肤的仅占 4.68%。除去每天护肤的学生，34.85% 的女生每周都会进行至少一次的护肤，而男生中有 35.49% 每周都会至少进行一次护肤，男女之间的差异不大。15.30%的女生每月会进行 1~3 次护肤，而 17.88% 的男生每月会进行 1~3 次护肤。社会文化因素可能是造成男女护肤频率差异的原因之一。在现代社会中，女性更注重外表和美容，而男性则更注重实用性和功能性。因此，女性更愿意花时间和金钱来保养自己的皮肤。

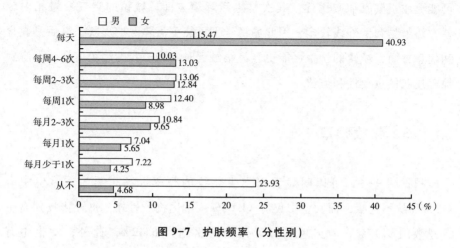

图 9-7　护肤频率（分性别）

如图 9-8，66.03% 的城镇学生每周都会至少进行一次护肤，而农村学生中有 60.82% 会每周至少进行一次护肤。城镇学生中有 19.16% 从来都不进行护肤，而农村学生中这一比例为 20.43%。整体来看，在护肤频率上，城镇的学生比农村的学生更高，这可能与来自城镇和农村的学生在日常生活和文化背景方面存在差异有关。首先是文化背景和价值观方面，来自城镇的学生可能更注重外表和形象，更加关注保养自己的皮肤，而来自农村的学生

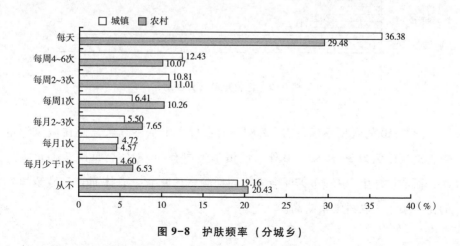

图 9-8　护肤频率（分城乡）

可能更注重健康和实用性。其次是生活环境方面，城镇的空气质量相对较差，污染物和紫外线较多，因此城镇学生可能更需要保护皮肤。最后是教育和信息方面，城镇的学生可能更容易接触到时尚和美容的相关信息，了解到保养皮肤的重要性和方法。

9.5 化妆频率

根据图9-9，可以明显看出女生化妆的频率远高于男生。男生中有47.35%从不化妆，而女生中仅有14.04%从不化妆。另外，每天化妆的女生占总数的9.17%，而男生中每天化妆的比例为6.42%。此外，女生中有41.94%每周化妆1~6次，而男生中这一比例仅为24.08%。

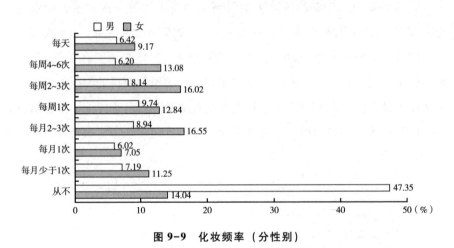

图9-9 化妆频率（分性别）

图9-10的数据显示，有43.84%的农村学生从不化妆，而在城镇学生中，这一比例为39.94%。另外，城镇学生中有34.81%会每周至少化妆一次，而农村学生中有30.97%会进行同样频率的化妆。总体而言，城镇学生的化妆频率比农村学生略高。

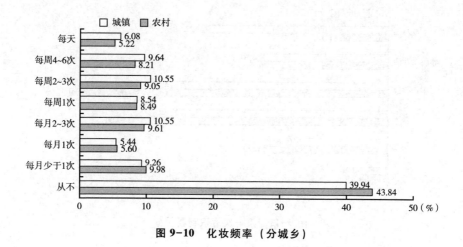

图 9-10　化妆频率（分城乡）

9.6　护肤意识

　　根据图 9-11 的数据，女性比男性更早也更广泛地具备了护肤意识。93.82% 的女性认识到护肤的必要性，其中大多数女性在本科毕业之前就已经产生了护肤意识。在这些女性中，高中和本科阶段产生护肤意识的女性占比较大，分别为总体的 30.60% 和 37.69%。与此相比，在初中之前就开始护肤的女性占比很小，仅为 3.23%。在男性中，77.49% 具备护肤意识，其中 14.70% 的男性是在本科毕业后才认识到护肤的重要性。在男性中，本科阶段和高中产生护肤意识的人数同样占比较大。无论男女，大多数学生在高中到本科期间产生了护肤意识，这可能是因为随着生理和心理上的成熟，他们开始注重自己的外貌，并开始保养自己的皮肤。

　　联合图 9-11 和图 9-12 来看，大多数意识到要护肤的学生会开始定期护肤，但男性中 29.33% 未能养成定期护肤习惯，该比例远高于女性的 8.25%。大多数男性和女性是在本科阶段开始定期护肤的，可能是因为在此之前，他们的父母认为他们应该将更多时间用于学习，不会太支持这些美容行为。此外，高中期间和本科毕业后也是养成护肤习惯的重要时期。

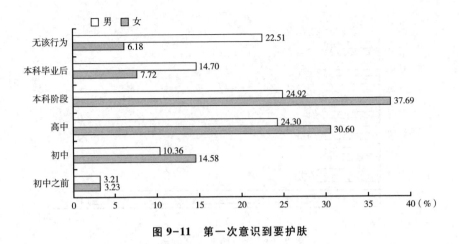

图 9-11 第一次意识到要护肤

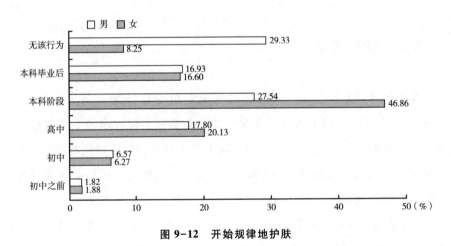

图 9-12 开始规律地护肤

9.7 化妆意识

如图 9-13，没有化妆意识的男生接近一半，而女生中没有化妆意识的仅占 11.92%，说明女生确实要比男生更加在乎自己的外貌表现。70.46% 的女生都是在本科阶段或之后才开始有化妆的意识，而 31.48% 的男生在本科阶段或之后产生了化妆的意识，而在本科之前产生化妆意识的性别差异不大。

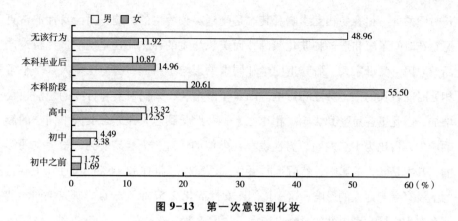

图 9-13　第一次意识到化妆

图 9-14 显示，与女生相比，更多的男生没有化妆习惯，达到了 52.83%，而女生只有 27.90%。在本科阶段之前，男女都很少有规律化妆的习惯，大多数学生的化妆习惯是在本科阶段或本科毕业后形成的。

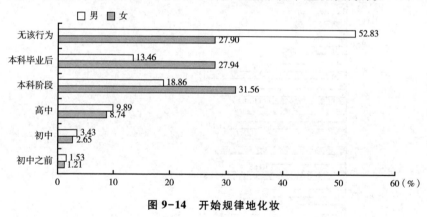

图 9-14　开始规律地化妆

9.8　影响因素

9.8.1　受周围人的影响

根据图 9-15，女性受到影响进行美容行为的情况较为普遍，除去不护肤不化妆的学生，她们最容易受到大学舍友的影响，因为舍友之间通常比较亲密且长时间共处，很容易相互影响。其次是受到美妆博主的影响，因为女性通常更愿意花时间了解和选择护肤化妆品，而美妆博主的评测往往是她们选择特定产品的原因。父母家人、研究生同学和同事的影响也很大，因为这些人都是平常相处时间较长的人，会互相影响。随着年龄增长，人们对美容行为的想法也会增加，因此更容易受到影响。相比之下，女性受到恋人和非舍友大学同学的影响较少，占比为11%左右。男性也存在类似的情况，最容易受到大学舍友的影响，其次是恋人的影响，然后是同事和父母家人。而有12.66%的男性在美容行为上没有受到他人的影响，这一比例比女性高出2.57个百分点。研究生同学和非舍友大学同学对男性的影响也较大，占比皆为11%左右。

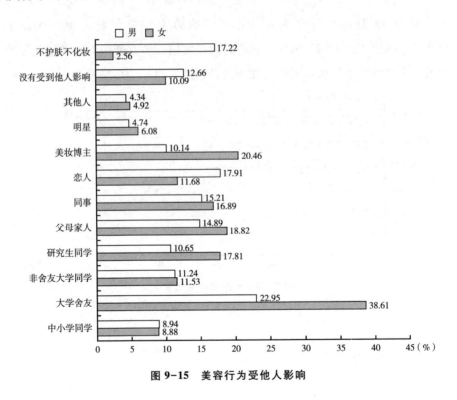

图 9-15　美容行为受他人影响

9.8.2　受自身相貌的影响

表 9-1 和表 9-2 呈现了在不同性别群体中，毕业生对自己相貌的评分

与护肤频率之间的回归结果。根据表 9-1 和表 9-2 中的列（1）和列（2）的回归结果，男性对自己相貌评分越高越倾向于保养自己的皮肤，从而使自己看起来更好。换句话说，男性对自己相貌更有信心的人更注重自己皮肤的护理，以保持良好的外表。而表 9-1 和表 9-2 中的列（3）和列（4）则表明，女性对自己的素颜相貌评分与护肤频率之间没有明显关联，但对于那些认为自己化妆后外貌评分更高的女性来说，她们更倾向于保养自己的皮肤。这可能是因为女性对自己的化妆外貌评分更高时，她们更频繁地化妆，因此更需要对皮肤进行保养；而对于每个女性来说，无论素颜外貌如何，进行一定程度的护肤以保持皮肤健康是日常生活中必不可少的。

表 9-1　相貌评分（素颜）与护肤频率

项目	（1）	（2）	（3）	（4）
	男		女	
相貌评分（素颜）	0.0084 ***	0.0071 ***	0.0029	0.0017
	（0.0022）	（0.0022）	（0.0023）	（0.0021）
Controls	No	Yes	No	Yes
N	2507	2507	1947	1947
adj. R^2	0.005	0.023	0.000	0.150

注：***、**、* 分别表示 1%、5%、10% 水平下显著；相貌评分为被调查者的自评评分，控制变量包括被调查者的家庭年收入、目前的存款、年级、是否就业，表 9-2、表 9-3、表 9-4、表 9-5、表 9-6 同。

表 9-2　相貌评分（妆后）与护肤频率

项目	（1）	（2）	（3）	（4）
	男		女	
相貌评分（妆后）	0.0137 ***	0.0122 ***	0.0130 ***	0.0088 ***
	（0.0023）	（0.0024）	（0.0026）	（0.0025）
Controls	No	Yes	No	Yes
N	1747	1747	1409	1409
adj. R^2	0.018	0.034	0.016	0.149

根据表9-3和表9-4的回归结果，我们可以观察到，不论是男性还是女性，那些对自己外貌（不管是素颜还是妆后）评分较高的毕业生更常化妆，以进一步完善和修饰自己的外貌。这也就意味着，那些对自己的颜值更有自信的毕业生会更注重打扮自己，以保持良好的形象。

表9-3　相貌评分（素颜）与化妆频率

项目	（1）	（2）	（3）	（4）
	男		女	
相貌评分（素颜）	0.0067 ***	0.0068 ***	0.0072 ***	0.0070 ***
	（0.0021）	（0.0020）	（0.0023）	（0.0024）
Controls	No	Yes	No	Yes
N	2507	2507	1805	1805
adj. R^2	0.004	0.096	0.005	0.028

表9-4　相貌评分（妆后）与化妆频率

项目	（1）	（2）	（3）	（4）
	男		女	
相貌评分（妆后）	0.0136 ***	0.0130 ***	0.0156 ***	0.0143 ***
	（0.0020）	（0.0019）	（0.0029）	（0.0030）
Controls	No	Yes	No	Yes
N	1763	1763	1287	1287
adj. R^2	0.024	0.130	0.021	0.039

从表9-5和表9-6可以观察到，无论是男性还是女性，对于自己妆前妆后相貌评分差距较大的人，他们护肤和化妆的频率会增加，且化妆的增加程度更为显著。这可能是由于当前大部分人都注重外在形象，而皮肤状态是面部外观的基础，因此护肤显得尤为重要。此外，个人的妆前妆后相貌评分会影响化妆的频率，因为化妆可以遮盖面部缺陷，提升外貌表现，因此妆前妆后相貌评分差距对化妆频率的影响更为显著，比对护肤频率的影响更大。

表 9-5　相貌评分（妆后—素颜）与护肤频率

项目	（1）	（2）	（3）	（4）
	男		女	
相貌评分 （妆后—素颜）	0.0105 ***	0.0096 ***	0.0174 ***	0.0126 ***
	（0.0032）	（0.0032）	（0.0039）	（0.0037）
Controls	No	Yes	No	Yes
N	1747	1747	1409	1409
adj. R^2	0.006	0.025	0.013	0.149

表 9-6　相貌评分（妆后—素颜）与化妆频率

项目	（1）	（2）	（3）	（4）
	男		女	
相貌评分 （妆后—素颜）	0.0149 ***	0.0142 ***	0.0199 ***	0.0181 ***
	（0.0027）	（0.0026）	（0.0042）	（0.0042）
Controls	No	Yes	No	Yes
N	1763	1763	1287	1287
adj. R^2	0.016	0.123	0.016	0.036

9.9　小结

本章主要分为两部分内容，第一部分对样本的美容行为进行了分析。我们探讨了不同性别和城乡群体对各类美容消费情况和行为意识的差异。从性别来看，女性群体整体上的各种美容消费都高于男性。在护肤和化妆意识方面，女性开始有此想法和产生规律行为的时间也早于男性，同时在化妆和护肤的频率上也高于男性。在对城乡的考察中，我们发现城镇群体在护肤和化妆消费上略高于农村群体；同时，在护肤和化妆频率上，城镇学生比农村学生更多地进行护肤和化妆行为。

第二部分分析了影响样本美容行为的因素。首先考察了本科毕业生受他人影响的程度。无论男女，毕业生的美容行为都更容易受到大学舍友的影响。此外，男性容易受到恋人的影响，而女性则更容易受到美妆博主的影响。其次考察了毕业生自身外貌的影响。无论男女，毕业生对自身的外貌越自信，以及妆前妆后的外貌差异越大，他们的美容行为就会越频繁。

Belot 等（2012）利用实验的方式证明，虽然美貌对人的表现和合作精神没有实质性的影响，但是能够让人们获得额外的收益。因而，获取额外的市场收益可能成为激发人们重视外貌的潜在动力。

第十章
影视娱乐消费专题

　　根据国家电影局官网公布的数据，2022 年中国电影院观影人次超过了 15 亿。据灯塔专业版数据显示，截至 10 月 7 日 21 时 30 分，2022 年国庆档总票房为 14.96 亿元，全国影院营业率稳定在 80% 左右，观影总人次达到 3602.9 万。尽管受到了疫情的影响，整个电影市场仍呈现持续恢复的态势，电影仍是人们城市生活中重要的文化娱乐和社交方式。

　　在现代社会信息爆炸的时期，由于大学生的生理心理特性和他们对媒体环境的特殊需求（Lavelle，2021），大学生受到媒体信息的强烈影响。例如，电影媒体信息帮助大学生塑造认知系统并发展积极的个性（Tiernan 和 Deveci，2021）。因此，电影媒体作为一支新的教育力量，成为影响大学生积极成长和发展的重要途径（Zhuo 等，2021）。电影的发展会对人们的思维方式、行为和生活方式产生一定的影响（Zhang 等，2022）。

　　随着整体社会消费水平的提高，大学生的生活质量、生活方式和消费文化观念也发生了一定的变化。同时，技术不断进步，观影渠道不断拓宽，电影传播方式也更加多样化，而随着生活水平和消费水平的提高，大学生群体的娱乐消费潜力也日益增大。调查发现，现代大学生的影视审美呈现娱乐化的倾向（孙笑，2015）。电影消费人群呈年轻化趋势，其中 80% 以上受过大学教育，18~25 岁的大学生是观影的主要人群。因此，我们应该重视大学生在影视娱乐消费方面的需求（李小典，2017）。

本部分将使用 CCSLS 数据分析大学生影视娱乐消费各方面的情况，主要包括获知影讯的方式、观影原因、观影偏好、观影频率与消费、对国产电影的展望等部分，并从性别、家庭收入、婚恋状况等角度加以探讨。

10.1　获知影讯的方式

从图 10-1 可以看出，73.35% 的男性和 78.49% 的女性依赖微信、QQ 等网络社交平台获知影讯，这是毕业生们获得影讯的最主要渠道。其次是他人推荐以及抖音、快手等短视频 App 两种渠道，男性毕业生通过这两种途径获知影讯的比例分别为 35.54% 和 47.09%，女性毕业生的比例为 41.69% 和41.83%。由此可以看出，女性更倾向于通过他人推荐获知影讯，而男性更倾向于通过抖音、快手等短视频 App 获知影讯。

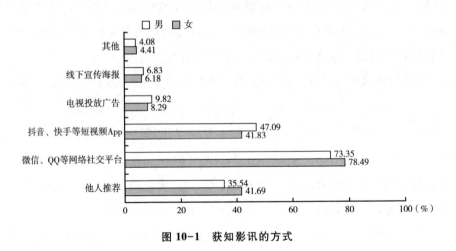

图 10-1　获知影讯的方式

这体现了社交媒体的信息和周围人对大学生观影有较为强烈的影响。相较之下，电视投放广告、线下宣传海报等传统宣传方式对大学生而言影响不大，表明随着数字技术及新媒体迅速崛起，互联网思维深入大学生的观影行为之中，大学生偏好通过网络社交平台获取电影资讯。

10. 2 观影原因

如图 10-2 所示，58.97%的男性毕业生和 63.20%的女性毕业生会出于朋友交际或情侣约会的原因，选择去电影院看电影，这表明电影充当社交项目的属性。其次，体验影院视听效果，缓解压力、转换心情，以及个人兴趣、爱好等也是毕业生们去电影院的主要原因，男性毕业生选择以上原因的比例分别为 43.48%、42.61%、32.83%，女性毕业生的比例分别为47.44%、48.39%、33.78%，体现了电影排解人们心中负面情绪、调节心情的重要作用。

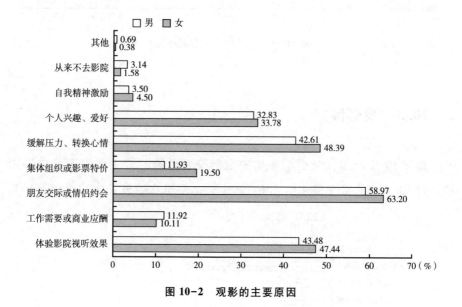

图 10-2 观影的主要原因

近年来，国内很多学者对大学生的心理健康调查研究显示：相当数量的大学生心理状态存在问题。电影是传播文化知识和价值观的一个重要工具，用优秀的电影去化解这些心理危机能起到"润物细无声"的效果（李曼，2022），同时也可以培养他们的人文情怀。

图 10-3 显示，大多数毕业生会选择和朋友或伴侣一起观看电影。具体

而言，59.67%的毕业生会和朋友一起去看电影，47.05%的毕业生则会和伴侣一起观影。另外，20.85%、17.64%和16.78%的毕业生会选择与家人、同事和同学一起去看电影，只有9.52%的毕业生选择独自观影。

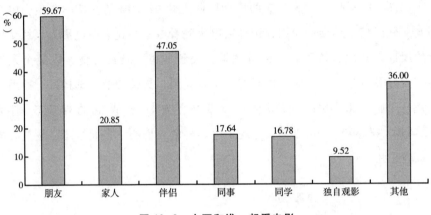

图 10-3　主要和谁一起看电影

10.3　观影偏好

如图10-4所示，吸引毕业生去电影院看电影的最主要因素是电影剧情，有60.70%的男性毕业生和64.90%的女性毕业生最关注这个因素。其

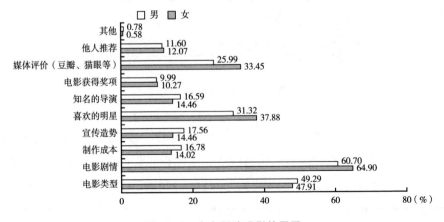

图 10-4　去电影院观影的原因

次，49.29%的男性毕业生和 47.91%的女性毕业生还会关注电影类型。除此之外，相较于男性，女性还会受到喜欢的明星、媒体评价（豆瓣、猫眼等）这两个因素的影响，占比分别为 37.88%、33.45%。这与女性更倾向于通过他人推荐获知影讯具有一致性，表明在电影选择方面，女性毕业生更容易受到外界评价以及个人偏好的影响。

如图 10-5 所示，超过半数（占比达 60.95%）的大学生没有经常光顾的影院，这表明总体来说，大学生在选择影院这方面有着较强的灵活性，会综合考虑各方面因素，愿意尝试不同的影院，没有特定的偏好。

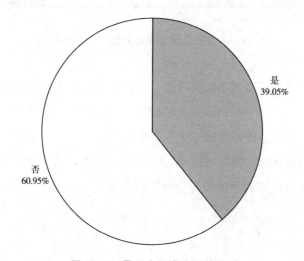

图 10-5　是否有经常光顾的影院

根据图 10-6 的数据，男性和女性群体对于影院的光顾情况存在差异。具体而言，超过 60%的男生没有经常光顾的影院，而相比之下，61.73%的女生有经常光顾的影院。这体现了男生在选择影院方面更具随意性，女生则多数有着自己的偏好。

而在那些有经常光顾的电影院的毕业生中，观影环境是他们选择固定电影院的主要因素，如图 10-7 所示。这个因素分别被 56.33%的男性和59.15%的女性考虑。其次，53.12%的男性毕业生主要考虑影院设备，而53.71%的女性毕业生则主要考虑影院地理位置。相比之下，影院规模、影

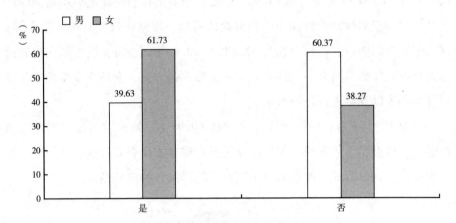

图 10-6 是否有经常光顾的影院（分性别）

院服务和影院优惠活动则不太被考虑，男性毕业生考虑以上因素的比例分别为 36.13%、33.35% 和 14.14%，女性毕业生的比例分别为 31.39%、28.18% 和 19.16%。这体现出毕业生们更关注观影的综合体验，男性毕业生还聚焦于影院设备营造的观影效果，女性毕业生更在意影院的地理位置，这可能是出于交通的便利程度和安全的综合考量。

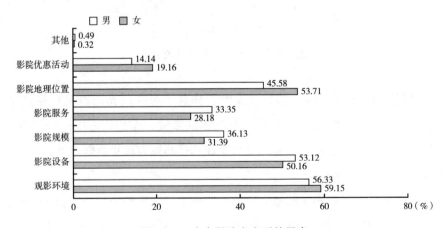

图 10-7 去电影院考虑到的因素

观察图 10-8 可以发现，男女在选择电影院时存在一些差异。首先，交通便利是男女毕业生选择电影院的主要考虑因素之一，但女性选择交通便利的比例略高于男性。具体而言，有 34.84% 的男性毕业生和 35.50% 的女性毕业生倾向于选择交通便利的电影院。其次，男女毕业生对于居住地附近的电影院的考虑也十分相似，两者的比例基本持平。最后，男女毕业生在选择繁华地段和工作地或学校附近的电影院上存在一些差异，男性更倾向于选择繁华地段的电影院，而女性则更倾向于选择工作地或学校附近的电影院。其中，男性选择繁华地段的电影院的比例为 17.39%，女性为 15.96%。

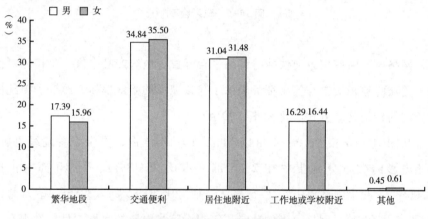

图 10-8　选择什么位置的电影院

10.4　观影频率与消费

如图 10-9 所示，首先，大部分大学生的观影频率为一月一次，其中 40.64% 的男性和 41.18% 的女性会一个月去一次电影院。其次，31.77% 的男性和 34.71% 的女性会保持多月一次的频率。再次为一周一次。虽然大部分本科毕业生观影的频率较低，但仍会在一年内进行数次观影。这主要是由于电影票价格相对较高，对于刚毕业的大学生而言负担较大；另外，电影消费还会带来其他消费，这对于仍以学习为重的毕业生来说并不是必需的。

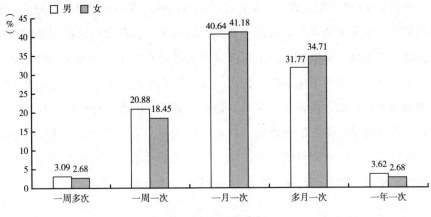

图 10-9　观影频率

　　网络电影因使用方便快捷、网络平台开放、内容产品丰富、价格相对低廉、受众能够积极参与等特征，吸引了数量庞大的受众群体，改变了单纯依赖影院的传统观影方式（邵明华，2014）。

　　从图 10-10 和图 10-11 可以看出，在一年之内，男生观看院线电影、网络电影的数量分别集中在 2～5 部（占比 28.17%）、6～10 部（占比 23.00%）；女生则都集中在 2～5 部（分别占比 30.86%、23.86%）。从整体来看，大学生观看网络电影的数量高于观看院线电影的数量，且男生观看电影的数量比女生多。

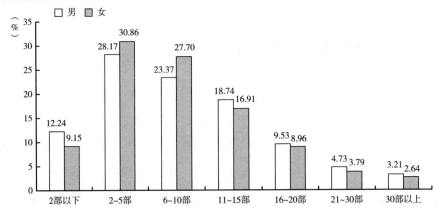

图 10-10　观看院线电影的数量

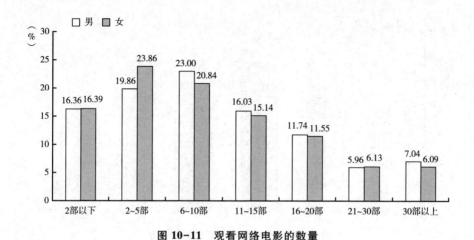

图 10-11　观看网络电影的数量

　　造成该现象的原因有以下几点。首先，调研期间正值新冠疫情大流行，电影行业受疫情影响造成的损失和压力较为严重，在此情形下大学生打破传统院线观影模式，把线下观影转移到线上。后续疫情缓解，影院开放后隔位就座、禁止脱下口罩等规定让社交需求更加强烈的大学生群体丧失观影乐趣，而观看网络电影可以随时与朋友交流，满足了大学生的社交欲望。其次，网络观影成本更低，大学生的消费负担更小。最后，网络电影使大学生可以对正在上映的电影按照自己喜欢的方式选择和控制，对于崇尚自由的年轻人来说也具有不小的吸引力。

　　根据图 10-12 和图 10-13 的数据，可以发现在一年内，大部分男性毕业生（占比 47.19%）和女性毕业生（占比 53.71%）观看网络电影的消费金额在 100 元及以下。然而，在院线电影方面，消费金额则有所上升。其中 21.47% 的男性毕业生和 31.10% 的女性毕业生的消费金额在 150～300 元。另外，男性观众的整体消费金额明显高于女性观众。

　　总体来看，研究结果表明，大学生在院线电影中的消费普遍高于网络电影。这主要有两方面的原因。一方面，院线电影的票价显著高于网络电影，即使对于大学生而言，这也可能是一笔较大的经济负担；另一方面，尽管网络电影具有低成本和可自由选择的特点，但是电影院的现场冲击和音效震撼

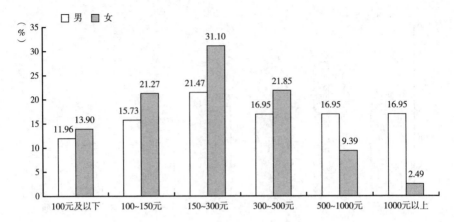

图 10-12　观看院线电影的消费金额

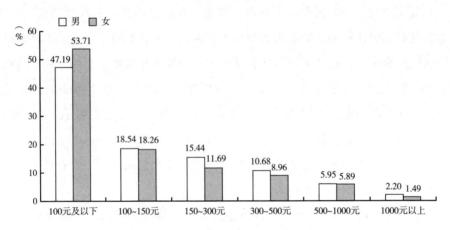

图 10-13　观看网络电影的消费金额

效果是网络观影所无法带来的特殊体验。因此，我们可以看到仍有不少的大学生选择花钱去电影院观影。

图 10-14 表明，处于不同婚恋状况（将其大致分为单身、恋爱中、已婚三种状态）的毕业生在院线电影中的消费都集中于 150～300 元这一档，其中包含 29.80% 的单身毕业生、29.52% 的恋爱中毕业生，以及 33.62% 的已婚毕业生。值得关注的是，恋爱中的毕业生在消费 500~1000 元、1000 元

以上的人群中占比最大，分别达 11.72% 和 3.78%。其次是已婚大学生，而单身人群的消费水平较低，集中于 300 元及以下。这与前文大学生会因情侣约会去看电影这一发现具有一致性。

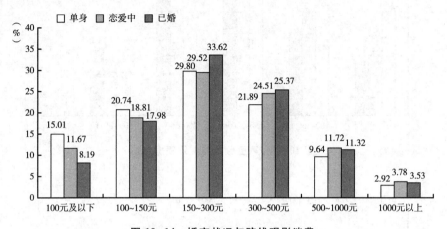

图 10-14　婚恋状况与院线观影消费

图 10-15 表明，大学期间（原生）家庭平均年总收入与院线观影消费有明显关联，（原生）家庭平均年总收入较低（5 万元及以下）和中等（5 万~12 万元）的毕业生，院线观影的消费集中于 300 元及以下的水平。其中，相较于来自中等收入的家庭，家庭平均年总收入较低的大学生院线观影消费在 100 元及以下、100~150 元的群体中占比更大，分别达 21.41% 和 22.63%。而家庭收入超过 12 万元的大学生，院线观影的消费集中在超过平均水平的 150~500 元，占比超过 50%，体现了他们较高的消费水平。

从图 10-16 可以看出，目前工作的每月税后薪酬（包含各种福利津贴）较低的人群，在院线观影上的消费也较低。在院线电影消费 150 元及以下的区间内，月薪较低（3000 元及以下）人群的占比更高，达到 40%，而中等收入（3000~10000 元）和月薪较高（10000 元以上）的人群的占比则分别为 26.78%、17.38%，远低于低收入人群。此外，月薪较高（10000 元以上）的人群，在院线电影上的消费集中于 300~1000 元的区间内，占比高达 52.90%。

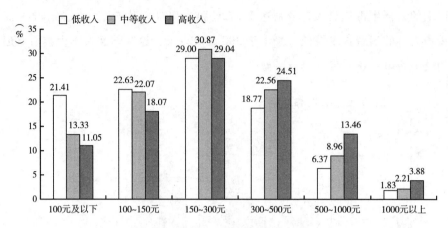

图 10-15 家庭收入与院线观影消费

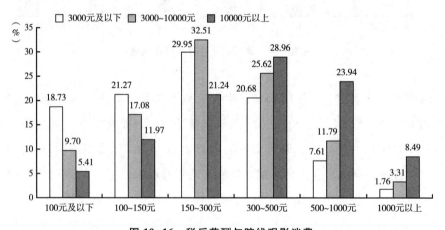

图 10-16 税后薪酬与院线观影消费

由图 10-17 可知，每月工作之外的其他收入在 3000 元及以下和 3000~10000 元这两个收入水平的人群，在院线观影上的消费集中于 150~300 元，占比分别为 29.95% 和 32.51%。而与图 10~16 类似，其他收入较高（10000元以上）的人群，在院线观影上的消费也较高，集中于 300~500 元和 500~1000 元这两个档次。通过对比不难发现，每月工作之外的其他收入对毕业生在电影上的消费水平有着一定的提升作用。

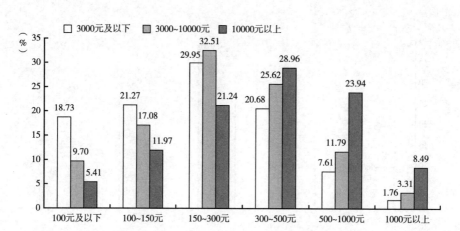

图 10-17　工作之外的其他收入与院线观影消费

10.5　对国产电影的展望

如图 10-18 所示，在 1~5 分的分值中，分别有 37.16% 的男大学生和 38.72% 的女大学生对院线电影质量作出了 4 分的评价；如图 10-19 所示，分别有 34.38% 的男大学生和 36.08% 的女大学生对网络电影质量作出了 3 分的评价。从中可以看出，大学生对院线电影的评价普遍高于网络电影，且女生对二者的评价普遍高于男生。

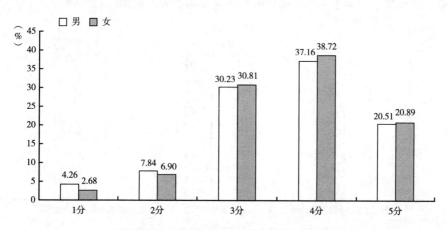

图 10-18　对国产院线电影质量的总体评价

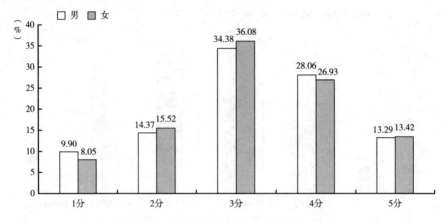

图 10-19　对国产网络电影质量的总体评价

通过观察图 10-20，可以得出如下结论：女大学生和男大学生对于院线电影和网络电影在市场占有率上存在不同的认知。具体而言，37.90%的女大学生和 34.92%的男大学生认为院线电影占据主流市场，这意味着相对于价格更低、更具灵活性的网络电影，大学生仍然对传统的院线电影有着较高的信心，也展现出对传统观影方式的认可。另外，27.50%的女大学生和 30.05%的男大学生认为网络电影占据主流市场，这表明网络电影的发展前景也很乐观。同时，34.60%的女大学生和 35.03%的男大学生认为二者应该相互促进、共同繁荣，这反映了大学生对于多样化的影视娱乐消费方式的期待和支持。

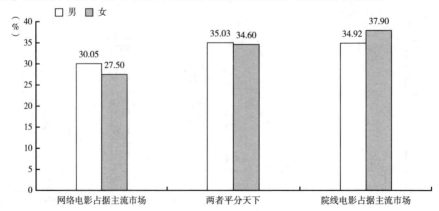

图 10-20　对网络电影和院线电影的看法

10.6　小结

　　本部分得出了关于大学生影视娱乐消费领域的较为丰富的结论。分析表明，大学生主要通过网络社交平台来接收有关影视娱乐的相关信息，这表明了大学生群体在信息交流方面的敏感度以及对外界信息的接受度。此外，观影已经成为大学生进行社交和约会的重要项目，并且观影行为可以带来心情的舒缓和放松，具有丰富的情感价值。大多数大学生每月的观影频率维持在合理水平，一般为一月一次。整体而言，大学生观看网络电影的数量高于观看院线电影的数量，但在院线电影方面的消费更高。然而，相较于男性大学生，女性大学生在选择电影院和被影片吸引的因素方面表现出更多的感性特征，即更偏好于固定的影院，并且更容易受到他人对影片的评价以及喜欢的明星的吸引。大学生对院线电影的评价普遍高于网络电影，同时女性对这两种类型影片的评价普遍高于男性。家庭平均年总收入、每月税后薪酬以及其他收入与大学生在院线电影中的消费密切相关，收入越高，相应的消费水平也越高。总体而言，大学生对院线电影的质量持满意态度。

第十一章
劳动课程

劳动教育是人生的重要一课。劳动包括日常生活劳动、生产劳动、服务性劳动、现代服务业劳动，以及公益劳动与志愿服务。随着社会经济的发展、人们物质生活的极大丰富，部分青年存在不珍惜劳动成果、不想劳动、不会劳动的现象。劳动知识、劳动意识，以及劳动技能不仅会影响个人的就业，甚至会影响到个人的幸福。因而，广泛开展劳动教育已经成为社会热点话题。

大学生劳动素养取决于学校、社会、家庭和学生个体的重视程度与劳动素养教育（裴文波等，2019）。张拥军等（2020）认为，性别、户籍所在地和家庭会对大学生劳动认知产生显著的影响，分析表明女大学生、农村学生、"00后"学生群体劳动认知更强，并且家庭劳动教育显著正向影响大学生劳动认知水平。

针对劳动教育问题，我们对大学生进行了全面的调查，包括初次独立完成做农活、做饭、买菜、洗衣服、搞清洁、养花草和维修的具体时间，并且进行了性别差异和城乡差异以及家庭收入差异等的异质性分析。

11.1 开始独立劳动的总体情况

本部分主要概述毕业生开始独立完成做农活、做饭、买菜、洗衣服、搞清洁、养花草和维修的基本情况。总体而言，对于不同的活动类型，毕业生们初次独立完成的时间段的分布各有不同。

如图 11-1，毕业生没有做过农活的居多。毕业生从来没有做过农活的占比最大，为 33.63%。除此之外，初中之前和初中时期开始独立做农活的较多，分别占比 22.55% 和 17.81%。11.92% 的毕业生在高中时期开始独立做农活，但是在本科期间和本科毕业后开始独立做农活的非常少，只有8.22% 和 5.87%。

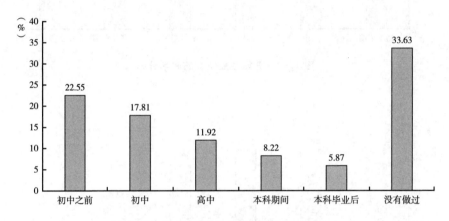

图 11-1　开始独立做农活的时期分布

如图 11-2，大部分毕业生均有独立做饭的经历，在初中之前、初中、高中和本科期间分布较为均匀。毕业生在高中时期初次独立做饭的比例最高，占比21.67%；除此之外，初中之前和初中时期以及本科期间初次独立做饭的占比差距不大，分别为 19.18%、20.53% 以及 19%；13.66% 的毕业生在本科毕业后才开始独立做饭；从来没有独立做饭的毕业生非常少，只占了 5.96%。

如图 11-3，大部分毕业生均有独立买菜的经历，在初中之前、初中、高中和本科期间分布较为均匀。其中，占比最大的是初中时期，为21.30%；其次分别为高中时期占 21.18%，初中之前占 19.12%，本科期间占 19.02%；本科毕业后才开始独立买菜的毕业生较少，只占 13.47%；没有独立买菜经历的毕业生非常少，只有 5.92%。

如图 11-4，大部分毕业生均有独立洗衣服的经历。在初中之前、初中

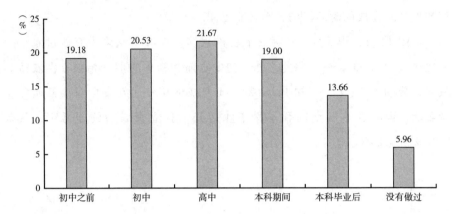

图 11-2　开始独立做饭的时期分布

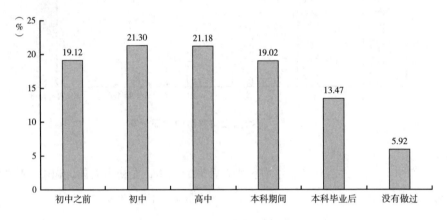

图 11-3　开始独立买菜的时期分布

时期占比最大，分别为 25.72% 和 26.22%。在高中时期和本科期间开始独立洗衣服占比差距不大，占比分别为 21.03% 和 20.12%。只有 5.21% 的毕业生在本科毕业后才开始独立洗衣服，从来没有独立洗衣服的毕业生非常少，只有 1.70%。

　　如图 11-5，大部分毕业生开始独立搞清洁的时间较早，从未独立搞过清洁的占比最小。毕业生在初中之前就独立搞过清洁的占比最大，达到 36.23%。其次是初中时期，有 22.17% 的毕业生在这期间开始独立搞清洁。

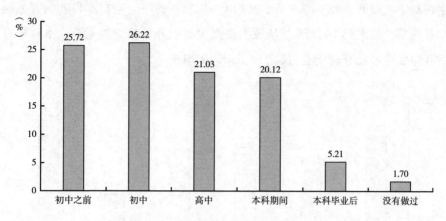

图 11-4　开始独立洗衣服的时期分布

然后有 17.11% 的毕业生在高中时期独立搞清洁，接着是 15.72% 的毕业生在本科期间开始独立搞清洁。本科毕业后和没有独立做过清洁的毕业生非常少，只有 6.66% 和 2.12%。

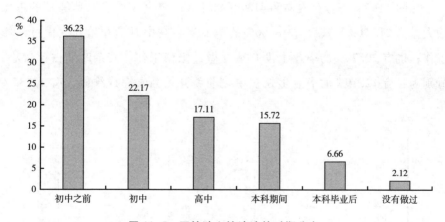

图 11-5　开始独立搞清洁的时期分布

如图 11-6，大部分毕业生都独立养过花草。毕业生开始独立养花草的时期在初中之前居多，在初中时期、高中时期和本科期间占比较为均匀，在本科毕业后较少。毕业生没有独立养过花草的占比最大，达到 22.25%。其余毕业生中，占比最多的是在初中之前开始独立养花草。有 19.2% 的毕业生在初中之前开始独立养花草，然后有 17.21% 的毕业生在本科期间开始独立养花草，接着是 16.55% 的毕业生在高中时期开始独立养花草。本科毕业后开始独立养花草的毕业生较少，占比 10.61%。

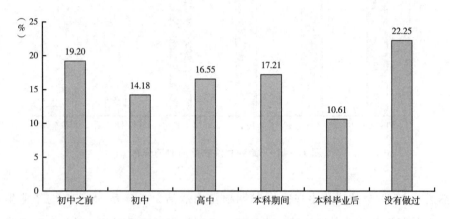

图 11-6　开始独立养花草的时期分布

如图 11-7，毕业生在本科期间开始独立维修（家电、家具等）的占比最大，为 21.71%；其次有 18.66% 的毕业生在高中时期开始独立做过维修工作；也有 20.74% 的毕业生没有独立做过维修工作。其余时期占比较小，分别为：有 12.19% 的毕业生在初中之前就开始独立完成维修，有 13.35%

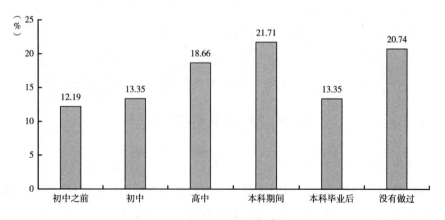

图 11-7　开始独立维修的时期分布

的毕业生在初中时期开始独立做维修工作，有 13.35% 的毕业生在本科毕业后才开始独立完成维修工作。

11.2　开始独立劳动的性别差异

本部分探讨毕业生开始独立劳动时间的性别差异。结果显示，在一些日常劳动方面，如做饭、买菜、洗衣服、搞清洁、养花草，男女初次独立完成劳动的时间基本一致，而对于做农活和维修这种体力劳动量大的活动来说，毕业生开始独立劳动时间的性别差异十分显著。

根据图 11-8，可以发现男性相对于女性，更早开始独立做农活。例如，在初中之前开始独立做农活的男性占比为 28.07%，而女性只有 20.62%。另外，女性没有独立做过农活的比例明显高于男性，女性为 54.86%，而男性只有 40.12%。

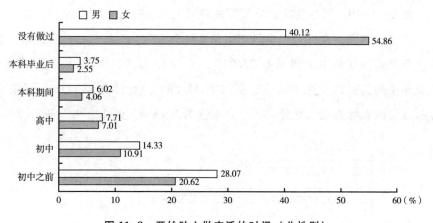

图 11-8　开始独立做农活的时间（分性别）

如图 11-9，男性初次独立做饭的时间和女性差不多。初中之前开始独立做饭的男性有 22.63%，女性有 19.98%。在初中时期开始独立做饭的男性有 17.27%，女性有 17.60%。在高中时期开始独立做饭的男性占比比女性占比略高一点，男性有 18.52%，女性有 15.84%。在本科期间开始独立做饭的男性比女性少一些，男性有 17.41%，女性有 22.45%。本科毕业后开始独立做饭的男性有 14.04%，女性有 18.39%。没有独立做过饭的女性占比明显低于男性，女性为 5.73%，男性为 10.14%。

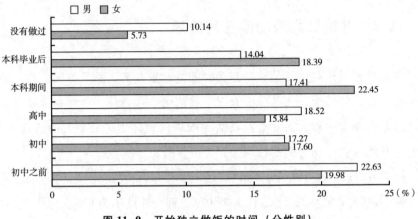

图 11-9　开始独立做饭的时间（分性别）

如图 11-10，男性初次独立买菜的时间上和女性有一定差异。在本科之前，男性占比高于女性；在本科期间和本科毕业后，女性占比比男性高。初中之前开始独立买菜的男性有 23.07%，女性有 21.02%。在本科期间开始独立买菜的男性比女性少一些，男性有 17.56%，女性有 21.97%。没有独立买过菜的女性占比明显低于男性，女性为 5.18%，男性为 9.33%。

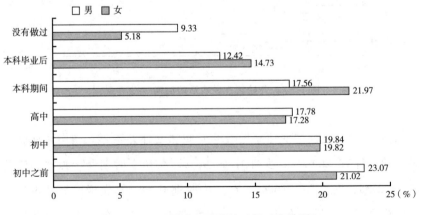

图 11-10　开始独立买菜的时间（分性别）

如图 11-11，男性在初次独立洗衣服的时间上和女性时间结构十分相似。95%左右的人都是在本科期间和之前就学会独立洗衣服了。初中之前开始独立洗衣服的男性有 27.85%，女性占比多一些，有 32.56%。在初中时期开始独立洗衣服的男性占比比女性略高一些，男性有 27.70%，女性有 25.16%。没有独立洗过衣服的男性和女性占比都很小，女性为 0.80%，男性为 1.91%。

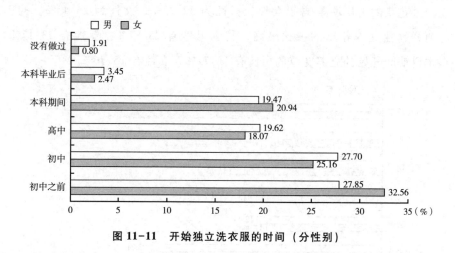

图 11-11 开始独立洗衣服的时间（分性别）

如图 11-12，男性在初次独立搞清洁的时间上和女性比较一致。66%以上的人在高中之前就开始独立搞清洁。初中之前开始独立搞清洁的男性有

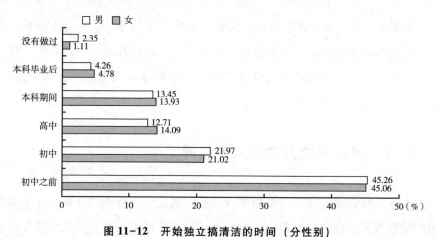

图 11-12 开始独立搞清洁的时间（分性别）

45.26%，女性有 45.06%。在初中时期开始独立搞清洁的男性有 21.97%，女性有 21.02%。没有独立搞过清洁的男性和女性占比都很小，男性占比略高一些，为 2.35%，女性为 1.11%。

如图 11-13，男性在初次独立养花草的时间上和女性有一定差异。在高中之前，男性占比更高；而在初中之后，女性占比更高。此外，男性没有独立养过花草的占比明显高于女性，男性为 32.92%，女性为 26.43%。初中之前开始独立养花草的占比最高，其中男性有 23.81%，女性有 23.17%。在本科期间开始独立养花草的男性有 12.71%，女性有 15.76%。

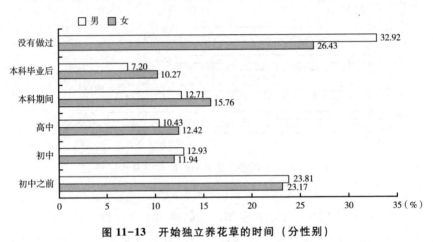

图 11-13　开始独立养花草的时间（分性别）

如图 11-14，男性在初次独立维修（家电、家具等）的时间上明显早于女性。在本科毕业之前，男性占比高于女性；女性仅在本科毕业之后占比高于男性。而且女性没有独立维修过（家电、家具等）的占比明显高于男性，女性为 34.55%，男性为 17.63%。

11.3　开始独立劳动的城乡差异

本部分结合了毕业生在不同阶段的居住地来分析毕业生开始独立劳动时间的城乡差异。以初中时期居住地为例，分析不同劳动种类，城乡差异对毕

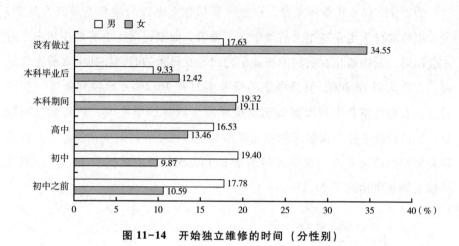

图 11-14　开始独立维修的时间（分性别）

业生们开始劳动时间的影响。

如图 11-15，从总体结构来看，毕业生开始做农活的城乡差异十分显著，其中居住在农村的毕业生初次独立做农活的时间在初中之前占比最大，占比达到 39%。居住在城镇的毕业生有 60.7% 的没有做过农活。在其余时间段里，无论是初中、高中、本科期间，居住在农村的毕业生初次做农活的占比都略高于居住在城镇的毕业生。一直到本科毕业后，居住在农村的毕业生初次做农活占比略低于居住在城镇的毕业生，分别为 2.9% 和 3.5%。

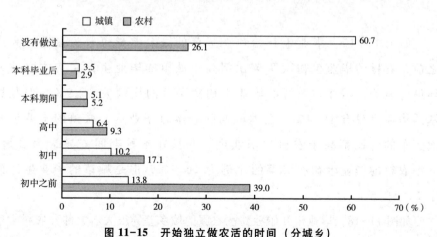

图 11-15　开始独立做农活的时间（分城乡）

如图 11-16，从总体来看，毕业生开始独立做饭的城乡差异较为显著，近一半的农村学生在高中之前就学会了做饭，而城镇学生主要是在初中之后才会做饭。其中居住在农村的毕业生初次独立做饭的时间在初中之前占比最高，占比达到 28.6%，但是城镇的毕业生只有 16.2% 开始独立做饭。初中时期，农村的毕业生初次做饭比例也略高于城镇的毕业生。在其余时间段里，城镇的毕业生初次做饭的占比都略高于居住在农村的毕业生。并且在本科期间差异最为显著，其中农村的毕业生初次做饭的比例为 15.2%，但是城镇的毕业生达到了 22.1%。

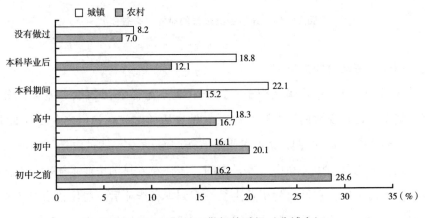

图 11-16 开始独立做饭的时间（分城乡）

如图 11-17，毕业生开始独立买菜的城乡差异也较为显著。高中之前，农村的毕业生初次买菜比例高于城镇的毕业生，在初中之前差异最为显著，居住在农村的毕业生初次买菜的比例为 25.9%，但是城镇的毕业生只有 19.4%。在本科期间和本科毕业后，城镇的毕业生初次买菜的占比都高于农村的毕业生。并且在本科期间差异最为显著，其中农村的毕业生初次买菜的比例为 16.4%，但是城镇的毕业生达到了 21.5%。

如图 11-18，毕业生开始独立洗衣服的城乡差异很大。大部分农村学生在高中之前就开始独立洗衣服，该比例远高于城镇的毕业生，其中在初中之

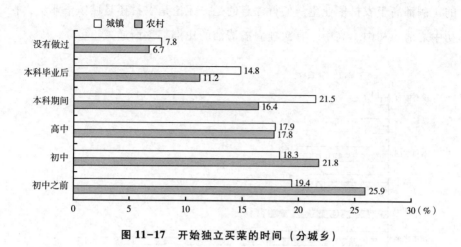

图 11-17　开始独立买菜的时间（分城乡）

前差异最为显著，农村的毕业生初次洗衣服的比例为 36.5%，但是城镇的毕业生只有 25.2%。在初中之后的时间段里，城镇的毕业生初次洗衣服的占比都高于农村的毕业生。

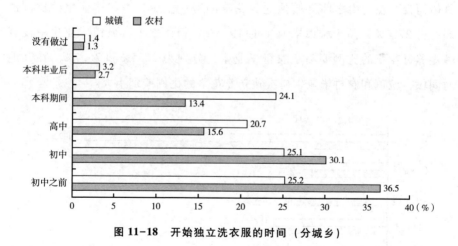

图 11-18　开始独立洗衣服的时间（分城乡）

图 11-19 显示，毕业生在开始独立搞清洁方面，城乡之间存在显著差异。农村毕业生和城镇毕业生中，在初中之前首次独立搞清洁的比例最高，分别为 51.7% 和 40.3%。在其余的时间段里，城镇毕业生初次独立搞清洁

的比例都高于农村毕业生。值得注意的是，无论是农村还是城镇毕业生，在初中之前、初中、高中，首次独立搞清洁的比例都逐渐递减。

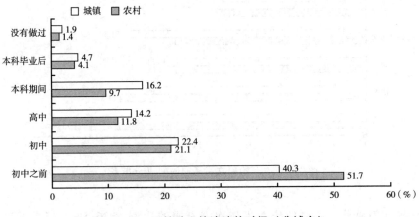

图 11-19 开始独立搞清洁的时间（分城乡）

根据图 11-20 的数据，毕业生在开始独立养花草方面存在城乡差异。具体而言，在初中之前开始独立养花草的毕业生中，农村毕业生的比例最高，为 27.6%，高于城镇毕业生的 19.6%。相比之下，城镇毕业生中没有独立养过花草的比例要高于农村毕业生，分别为 32.5% 和 25.7%。在其他时间段，城镇和农村毕业生初次独立养花草的比例差别不大。

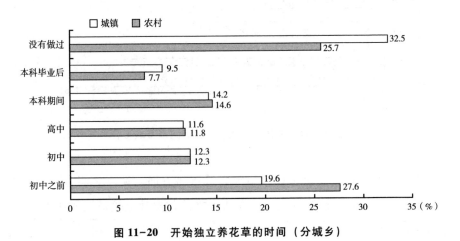

图 11-20 开始独立养花草的时间（分城乡）

根据图 11-21 所示数据，可以看出毕业生在独立维修（家电、家具等）方面存在城乡差异。在各个时间段中，本科之前，农村毕业生比城镇毕业生更多地独立完成维修工作；而在本科期间和本科毕业后的时间段，城镇毕业生的比例更高。此外，初中之前，农村毕业生独立完成维修工作的比例明显高于城镇毕业生，分别为 17.4% 和 11.4%；在没有做过独立维修工作方面，农村毕业生的比例明显低于城镇毕业生，分别为 22.8% 和 27.3%。

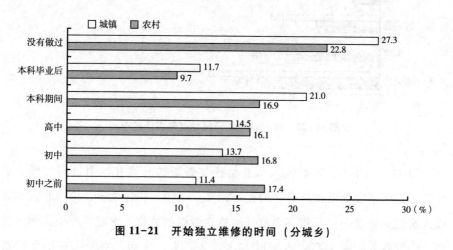

图 11-21　开始独立维修的时间（分城乡）

11.4　家庭收入与开始独立劳动的时间

本部分探讨原生家庭收入与毕业生开始独立劳动时间的关系。我们将家庭收入情况分为三类进行讨论。第一类是家庭收入 5 万元及以下，属于低收入家庭，第二类是家庭收入 5 万~12 万元，属于中等收入家庭，第三类是家庭收入 12 万元以上，属于高收入家庭。

图 11-22 显示，家庭收入与独立开始从事农活的时间存在明显的相关性。对于低收入家庭的毕业生而言，他们在初中之前就独立从事农活的比例最高，达到了 30.3%。然而，中等收入家庭和高收入家庭的毕业生在这一方面没有做过的比例最高，分别达到了 32.7% 和 48.5%。值得一提的是，

在初中、高中和本科期间，低收入家庭的毕业生从事过农活的比例也高于中等收入家庭和高收入家庭的毕业生。

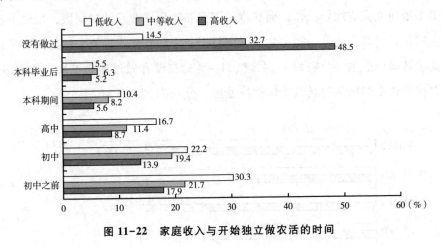

图 11-22　家庭收入与开始独立做农活的时间

图 11-23 显示，家庭收入与开始独立做饭的时间存在明显相关性。低收入家庭的子女通常在高中之前就开始独立做饭，相比之下，中等收入和高收入家庭则要晚一些。初中之前开始独立做饭的低收入家庭毕业生比例显著高于中等收入家庭和高收入家庭，达到 24.2%。然而，对于本科毕业后首次独立做饭的毕业生而言，高收入家庭的比例明显高于中等收入家庭和低收入家庭，达到 18.1%。

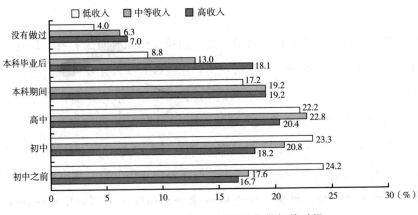

图 11-23　家庭收入与开始独立做饭的时间

　　根据图 11-24 所示数据，家庭收入与开始独立买菜的时间具有密切的关联。对于低收入家庭的毕业生来说，他们明显比其他家庭的毕业生更早学会独立买菜。具体来说，低收入家庭的毕业生在本科之前开始独立买菜的比例显著高于中等收入家庭和高收入家庭，分别为 21.9%、24.1% 和 24.4%。但是本科毕业后以及没有做过的部分，高收入家庭毕业生初次独立买菜的占比高于低收入家庭和中等收入家庭的毕业生，分别为 16% 和 7.5%。中等收入家庭毕业生初次独立买菜在本科期间占比高于低收入家庭和高收入家庭的毕业生，为 21%。

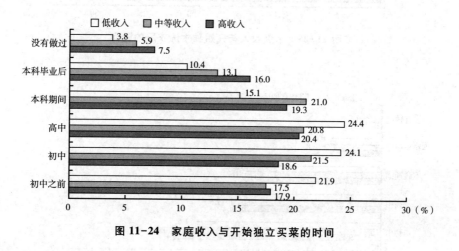

图 11-24　家庭收入与开始独立买菜的时间

　　根据图 11-25 的数据，家庭收入与开始独立洗衣服的时间的联系并不太紧密。虽然在初中之前，低收入家庭的毕业生开始独立洗衣服的比例高于中等收入和高收入家庭，为 29.2%，但在其余时期，三类家庭的毕业生开始独立洗衣服的比例分布差别不大。

　　根据图 11-26，家庭收入和开始独立搞清洁的时间没有明显的关系。在所有时间段中，低收入、中等收入和高收入家庭的毕业生开始独立搞清洁的时间分布非常相似。在这些家庭中，约 35% 的毕业生在初中之前开始独立搞清洁，约 16% 的毕业生在本科期间开始独立搞清洁，而约 2% 的毕业生从未独立搞过清洁。

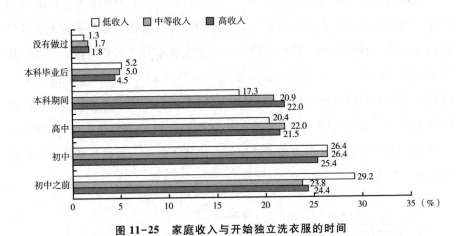

图 11-25 家庭收入与开始独立洗衣服的时间

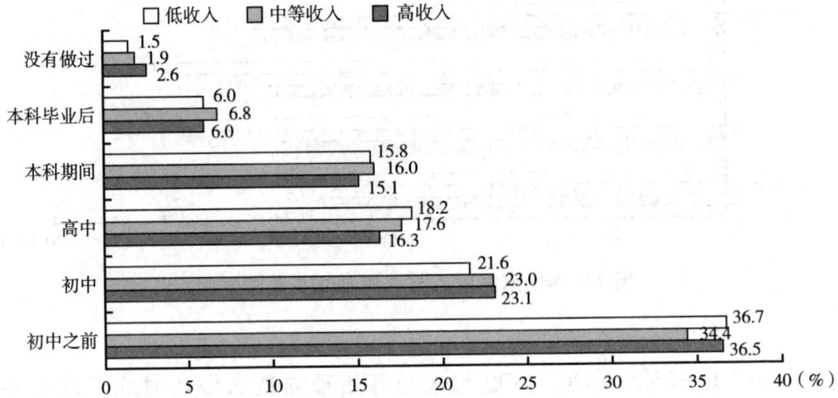

图 11-26 家庭收入与开始独立搞清洁的时间

根据图 11-27 所示数据，家庭收入与开始独立养花草的时间呈现密切关系。高收入家庭和中等收入家庭的毕业生未曾涉足的部分所占比例最高，分别为 27.4% 和 22.5%，明显高于低收入家庭。相比之下，低收入家庭的毕业生更早开始独立养花草，在本科之前，低收入家庭的毕业生开始独立养花草的占比均超过了高收入家庭和中等收入家庭的毕业生。

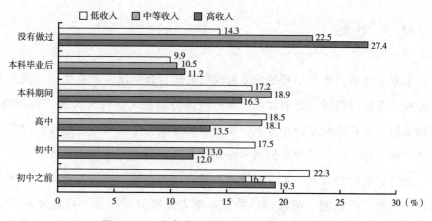

图 11-27 家庭收入与开始独立养花草的时间

根据图 11-28，家庭收入与开始独立维修（家电、家具等）的时间具有密切关系。对于低收入家庭的毕业生来说，开始独立维修的时间较早，而在本科之前的各个时期，低收入家庭的毕业生开始独立维修工作的比例都高于高收入家庭和中等收入家庭的毕业生。中等收入家庭的毕业生则以本科期间开始独立维修工作的比例最高，达到 22.7%。高收入家庭的毕业生中，未曾尝试过独立维修的比例最高，达到 26.3%。

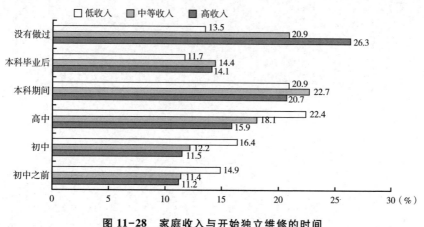

图 11-28 家庭收入与开始独立维修的时间

11.5　小结

本章主要研究毕业生开始独立劳动的时间分布情况，涉及性别、城乡和家庭收入方面的差异。数据显示，在一些体力消耗大、耗时长的工作类型，如做农活、养花草和维修等方面，相当一部分毕业生从未有过经验；而在其他类型的工作方面，毕业生们通常在初中或高中时期开始独立完成。

此外，在性别方面，男女毕业生在做农活和维修方面的差异较大，而在做饭、买菜、洗衣服、搞清洁、养花草等方面差异不明显。在城乡差异方面，农村毕业生开始独立劳动的时间普遍早于城镇毕业生，并且在做农活、洗衣服和搞清洁方面的差异尤为明显（占比差距大于 10 个百分点）。另外，家庭收入也对毕业生开始独立劳动的时间有一定影响，低收入家庭的毕业生在做农活、做饭、买菜、维修方面通常比中等收入和高收入家庭的毕业生更早开始独立完成，而在洗衣服、搞清洁、养花草等方面，不同家庭收入的毕业生开始劳动的时间差异并不大。

第十二章
孝行为

自 2015 年第一轮调查数据搜集以来，从经济学的角度对孝文化进行研究的文献如雨后春笋般涌现，孝的研究不再局限于文化传统，其经济意义得到了肯定。这一转变与当前我国加速进入老龄化社会有着莫大的关系。我国目前仍然处于社会主义初级阶段，经济发展和制度建设仍有许多不完善的地方，老龄人口的社会保障就是其中之一。在老龄化与老龄人口社会保障不完善的情况下，家庭的赡养主要依靠子女的自觉，孝文化就是影响子女自觉赡养老人的一个重要因素。由于 CCSLS 的调查对象是在校本科生或已毕业 3~4 年的本科生，暂时可能仍未涉及父母的养老问题，因此，本报告主要从孝道的日常实践中分析当代大学生的孝道伦理行为。

我们不仅对大学毕业生的孝行为特征进行了整体分析，而且还系统地研究了不同性别、家庭收入和户籍状况的大学生人群在孝行为方面的差异。孝行为包括记得父母生日、在父母生日时采取实际行动以及日常与父母的联系等方面。

12.1 父母赡养问题

从我国当前的情况来看，我国的养老安排主体依然是家庭养老（张文娟，2006；高瑞琴和叶敬忠，2017），社会养老目前还只是家庭养老的补充

（张川川和陈斌开，2014）。而家庭养老主要是由子女来承担责任。雷鸣等（2018）发现，在传统社会中，赡养老人和尽孝不仅仅是个人自觉行为，同时家族、宗族等组织也发挥了重要作用，以确保孝道在家庭中得到实施。这些组织采取了集体惩罚的措施，对违反孝道的行为进行惩罚。在现代社会中，宗族的概念已经逐渐淡化，小家庭成为主流趋势。然而，在法律法规不够明晰的地方，孝道和赡养老人可能仅仅依赖于个人自觉，这是一个单薄的支撑。因此，在这一部分，我们将探讨大学毕业生群体对于赡养父母的意识，并与第一轮数据比较，了解这方面发生了哪些变化。

本节的分析基于问题"您认为有子女的老人的养老应该主要由谁负责"。该问题设置了四个选项，分别为"主要由政府负责"、"主要由子女负责"、"主要由老人自己负责"及"政府/子女/老人责任均摊"。第二轮调查数据在这一问题上共获得 4817 份有效答案，其显示，四个选项分别占比 4.9%、59.5%、4.1%、31.5%，上一轮数据中，认为子女应该主要承担老人养老责任的比例为 68.4%，与之相比，这一比例有了明显的下降，反映了大学生在步入社会以后逐渐感受到压力，开始寻求政府及老人自己的帮助，但仍有超过半数的毕业生认为赡养父母主要是子女的责任。

12.1.1 性别与赡养观念

根据图 12-1 所示数据，本轮调查结果与上一轮类似，男性毕业生比女性毕业生更倾向于认为养老责任应由子女承担，两者之间的差距约为 9.4 个百分点，而上一轮数据的差距则约为 5.5 个百分点。这种变化可能源于女性毕业生步入社会，面对婚育问题时更加深入地认识到家庭分工中"养儿防老"的重要性，因此对子女承担养老责任的认同度有所降低。但总体而言，超过半数的女性仍然认为子女应该为父母的养老负责，这表明女儿养老有可能成为一种新趋势。朱安新和高熔（2016）的研究指出，中国老年人更倾向于期望女儿来承担养老责任，并非仅因为传统规范的变迁，更是一种基于子女性别结构现实的策略性选择。在中国实施独生子女政策 40 余年后，大部分家庭主要依靠女儿来养老。

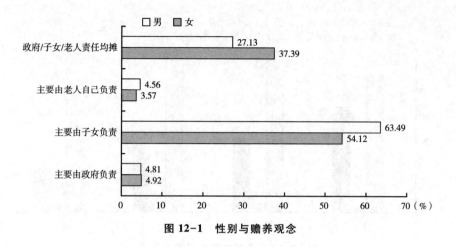

图 12-1 性别与赡养观念

12.1.2 兄弟姐妹个数与赡养观念

不同的兄弟姐妹数量会对家庭养老责任意识产生不同的影响。关于兄弟姐妹个数对养老意识的影响，有两种截然不同的观点。一种观点认为，兄弟姐妹数量越少，子女需要承担的养老压力就越大，因此子女可能更倾向于获得政府或老人本身的帮助。另一种观点则认为，过多的子女也可能会导致在照顾父母的安排方面相互推诿（耿德伟，2013）。从图 12-2 的数据来看，似乎更支持第一种结论。独生子女认为由子女负责养老的比例最低，而拥有三个及以上兄弟姐妹的个体认同这一观念的比例则最高，分别为 51.62% 和 64.66%。这与陶涛和刘雯莉（2019）的研究结果相似。同时，我们也可以从中明显地看到，独生子女和至少有一个兄弟姐妹的个体对子女养老的认同程度存在较大的差别。后者相对于前者的比例至少高出10 个百分点，这表明独生子女政策所带来的巨大养老压力使独生子女更倾向于寻求政府或老人本身的帮助。因此，独生子女人群最认同政府、子女和老人共同负责父母养老问题的观念，比例高达 43.3%。为了社会的和谐稳定发展，政府应该出台相应的政策，为独生子女政策下出生的孩子分担一定的养老压力。

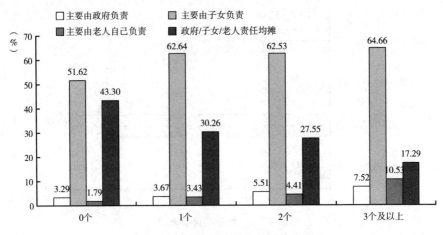

图 12-2　兄弟姐妹数量与赡养观念

12.1.3　个人收入与赡养观念

本轮调查的对象为毕业生，他们中多数人已经参加工作，有了收入，同时，经济上的压力可能会对他们承担养老责任的意愿产生一定的影响。因此，我们对不同收入群体的赡养观念进行对比。根据 2018 年修订的《中华人民共和国个人所得税法》，个人所得税起征点每月 5000 元，2018 年 10 月 1 日起实施最新起征点和税率。国家对较高收入的人群征税，对低收入人群免税或进行转移支付，因此，我们可以使用个人收入是否达到个税起征点来近似反映个人收入状况。调查中反映个人收入的问题为"您目前工作的每月税后薪酬大概是多少元？"，尽管衡量的是税后收入，但我们将其选项中 5000 元及以下划分为低收入，5000~8000 元划分为中等收入，8000 元以上划分为高收入。对其进行分析，得到图 12-3，在图 12-3 中我们可以看到，中等收入人群和低收入人群对于养老责任的分担存在十分相似的情况。几个部分的组成比例相差不超过 1 个百分点，数据的分布十分相近。但高收入群体与之呈现明显的差异，相比中等收入和低收入群体，高收入群体更加认同父母的养老应该由政府、子女和老人共同承担。这一比例达到 36.27%，高收入群体可能为父母购买了更高额的养老保险，因此能够预见，在未来能够更多从养老金账户获得养老资本，所以更加认同该观念。

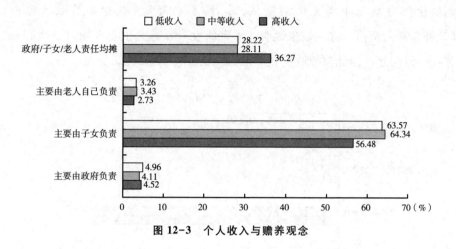

图 12-3　个人收入与赡养观念

12.1.4　家庭收入与赡养观念

家庭收入在一定程度上也会影响子女赡养老人的意愿，但是这种影响无法确定，对于收入高的家庭，子女的赡养意愿可能高也可能低。一方面，高收入家庭的子女可能也有较高收入，因此，会更加乐意向父母提供老年经济支持；另一方面，高收入家庭的子女更加自由，他们更可能认为父母有足够资本自己养老，因此可能会减少赡养支持。因此，我们在这里一起通过数据来探讨来自不同收入家庭的子女赡养老人的意愿如何分布。我们采用的数据为 2019 年家庭收入的数据，在原始数据中，将家庭收入分为十个维度，分别为 5000 元及以下、5000～8000 元、0.8 万～1.5 万元、1.5 万～3 万元、3 万～5 万元、5 万～8 万元、8 万～12 万元、12 万～20 万元、20 万～40 万元、40 万元以上。我们根据数据的分布将该数据分为三个等级，分别为低收入家庭（0～5 万元）、中等收入家庭（5 万～12 万元）、高收入家庭（12 万元以上）。如图 12-4，令人意外的是，来自低收入家庭的子女认同老人的养老应该由子女负责的比例最高，达到了 65.05%，而高收入家庭这一比例仅为54.78%。这一现象可能来源于高收入家庭的养老更加多元化,而低收入家庭对于子女养老的依赖更高。同时,低收入家庭期待由政府提供单一养老的比例也是三个类别中最高的,达到了6.85%,约为中等收入家庭(3.86%)的两倍。这一现象说明,来自低收入家庭的子女可能自己生存都存在一定问题,因此需要政府在养老方面的支持与帮助。

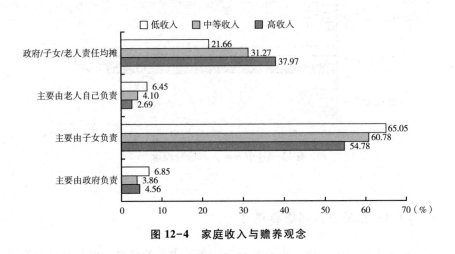

图12-4　家庭收入与赡养观念

12.1.5　孝文化教育与赡养观念

傅绪荣等(2016)认为随着时代的变迁,传统的孝道认知中赡养父母、尊敬父母、情感慰藉、荣耀父母、不愿把父母送到养老院等内容得到了保留,而传宗接代、压抑自己顺从父母、绝对服从父母意志、父母在不远游、厚葬去世父母、为了尽孝不惜伤害自己等内容认同度降低。传承孝道的一大来源在于心口相传,父母对子女孝文化的教育是子女接受孝理念的主要途径。本小节根据父母对子女孝文化理念灌输的情况分类,对影响养老责任承担认知的因素进行探究。一般而言,父母对子女孝文化教育越频繁,子女的孝道认知情况应该就更好。问卷中的问题"您的父母是否经常教导您'孝敬长辈是一种优良的品德'?"反映了孝文化的教育情况,其选项设置共有五项,分别为"总是""常常""有时""很少""从不",将其分为两类,选择"总是"和"常常"的视为孝文化教育频繁，另外三项视为孝文化教育不足。

根据数据情况，得到孝文化教育频繁的样本 4004 个，孝文化教育不足的样本 813 个，数据的具体分布情况如图 12-5。经常受到孝文化教育的群体更加认同子女应该负责父母养老这一观点，达到了 60.74%，而孝文化教育不足的群体仅有 53.26%。从中也能看到一个有趣的现象，孝文化教育不足的群体相较于孝文化教育频繁的群体认同养老应该是老人自己责任的比例高得多。前者达到了 15.62%，而后者仅有 1.8%。

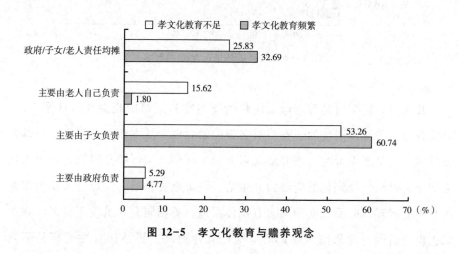

图 12-5 孝文化教育与赡养观念

12.1.6 居住安排与赡养观念

张丽萍（2012）等的研究表明，老年人的居住安排与子女的赡养息息相关。因此，子女是否与父母分居可能会影响他们赡养老人的意愿。本次研究的样本为毕业生，他们可能会选择回原籍工作、在外地工作或继续深造等，而这种选择在一定程度上反映了未来可能的居住状态。因此，我们将研究居住安排是否会影响子女赡养父母的意愿。

首先，我们研究了是否与父亲同住与子女赡养观念之间的关系。图 12-6 所示，与父亲同住的子女更愿意承担父母的养老责任，比例高达 61.91%，而父亲已过世的子女则表现出最低的赡养意识，仅有 51.13%。

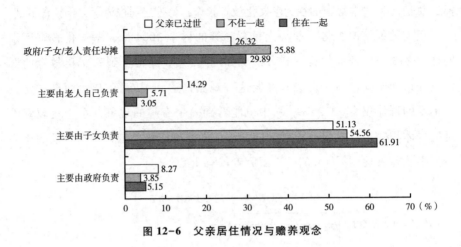

图 12-6　父亲居住情况与赡养观念

其次，我们探讨是否与母亲同住情况与赡养意愿的相关性。从图 12-7 可以看出，与母亲同住的子女与对父亲的赡养观念基本相似。但是，当母亲去世时，与父亲去世时的赡养观念存在较大区别。这可能是因为大多数人认为父亲去世后，母亲仍然能够独立生活，而母亲去世后，大部分人认为父亲生活不能自理，需要子女照顾。有媒体报道，英国研究人员发现，男性在配偶去世之后因过度悲伤而死亡的风险比女性更高。男性比女性更容易陷入"绝望的悲伤"之中。因此，失去配偶的男性可能会得到更好的照顾。

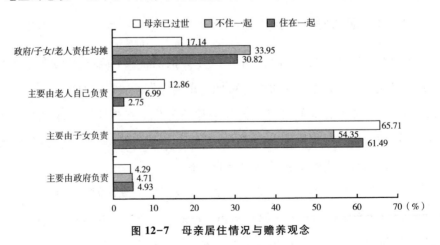

图 12-7　母亲居住情况与赡养观念

居住安排带来的赡养观念不同可能是由于一同居住为子女带来了更多生活支持，从而导致他们反哺的信念更强。许琪（2017）认为当前父母与子女在父母老年时的关系不仅仅是子女赡养父母单一方向的付出，还存在父母为子女提供帮助，如照料小孩、家务劳动等内容。因此，和父母同住意味着能够从父母那里得到一定程度的帮助，因此也能够加强赡养父母的信念。

12.1.7　户籍与赡养观念

我国城镇和农村存在显著的养老观念差异。一般而言，农村更加注重子女在老年的赡养作用，对于"养儿防老"观念的认同感更强，因此我们也探讨来自城镇和农村两个地区的子女的养老观念是否存在不同。

图 12-8 显示，我们发现农村的孩子更倾向于认同由子女负责父母的养老，占比为 60.81%，几乎是认为养老责任应由政府/子女/老人分摊的比例（32.90%）的两倍。而对于城镇孩子，这两个比例相差不大，分别为 51.49% 和 42.61%。这表明城镇孩子的父母拥有更多的养老选择，并且城镇孩子承担的压力也相对较小，这是因为城镇的养老体系比农村更为健全。而对于农村孩子，由于农村的养老体系不健全，大量老年人缺乏社会保障，因此农村孩子更多地独自承担着养老的压力。未来需要政府更多的关注来建设农村的养老保障体系。

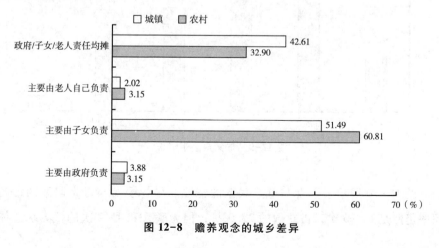

图 12-8　赡养观念的城乡差异

12.2　孝行为的具体实践

我们接着研究子女具体的孝行为实践，包括日常联系、是否记得父母生日、是否在父母生日打电话问候以及送礼物等情况。接下来的篇幅将对本轮调查得到的孝道实践情况及与上一轮数据比较等内容进行讨论。

12.2.1　日常联系

上一轮数据研究了一个月内主动给父母打电话的次数及通话原因，本轮数据从与父母分别联系的次数（其不限于打电话形式）、仅仅是出于关心给父母打电话次数两个角度进行研究。

首先是上个月分别与父母联系的情况。从图12-9显示的整体的数据来看，与父亲联系最高频率是6~10次，为26.08%，也就是说子女平均每3~5天联系一次。同时，联系较低的频次（无联系和1~2次）约为13%，说明大部分大学生毕业以后也没有忘记与父亲联系。

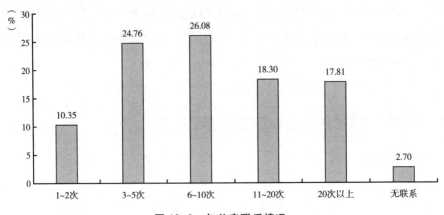

图12-9　与父亲联系情况

图12-10展示了子女与母亲联系的情况。尽管子女与母亲联系的最高频率仍然是6~10次，占总数的27.03%，但无联系和1~2次的低频次总体

占比仅约为 8%，这说明子女更愿意与母亲保持联系，并且也有可能是母亲在与子女的联系中更具主动性。中国人常说"父爱如山"，这是因为父亲通常是沉默寡言但具有责任感的代表。在与父亲相处时，子女需要更加主动，以促进家庭和睦，提高父亲乃至整个家庭的幸福感。

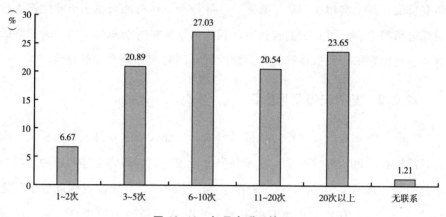

图 12-10　与母亲联系情况

　　如图 12-11，观察子女最近一个月内仅仅是出于关心给父母打电话的情况。总体而言，有 24.25% 的大学毕业生平均每 10 天才会关心一次他们的父母，最高频率为 3~4 次，占比最高，而从未打电话关心父母的比例达到了 5.94%。此外，仅有 1~2 次关心的比例高达 13.33%，这反映出当前大学毕

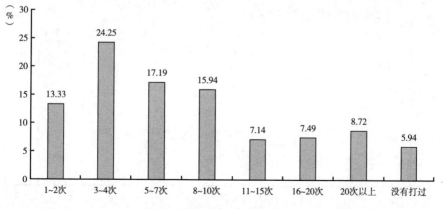

图 12-11　给父母打电话情况

业生对父母的关心程度不够。这一群体的父母普遍年龄在 45 岁以上，属于中老年群体，孩子们的离家容易让他们感到孤独。因此，作为子女，应该适时地关心父母，这是子女首先要履行的孝道。

上一轮调查显示，平均每 3 天左右，毕业生给父母打一次电话。而本次调查发现，与上次相比，这一数据呈下降趋势。这可能是由于毕业生进入社会或选择深造后，可支配的自由时间相比大学本科时期减少了。每天面临的事务也更加繁忙，所以他们能够分配给父母的时间和精力也更有限。

12.2.2 是否记得父母生日

在上一轮调查中，我们对记得父母生日、在父母生日打电话送祝福、向父母赠送礼品道贺等情况采用主观分类进行了研究，即将上述问题的选项频率分类为"经常"、"偶尔"、"极少"和"从不"。本轮调查则设置了问题为"最近三年，在您父母生日的时候，您是否记得他们的生日？您会给他们打电话或者送礼物吗？"，选项分别为记得父母生日、在父母生日打电话及送礼物的具体次数。这样的提问方式更加客观，标准也变得统一，人与人之间的情况可以进行横向比较。同时，最近三年的数据记忆都不会太久远，容易得到更准确的答案，保证了结果的有效性。接下来将对这三组数据进行分析。

如图 12-12，从数据的整体情况来看，超过半数的毕业生在过去的三年

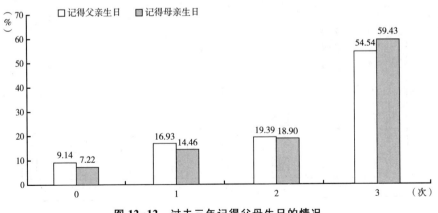

图 12-12 过去三年记得父母生日的情况

中每一年都记得父母的生日，只有不到10%的毕业生在过去三年都不记得父母的生日，只有一年记得父母生日的毕业生占比15%左右，只有两年记得父母生日的占比19%左右。相比于父亲，母亲的生日更加容易被记住，这与上一轮调查的结果相似，说明随着时间的推移与环境的变化，父母亲分别与孩子的亲近程度没有发生改变。

根据图12-13和图12-14，从性别差异的角度分析，男性在过去三年中记得父亲生日的平均频率明显低于女性。男性每年都记得父亲生日的比例为51.5%，而女性的比例达到了58.5%。这一趋势与上一轮数据显示的特征相似。在记得母亲生日的情况分析中也存在类似的结构。男性在过去三年中每年都记得母亲生日的比例为55.14%，而女性的比例为65.05%。这一差距比记得父亲生日时更加显著，说明女性在潜意识中更亲近母亲。

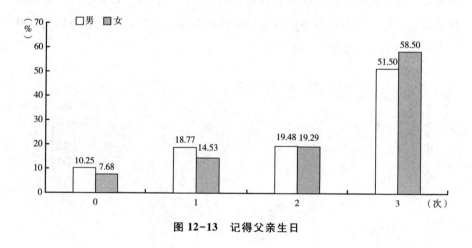

图 12-13　记得父亲生日

居住安排对是否记得父母生日有一定影响。与父母住在一起的人更有可能记得他们的生日，因为他们可以一起庆祝，并且家人可以提醒他们。因此，我们对居住安排进行分类，以进一步研究其对记得父母生日情况的影响。从图12-15可以看出，与父亲住在一起的人更有可能每年都记得他们的生日，比例为56.46%。而不与父亲住在一起的人该比例为50.04%。其他频率，如2次或1次，住在一起的人的比例低于不住在一起的比例，但比

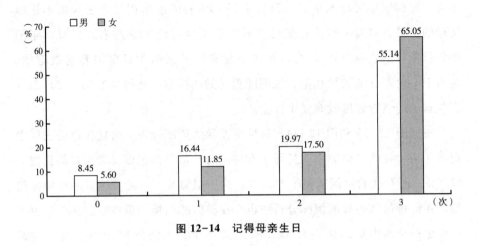

图 12-14　记得母亲生日

例相近。这表明居住在一起与否对是否记得父亲生日有一定影响，但影响不是非常大。这表明离家在外的孩子仍能够时刻惦念父母，不忘关心他们，遵循中华民族的传统美德。

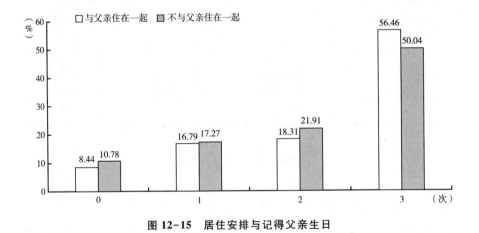

图 12-15　居住安排与记得父亲生日

采用前述家庭收入分类标准，研究不同收入家庭毕业生在记得父母生日上的孝道表现。从图 12-16 和图 12-17 可以看出一个明显规律，即无论是记得父亲还是母亲生日的表现，最高频率（3 次）都随着收入的增加而占比越高。来自低收入家庭的毕业生无论是在记得父亲生日还是母亲生日上，最高频率（3次）的比例均不超过一半。相比之下，来自中等收入和高收入家庭的毕业生则超过了一半。导致这种差异的原因可能是来自不同收入家庭的子女侧重点不同。低收入家庭的子女更关注父母的经济状况，因此可能会忽视对父母情感上的关心；而来自高收入家庭的子女则更注重情感上的照顾。

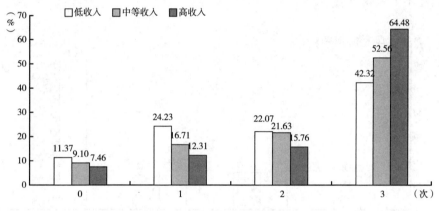

图 12-16　家庭收入与记得父亲生日

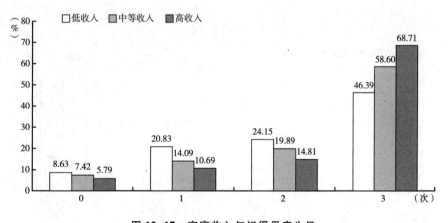

图 12-17　家庭收入与记得母亲生日

根据图 12-18、图 12-19 的数据，能够在过去三年中无论是记得父亲生日还是母亲生日，城镇毕业生在高频率（2 次和 3 次）上的比例都明显高于农村毕业生。因此可以认为城镇毕业生在记得父母生日这一孝道实践中表现得更为突出。来自农村的子女对于父母生日的重视不如来自城镇的子女可能是由文化差异造成的。不同地区的文化背景可能会影响人们对于孝道的理解和实践。农村子女可能觉得给予父母经济上的支持比情感上的关爱更为重要，这可能导致一些农村子女对于父母生日的关注不如城镇子女。

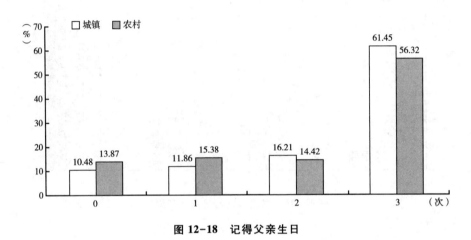

图 12-18　记得父亲生日

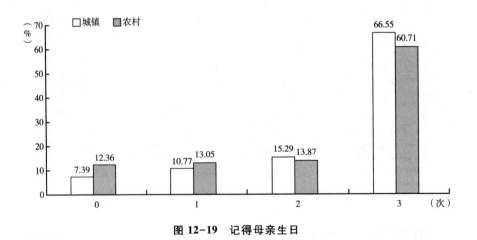

图 12-19　记得母亲生日

12.2.3 是否在父母生日打电话问候

如图 12-20，相较于记得父母生日的情况，毕业生在父母生日给父母打电话的频次稍微低一些，在过去的三年中每一年父亲和母亲生日给父母打电话的比例分别为 47.23% 和 54.11%，过去三年中没有给父母打过电话的比例相较于记住父母生日的比例也有所提升，分别达到了 13.94% 和 10.83%。上述情况可能是因为子女与父母同住并且给父母过生日，所以就没有必要再给父母打电话。总体来看，次数越多的占比越高，说明毕业生在父母生日期间通过打电话表孝心的比例还是比较高的。

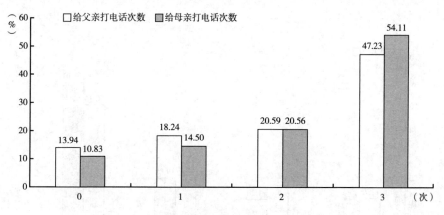

图 12-20 过去三年内在父母生日打电话问候情况

根据图 12-21，性别差异方面的比较显示，过去三年中，每年能够记得在父亲生日时给其打电话的人数，不论男女，均未超过一半；但女性的比例仍然高于男性。在高频次选项（3 次和 2 次）方面，女性所占比例高于男性；而在低频次选项（0 次和 1 次）上，男性所占比例高于女性。

根据图 12-22，过去三年中每年在母亲生日时给母亲打电话的男性和女性比例分别为 50.15% 和 59.30%。这两个比例之间有较大的差异。有趣的是，女性在父亲生日和母亲生日上的比例差异是男性的两倍左右，表明女性更亲近母亲，这与记得父母生日的情况相似。

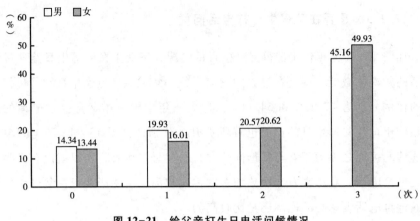

图 12-21　给父亲打生日电话问候情况

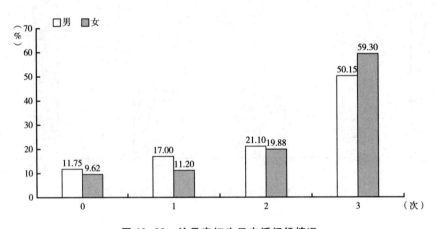

图 12-22　给母亲打生日电话问候情况

从居住的角度来看，通常来说，如果与父母同住，那么在父母生日时更可能会面对面地表示生日祝贺，而不太可能通过电话传达祝福。然而，数据的结果却与此相反。根据图 12-23 所示的数据，与父亲同住的子女在过去三年中每年记得打电话祝福父亲的比例为 49.54%，而不与父亲同住的子女这一比例仅为 41.83%。同样地，在母亲这边，图 12-24 也呈现类似的趋势，与母亲同住的子女在过去三年中每年都给母亲打电话祝福的比例为 56.81%，而不与母亲同住的子女这一比例仅为 48.58%。

这个结果出乎意料，可能的原因有以下几个。首先，与父亲同住可能反映了与父辈的关系和对父辈的依赖程度。那些与父母关系更好或更依赖父母的孩子更可能选择与父母同住，因此更容易在父母生日时送上生日祝福。其次，一些人在工作或学习的地方居住，但周末回家与父母居住（尽管这种情况在调查中无法被识别）。还有一些人虽然与父母共同居住，但由于父母和子女的休息时间可能冲突，即使他们在同一屋檐下，见面的时间也很少。因此，子女可能会选择通过电话向父母表达生日祝福。

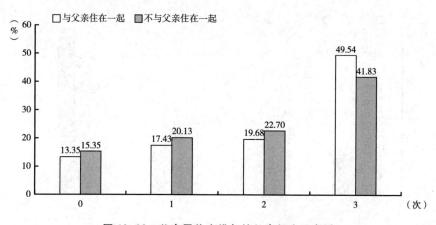

图 12-23　父亲居住安排与给父亲打生日电话

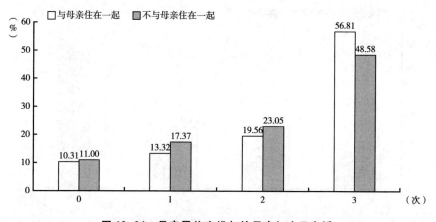

图 12-24　母亲居住安排与给母亲打生日电话

我们继续探讨来自不同收入家庭的样本在父母生日时打电话（还包括通过微信等通信工具进行的语音或视频沟通）祝福的情况。从图 12-25 和图 12-26 所显示的数据来看，其分布与前述记得父母生日的情况相似，但最高频率（3 次）的比例相对于记得父母生日的情况有所降低。其中，以打电话给父亲送祝福的最高频率（3 次）的比例下降最多，来自低收入家庭的样本中，这一比例跌破了 40%，只占 36.02%，这说明子女可能采用其他方式向父亲表示祝福。

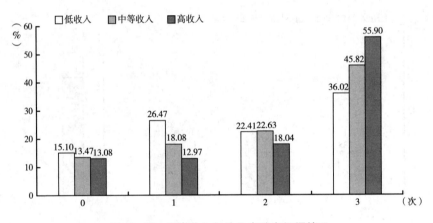

图 12-25　家庭收入与给父亲致电祝福情况

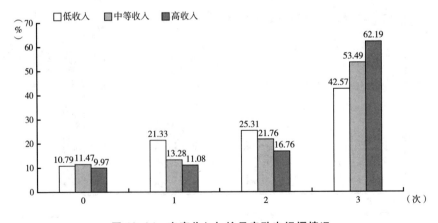

图 12-26　家庭收入与给母亲致电祝福情况

从图 12-27 和图 12-28 的数据来看，与记得父母生日相比，频率为 0
次、1 次和 2 次的人数比例有增加的趋势，而三年均为父母致电祝福的人数
却大幅降低。此外，最高频率（3 次）的占比在城镇和农村之间的差距正在
缩小，尤其是在给父亲打电话送上生日祝福的情况下，这表明在为父母致电
祝福方面城乡差距在缩小。

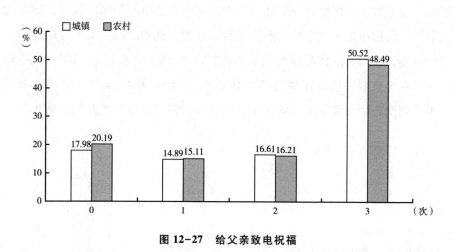

图 12-27　给父亲致电祝福

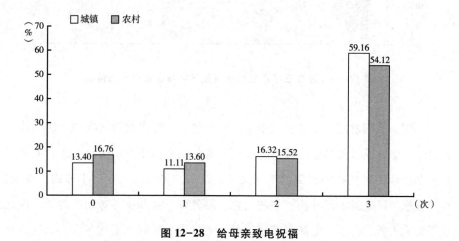

图 12-28　给母亲致电祝福

12.2.4 是否给父母赠送生日礼物

在第一轮调查中，经常能够为父母购买生日礼物的情况并不常见。调查显示，毕业生更倾向于为恋人购买生日礼物，这可能与被调查者大多是本科在校生有关，他们的可支配收入较少。而在本轮调查中，被调查者多数已经毕业并有了收入，因此有一定经济实力为父母物色生日礼物。因此，在本轮报告中，我们增加了关于个人收入与给父母赠送礼物之间关系的讨论。

首先，我们看总体数据情况，如图 12-29 所示，在过去三年中，每年给父亲和母亲赠送生日礼物的比例分别为 34.49% 和 41.58%，这一比例高于上一轮调查中经常给父母赠送生日礼物的比例。这证实了我们的猜想。

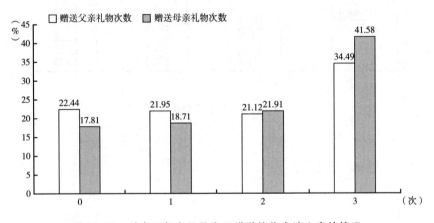

图 12-29 过去三年在父母生日赠送礼物表达心意的情况

同时，我们发现，在过去三年中，母亲收到礼物次数为 2 次和 3 次的比例都高于父亲，说明大部分的母亲能够更经常收到来自子女的生日礼物，尤其是每年都给母亲送礼物的比例远高于父亲。这一结果可能出于多个原因。首先，母亲在家中可能属于牺牲比较多的角色，是教育子女和家务劳动的主力，因此在子女成人后，有了一定的经济实力时，对母亲的反哺就会比较多。其次，很多母亲没有自己的职业，是家庭主妇，因此她们实际上是没有收入的人群，在家中相对弱势，因此，子女可能会对这样的母亲产生更多怜惜，赠送生日礼物可能是补充她们购买力的一种方式。最后，还有一个普遍的原因，大多数子女与母亲保持着更好的关系，人们送礼的逻辑当然是送给关系更亲近的人多一些。

如图 12-30、图 12-31，从性别差异看，女性在父亲过去三年的生日上赠送礼物 2 次和 3 次的比例都高于男性，尤其是 3 次的比例，女性和男性占比分别为 37.78% 和 31.98%。至于母亲生日的情况，呈现类似的情况，2 次和 3 次的比例都是女性高于男性，其中 3 次的女性和男性占比差别较大，分别为 46.55% 和 37.8%，接近半数的女性在毕业后能够每年向母亲赠送生日礼物。综合而言，女性在向父母表达心意这一孝行为上表现得更好。

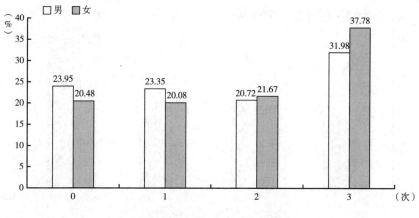

图 12-30　赠送父亲生日礼物

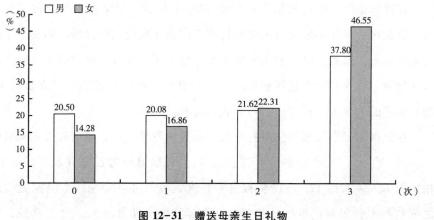

图 12-31　赠送母亲生日礼物

从收入角度来看，个人收入更高可能会增加向父母赠送礼物的可能性，因为他们具备更好的经济能力。我们对三个不同群体的个人进行分类，包括高收入（月收入 8000 元以上）、中等收入（月收入 5000～8000 元）和低收入（月收入 5000 元及以下），并观察他们向父母赠送礼物的情况。根据图 12-32 所示的数据，令人惊讶的是，在过去三年中，高收入人群向父亲赠送 2 次或 3 次生日礼物的比例都是三个群体中最低的，而中等收入群体是三个群体中比例最高的。这似乎表明，个人收入与尽孝心之间存在一种库兹涅茨曲线关系，也就是说，两者之间并非简单的正相关。

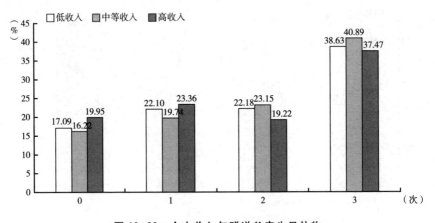

图 12-32　个人收入与赠送父亲生日礼物

观察母亲生日赠礼的情况，如图 12-33 所示。与父亲生日相似，高收入人群在过去三年中赠送母亲生日礼物 2 次或 3 次的比例最低。但相较于给父亲送礼物的差距，这一差距有所减少。这表明，在决定是否给父母赠送生日礼物时，收入状况对选择的影响比较明显。这可能与礼物的优先级有关，即在同等的情况下，母亲更有可能收到礼物。

在记得父母生日和给父母打电话祝福这两种情况下，都有显著的家庭收入差异。因此，在讨论送礼物问题时，我们需要继续考虑家庭收入的影响。根据图 12-34 和图 12-35 的数据分布情况，我们可以发现，不同家庭收入之间的频率分布与记得生日和打电话祝福的情况非常相似。也就是说，收

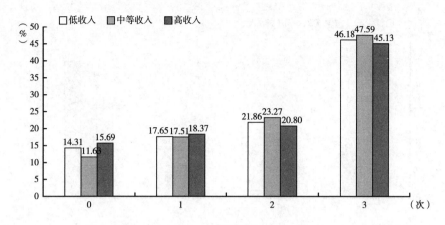

图 12-33　个人收入与赠送母亲生日礼物

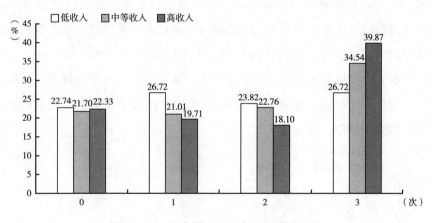

图 12-34　家庭收入与父亲生日赠送礼物

入越高的家庭，在最高频率（3次）赠送父母礼物的情况下，所占比例更高。

　　最后，需要特别关注的是城乡差异。在礼物赠送模块中，城乡之间可能存在较大差异。一方面，城乡毕业生之间的收入差异可能导致农村毕业生购买礼物的可能性较低；另一方面，来自农村的毕业生更有可能与父母分居，因此较少通过即时赠送礼物的方式向父母表达祝福。然而，根据图 12-36

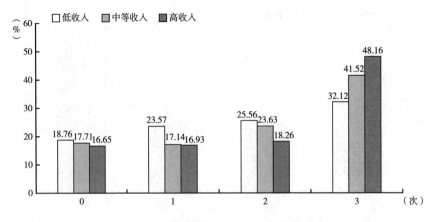

图 12-35　家庭收入与母亲生日赠送礼物

和图 12-37 的数据情况，城乡差异并不如预期，父亲生日礼物的数据显示城乡之间趋同，而母亲生日礼物的数据则个别情况下呈现较大城乡差异，但总体上趋同。这表明，来自农村的毕业生在经济上表达孝道并没有完全劣势，他们努力克服各种困难，达到了几乎与城镇毕业生相似的数据。与前面的差异分析不同的是，在城乡差异中，3 次和 0 次赠送礼物的情况占据主导地位，即两个极端占比差异更大。

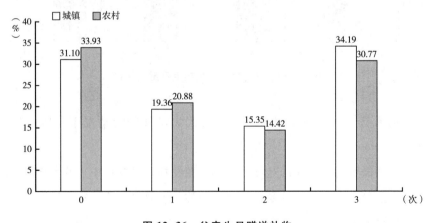

图 12-36　父亲生日赠送礼物

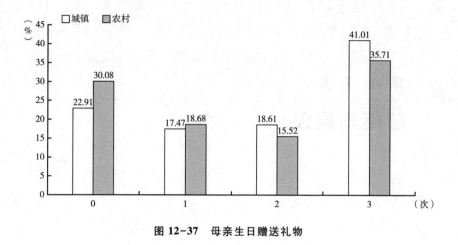

图 12-37 母亲生日赠送礼物

12.3 小结

本章主要分为两个部分内容。第一部分是有关赡养父母观念的讨论，我们探讨了不同群体对赡养父母观念的差异。其中，个人特征方面的因素，如性别、户籍、个人收入等，影响到赡养观念的差异；而环境和群体特征方面的因素，如家庭收入、孝文化教育和居住安排等，引起赡养观念的差异。尽管存在一些差异，但总体来说，超过半数的毕业生认为子女应该为父母的养老负担主要责任，这与上一轮调查显示的结果相似。

第二部分探讨了大学生在实际生活中孝道实践的情况，主要体现在父母生日时实施各种尽孝行为。该部分还对不同群体进行了比较，包括孝道实践的性别差异、个人收入差异、家庭收入差异和城乡差异。从性别方面来看，我们发现女性毕业生在孝道实践中表现更好；更高的家庭收入或个人收入都会带来更高的孝道实践水平；城镇毕业生的孝道实践水平通常比农村毕业生高。与上一轮数据相同，母亲仍然比父亲更常受到关怀。

第十三章

总结与建议

13.1 教育经历部分

本部分从大学期间基本学习情况、学前教育的影响、本科毕业时出口，以及大学生对辅导员学生工作的评价四个部分讨论大学生的教育情况。

我们发现，随着年级上升，担任班级干部的比例在降低，担任年级、院级和校级干部的大学生比例略有增加。大学四年，大学生的成绩排名基本上是呈现正态分布。幼儿园教育对每个人来说有举足轻重的作用，学前教育对孩子思想行为起到启蒙的作用，对孩子的认知、学习、社交能力产生影响，此外还会影响其后天的发展。参加学前教育对高考成绩有一定的积极影响，并且一定程度上能够提高孩子后天的社交能力。在父母的养老问题的看法上，未上过幼儿园的孩子偏向于由子女承担父母的养老责任。上过幼儿园的大学生有工作的比例高于未上过幼儿园的大学生。

农村和城镇大学生在本科毕业时大多数人选择了就业，城镇大学生选择读研的比例高于农村大学生。进一步分析大学生选择的读研道路时，发现女生境内和境外读硕士的比例更高，男生境内和境外读博士的比例更高。家庭经济条件是大学生读研选择的重要因素，家庭收入最高等级的大学生选择境外读硕士和博士的比例最高，中低收入家庭的大学生更偏向于在境内读研。

高校辅导员不仅是大学生思想政治工作的引路人，也是大学生日常管理工作的重要引领者。新形势下，辅导员责任巨大、使命重大。对于辅导员各方面的学生工作，绝大多数的学生给出了正面的评价，但是仍旧存在少数的反对之声。

结合上述统计结果，得到如下建议。

13.1.1　政府层面政策

第一，优化学前教育投入结构。教育部门应该提高人员性经费在学前教育总经费中的占比，更多地用于保障和提高教师待遇，增强该职业对于优秀人才的吸引力，提高学前教育的质量。

第二，强化辅导员教育公平的意识。高校可以大力开展辅导员教育公平培训，积极宣传和落实国家有关教育公平方面的相关政策，强化辅导员教育公平意识，为辅导员开展公平教育提供理论指导。

13.1.2　个人层面建议

第一，梅花香自苦寒来，即使生于农村，通过后天的努力也能在高考这个人生转折点上获胜，打破输在起跑线上的魔咒。

第二，大学生进入校园后不应浪费宝贵的大学时光，而应积极参与学生干部竞选。成为干部不仅能给自己增加潜在的约束力，以身作则激励自己努力学习，而且能接触更多优秀的人，学习他们的优点，并提升自己的综合能力。

13.2　家庭背景部分

国内许多学者进行了家庭背景状况对子代影响的研究，父母的受教育程度、职业性质、收入、婚姻状况等方方面面，都会影响到子代的受教育程度和教育资源的获得。不同的家庭背景不仅代表父辈群体之间生活境遇差异，而且影响下一代社会地位向上流动的机会，家庭背景因素在社会流动中扮演着不平等的代际再生产角色。改革开放后中国社会分层变迁中家庭背景因素的作用日益凸显。在"官二代""富二代""贫二代"等二代阶层现象层出不穷的背后，既凸显中国当代社会代际流动减缓、阶层意识上升等社会利益分化难题，也表明家庭背景对社会阶层认同感具有塑造作用。

本部分从父母的受教育程度、职业类型、父母婚姻状况、拥有的兄弟姐妹数量以及家庭的经济水平几个方面来讨论家庭背景。并进一步讨论了父母的受教育程度对生育子代数量、子代收入的影响。

父亲的受教育程度比母亲稍高，这反映了女性更偏向于选择学历高于自己的男性作为配偶。城镇大学生的父母受教育程度高于农村大学生的父母。进一步分析父母的职业，数据显示城镇大学生的父亲职业中，最多的是专业技术人员，而农村大学生的父亲职业最多的是农、林、牧、渔业生产及辅助人员。城镇母亲主要从事专业技术人员、个体户和网店店主等工作，而农村母亲最常从事农、林、牧、渔业生产及辅助人员工作。在讨论父母的婚姻状况时，西部地区父母离异率最高。城镇地区的大学生独生子女比例高于农村地区，而农村地区则以两个孩子为主。此外，父母的学历会影响生育子女的数量，当父母的受教育程度在大专及以上时，大多数家庭只有一个孩子；当父母的受教育程度在大专以下时，家庭有两个孩子的占比最大。在家庭收入方面，城镇家庭的收入普遍高于农村家庭。父母的学历和从事的职业会影响家庭的收入水平。在分析父母受教育程度对子女收入的影响时，发现父母的学历越高，子女的收入也普遍更高。

根据上述分析，发现主要问题在于父母的职业和家庭收入对个人社会经济地位有正向影响，这可能会加剧阶层固化，不利于国家实现共同富裕目标。因此，提出以下建议。

13.2.1　政府层面政策

第一，应该加大对低收入家庭和地区的教育财政投入，确保教育机会的公平性。教育是收入的基础，实行教育公平政策可以在一定程度上缩小收入差距。

第二，应进一步完善资本市场，改革高校奖学金和助学贷款政策，鼓励金融机构为低收入家庭的子女提供良好的信贷支持，让他们接受高等教育。

13.2.2 个人层面

第一，天道酬勤，勤能补拙。大学生想要缩小自己与他人的差距，更多的是要靠自己去付诸行动，争取实现自己所立下的目标。

第二，大学生应该树立自己的人生规划，明晰自己在不同的阶段要完成的目标，激动自己朝着目标前进。

13.3 投资与消费部分

通过数据分析，本部分在毕业生投资与消费领域得出丰富结论。毕业生们由于性别、地区不同，在投资与消费各项中表现差距巨大。从总体来看，毕业生由于具有一定的财富积累，投资金额和方式都比在校生更加大胆多样。在消费方面，大多数毕业生们能够做到合理规划和安排。总的来看，毕业生们的理财观念和理财意识相比在校生要更加成熟和稳重，这不仅仅是由于年龄的增长，互联网金融的兴起可能也起到了显著的作用。

据此，提出以下建议。

13.3.1 政府与金融机构层面

第一，需要进一步改革金融体制。中国居民的金融资产配置趋向多元化，政府需要更有力地监管金融投资环境，并调整优化居民金融资产结构，加强长期投资，扩大居民理财投资的覆盖范围，提高金融理财的深度。

第二，应改善金融理财产品和服务。目前以银行为代表的理财机构需要不断升级改造，勇于创新，从客户需求出发，提供更优质、专业和个性化的金融理财服务，提高客户的满意度和投资意愿。此外，还需要提高理财顾问的专业素养，培养出专业知识丰富、职业道德良好、以客户为本的理财顾问团队，从专业角度为客户考虑，提高客户的信任度和认同感。

13.3.2 个人层面

第一，要确立正确的投资理财观念。随着互联网金融的兴起，金融投资变得越来越普遍化，金融产品也在不断迭代，因此许多人的理财观念会逐渐落后，无法适应时代的变化。因此，我们需要确立正确的投资理念，学习专业的财务管理知识，树立风险意识，坚持多元化和分散化的投资原则，以规避投资风险。

第二，要选择适合的金融产品。每个人的可支配收入和风险承受能力不同，因此毕业生需要全面了解和研究市场上的理财产品，根据自身情况选择合适的产品。

13.4 工作与创业部分

本部分调查了毕业生的职业规划、工作情况、创业情况以及个人期望。分析结果显示，大部分受访者在本科毕业后的主要去向为就业和升学，在目前的调查中，仍有更多的受访者选择了就业和升学，但更多的人已经开始了工作。性别、专业、年级和父母受教育程度等因素会对个人的去向产生影响。

在获得工作机会的重要因素调查中，受访者认为实践和工作经验、专业知识与技能以及沟通表达能力是最为重要的影响因素。在第一份工作的调查中，受访者多是通过学校推荐、自己找寻或社会机构介绍获得第一份工作，而第一份工作的月薪多在 3000~6000 元区间，多数位于华北、华东地区，职业多为专业技术人员和商业、服务业人员。单位多为私营企业、国企以及外资、中外合资企业，所属行业多为信息传输、计算机服务和软件业、制造业以及金融业。

在当前工作调查中，大部分受访者对当前的工作感到"比较满意"或

"非常满意"，除了工作收入外，很少有其他收入来源。大部分受访者没有更换过工作，但那些换过工作的受访者更多地选择在华北、华东地区工作，并且工作单位的变动较小。选择第三产业作为工作行业的受访者依旧占多数，而专业技术人员仍然是最受欢迎的职业。受访者的薪酬相较于第一份工作有了明显的提高。

在创业情况调查中，大部分受访者没有任何创业经历或打算，但在第二轮调查中，已有创业经历或准备创业的受访者明显增多。创业或未来准备创业的受访者大多选择用自己工作积累的储蓄来融资，而做自己喜欢的事、自由、改善收入和实现人生价值则是选择创业最为重要的三项原因。没有创业打算的受访者表示，缺乏资金、缺乏社会经验和对市场不了解是没有创业的最重要原因。

根据个人期望调查结果，如果再有机会选择，超过一半的受访者表示更愿意继续升学深造。此外，个人期望的选择还受到性别、专业、年级和父母受教育程度等因素的影响。

针对该部分的结果，在此提出以下建议。

13.4.1　政府政策建议

第一，针对大学生职业规划方面，国家或可制定相应政策，引导学校尽早为大学生开展生涯规划教育及制定相应个人发展战略；加大宣传教育力度，引导大学生从入学时起就进行相应的职业规划。帮助大学生更早地确定自己的发展方向，确定未来目标，更高效地利用大学阶段的时间，为自己也为国家发展和提升自我。

第二，针对大学生工作情况方面，国家或可扎实推进大学生毕业去向落实工作，通过加强对学校的工作要求，引导学校推进学生工作落实情况，切实解决毕业生"就业难"问题。

第三，针对大学生创业情况方面，国家或可推进"大众创业，万众创新"，制定相关政策，对大学生创业进行一定帮扶，以引导大学生创新创业，增强经济活力。

13.4.2 学校管理建议

第一，针对大学生职业规划方面，学校应从日常教学管理入手，制定相应课程，开办相关讲座，尽早引导大学生进行职业规划，确定个人发展方向。

第二，针对大学生工作情况方面，学校可与相关国企、私企合作，通过引入企业开办招生宣讲会、企业进校园等形式，在学生和工作单位之间搭建桥梁，为学生选择就业方向提供更多的信息和机会。

第三，针对大学生创业情况方面，学校可设立创业管理中心等机构，为大学生创业提供咨询和引导服务，帮助大学生了解创业道路上的各类法律规定、行业前景等重要资讯，以拓宽大学生创业的道路，引导大学生良性创业。

13.4.3 个人发展建议

第一，针对大学生职业规划方面，大学生个人应尽早制定职业规划，确定自己未来的人生道路，以更好利用大学阶段的时间为自己未来的发展积累资源、积蓄力量。

第二，针对大学生工作情况方面，大学生个人应通过各类渠道收集各种行业、单位、岗位信息。在时间允许的情况下，多进行高质量实习，为自己积累工作经验。同时，在实习中寻找适合自己的工作岗位，为自己未来寻找工作打好基础。

第三，针对大学生创业情况方面，大学生可在衡量自身能力和社会需求的情况下，积极进行创业尝试，锻炼个人能力，为自己的人生增加阅历。

13.5 社会交往部分

本部分的重点是研究毕业大学生的社交经历，分为两个主要部分：探讨毕业大学生的交往方式和网络社交情况。在交往方式部分，我们分析了毕业大学生在大学期间的交友途径、交往联络方式、深入交流方式以及联络频率。在第二部分中，我们分析了毕业大学生在网络社交方面的问题，包括网络社交时间、观看短视频类型和社交虚拟空间行为。

研究发现，大学生在大学期间主要在校园内寻找交友途径，与社会接触较少。在毕业前，大学生与舍友的联系频率较高，但毕业后总体上有所下降。男女生在交流方面存在性格和兴趣差异，不同性别的毕业生在交往方面也有不同的侧重点。毕业后，大学生的见面频率受到性别、入学年份、家庭背景等因素的影响而有所不同。当需要进行深入交流时，大部分大学生更倾向于和父母家人及恋人交流，但男女生对交流对象的选择也有所不同。

在探讨毕业大学生网络社交方面的问题时，我们发现随着互联网的发展，不同入学年份、性别和家庭背景的大学生在网络社交方面花费的时间不同。在观看短视频类型方面，不同性别也表现出巨大差异。升学的大学生和未升学的大学生的社交虚拟空间行为受升学和工作的影响而表现得不同。

根据该部分的结果，在此提出以下建议。

13.5.1　政府层面建议

第一，政府可以制定相应的政策，鼓励学校和各种社会组织促进大学生积极融入社会，积极参与社会活动，以提高大学生的社交能力。

第二，政府可以为不同背景的大学生提供更多接触社会的机会，通过鼓励社会开展各种活动，为大学生提供更多、更自由、更丰富的选择。

13.5.2　个人层面建议

第一，大学生应该走出舒适圈，走出象牙塔，走出校园，尝试迈入社会，结交更多不同类型的良师益友。当与社会接触偏少时，大学生的认知会局限于校园内，容易导致社会资源不足、交往能力缺乏和思想较为单纯等问题，对大学生在校学习和其未来的发展都具有一定的局限性。

第二，毕业大学生可以加强与学生时代的同学在投资理财方面的交往，这既可以加强双方之间的交流联系，也能获得不一样的投资信息。在毕业以后步入社会了，通过投资理财进行财富管理尤为重要，一些良好的信息资源对于投资理财很关键。

第三，大学生也可以在恋爱中寻找合适的方法来处理情绪，学会在恋爱中变得更加负责和成熟，也可以通过父母的关怀合理有效地处理情绪。恋人间的交流和与父母交流对于大学生来说都是很重要的，能够帮助大学生在远离父母家人期间化解情绪。不论是亲情还是爱情，大学生们都可以尝试通过这二者来进行深入的交流。

第四，大学生们可以尝试在闲暇时间里多与不同的对象进行交流，同时也要珍惜大学期间的舍友情谊，不论是对双方的感情联系还是自身的人际交往能力，都会有一定的好处。较为密切的交流有利于大学生培养沟通交流能力、增进与各类人群的感情，逐渐培养良好的人际交往能力。

第五，大学生们不应该过于依赖社交网络的交往，还需要注重实际的人际交往。对于网络的依赖一定程度上可能会对他们现实中的人际交往产生影响。同时，大学生在通过看短视频等进行放松之余还应有选择地获取更多有质量的内容，同时避免在虚拟网络上花费过多的时间。

13.6 身心健康与行为习惯部分

本部分主要对大学毕业生的身体健康、心理健康和行为习惯进行了详细的调查。调查内容包括身高、体重、相貌、睡眠状况、自我状态感觉、生活满意度、自信力、压力、情绪、体育锻炼、作息起居、抽烟和喝酒等方面。

根据详细的图表，我们对比分析了不同性别和城乡毕业生的身体和心理表现。调查发现，参考了同性别同年龄段的全国标准身高、体重后，50%～60%的人群都处于身高、体重的平均值。毕业生自评的平均相貌分数普遍偏高，且随着年龄的增加有轻微的增长，但妆后相貌变动更大。大多数人认为自己和父亲的相貌相似程度更高，尽管在给父母相貌评分时给了母亲更高的分数。

整体来看，大学毕业生的睡眠质量和自评健康状态都还不错，但约

80%的人仍然存在身体亚健康问题，而女性的身体亚健康问题比男性更为突出。在考察最近两周的身体状况时，女性比男性更容易出现肩颈疼痛、皮肤问题、肠胃问题等。

大部分大学生表现出积极乐观向上的心理状态。影响自信力养成的最重要因素包括学习成绩、有没有丰厚的收入、家庭的生活条件。目前毕业生对自己的生活满意度较高，学习、经济和工作是主要的生活压力来源。女生情绪波动相对男性更大，注意力不集中、失眠、情绪低落等情绪问题在男女生中最常见。

约90%的人有锻炼的习惯，每周至少锻炼一次，最常见的锻炼时间是30~60分钟。大部分人在大学时养成了锻炼习惯，而女性中没有锻炼习惯的比例高于男性。那些在大学之前就已经养成锻炼习惯的人中，主要的影响因素是自身从小对运动的热爱；而在大学期间或毕业后养成锻炼习惯的人，主要是受到身边的大学舍友、同事或家庭教育的影响。在坚持锻炼的人群中，大部分人每月的健身和锻炼开销在600元以内。

在生活作息方面，毕业生在工作日平均每天早起时间集中在7点至8点，睡觉时间则集中在晚上11点半到12点。而在休息日，毕业生的早起时间和睡觉时间则有明显的延后。在抽烟和喝酒方面，男生比女生更容易出现抽烟和喝酒的情况。大多数抽烟者是在高中、本科以及本科毕业后养成抽烟习惯的。而本科及本科毕业后则更容易形成喝酒习惯。在影响抽烟或者喝酒的人中，父母家人对毕业生的行为影响最大，其次是同事、大学舍友、高中同学等紧密陪伴在毕业生身边的人。

从整体来看，毕业后的大学生面临多方面的压力，心理与身体健康发展趋势都不容乐观，以下从多方面给出建议，帮助毕业大学生养成更好的行为习惯，拥有健康的身体与心理状态。

13.6.1 学校层面建议

第一，学校应该加强对学生身体锻炼的引导。除了强化体育锻炼的指导之外，学校还应该将健康教育知识全面融入大学生的生活和学业中，组织开展丰富多彩的体育活动，营造良好的校园锻炼氛围，引导学生改善不良的生活饮食习惯，提高学生的健康意识和终身体育意识。

第二，学校应该注意疏导大学生的心理问题。面对社会就业和择业压力不断上升等问题，高校应该注重大学生的心理健康教育，帮助他们排解多元化的压力和负担，提高学生的自我效能感，促进学生身心健康发展。

13.6.2　个人层面建议

第一，积极参加业余活动，拓展社交圈。多样化的业余活动不仅能充实大学生的生活，还提供了课堂之外的机会，有助于他们健康成长。大学生应该培养多种兴趣，发展个人爱好，通过参与各类课余活动，发挥潜能，振奋精神，缓解紧张情绪，维护身心健康。

第二，养成科学的生活方式。科学的生活方式应该具备规律的生活作息、合理安排工作与休息、科学运用大脑、坚持体育锻炼、少喝酒、不抽烟、注重卫生等。考虑到大学生学习负担较重，心理压力较大，为了长期保持学习效率，必须科学地规划每天的学习、锻炼和休息，使生活有规律。

第三，加强自我心理调节。自我调节心理健康的核心内容包括调整认知结构、情绪状态，培养意志品质，提高适应能力等。大学生需要正视现实，学会自我调节，与现实良好接触。通过自我调节，发挥主观能动性改造环境，为实现自己的理想目标而努力。

13.7　婚恋家庭和社会观部分

本部分内容主要从家庭教育、家庭观和社会观三个方面进行了分析。在家庭教育方面，我们发现超过半数的受访者家中有家谱，而祠堂在农村更为普遍。大多数人都曾在清明节被父母带去祭祖或上坟。父母的教育方式通常表现为专制型和溺爱型。在家庭观方面，我们发现相当一部分人认为自己的家庭氛围融洽，大多数人目前仍与父母住在一起。调查显示，仍有相当一部分人单身，而女性单身比例高于男性。

在社会观方面，我们发现绝大部分人在过去半年内都有参加公益活动的捐款或捐物行为。政府宣传、家庭教育和帮助到人很有意义被认为是决定公益重要性的主要因素。大多数人具备基本的环保意识。在对社会的评价方面，人们对于真实个人如医生、教师的信任程度较高，对于虚拟对象如自媒体的信任程度相对较低。超过半数的人认为社会各行业和制度比较公平，司法系统则被认为是最为公平的。在对自身的评价方面，多数人认为能够主动掌握自己的命运，超过半数人认为事情的结局完全取决于自己的行动，而且认为在制订计划时，自己几乎一定能够实现目标。

针对以上结果，提出以下建议。

13.7.1　政府层面建议

第一，完善家庭教育立法和实施。2022 年 1 月 1 日，《中华人民共和国家庭教育促进法》开始正式实施，这是我国首次就家庭教育进行专门立法。家庭教育从"家事"上升到"国事"，父母们开启了"依法带娃"的时代。运用法律的手段从家庭责任、国家支持、社会协同和法律责任等方面对未成年人监护人和社会对家庭教育应当承担的责任进行划分和规定，将会更有利于国家、社会为家庭提供支持、协助，也能让家庭对孩子的教育有其统一底线和基本要求。

第二，普及绿色环保理念。围绕"讲文明、铸健康、守绿色、重环保"等主题内容，充分利用各种传播媒介，大力宣传倡导文明健康绿色环保生活方式，号召龙头企业和广大市民主动了解低碳、支持低碳，广泛参与低碳行动，多形式开展环保知识进校园、进社区，让低碳生产生活成为全民行动自觉，让绿色环保理念深入人心。

第三，提高官方媒体的公信力。官方媒体作为最权威的媒体代表应合理调节发文尺度，保持专业、中性、客观的风格，在宣传上做到雅俗共赏、老少皆宜，使卫生健康传播为更多的用户所接受，同时杜绝博眼球、打擦边球等问题，以免误导读者，对未成年人造成不良影响。

第四，促进社会公平正义。公平公正是社会主义和谐社会的核心价值取向，政府作为社会的主要管理者，应充分发挥其作用，完善利益协调机制、利益均衡机制、利益表达机制以及政策回应机制，避免各种社会矛盾和分配不公问题的出现。

13.7.2　个人层面建议

第一，树立正确的择偶观、家庭观。正确的择偶观应该是互相爱慕、志同道合；择偶的标准应是全面衡量、品德为重；择偶的态度应是严肃认真、履行义务。双方要互相体贴、互相帮助、互相谅解、同舟共济，这样才能拥有和谐的恋爱、婚姻关系。在家庭中，作为孩子，要孝敬父母；作为父母，要尊重孩子的隐私和个人意愿。

第二，积极投身公益活动。一座城市的文明程度很大程度上取决于城市居民的文明程度，身为城市居民，应积极投身公益活动，拓宽志愿服务领域，提升志愿服务品质，争做志愿服务典范。将志愿服务精神融入日常生活中，将志愿服务变成一种生活习惯，从自身做起，从身边的点滴做起，带头做一个文明的市民。

第三，努力提高自身技能和素养。作为新时代青年，要始终坚定理想信念，立足实际，砥砺奋斗；要始终弘扬实干精神，保持踏实、上进、执着的精神，爱岗敬业，努力提高自身综合素质；要始终勇于攻坚克难，敢于直面矛盾和问题，不断提升自身能力。

13.8　美容护肤专题部分

本部分对大学生的护肤、化妆等美容行为的消费、意识、影响因素进行了分析。在分析中，以性别、城乡作为分类，对各项数据进行了对比，考察了不同群体在各类美容行为上的表现差异。

无论是在美容消费还是美容意识方面，性别差异都是比较明显的。女性的各类美容消费要高于男性，这可能是因为传统社会主流文化认为男性应该更多地追求能力的提升，不能过多注重外貌，而女性则应该漂亮，因此她们更热衷于各类美容行为。在美容意识上,女性产生护肤和化妆行为的想法也要早于男性,同时在护肤和化妆行为的频率上也要高于男性。大学生的美容行为都更容易受到大学舍友的影响。除此之外,男性容易受到恋人的影响,而女性则更容易受到美妆博主的影响。同时,无论男女,大学生对自身的外貌越自信,他的美容行为可能会越频繁,妆前妆后的外貌差异大也会让他们频繁地进行化妆等行为。

从城乡角度来看,在护肤和化妆消费和频率上,城乡之间存在一定的差距,城镇群体消费金额更大和频率更高。随着我国社会经济的整体发展和新农村建设等政策的实施,城镇和农村之间的各类差距都在逐步缩小。同时,无论是城镇学生还是农村学生,也都最容易因大学舍友的影响而开始各种美容行为,除此之外,城镇学生相比于农村学生更容易受到美妆博主和父母家人的影响,而农村学生更容易受到同事的影响。

针对以上结果,提出以下建议。

13.8.1 政府层面政策

第一,宣传正确的美容消费观。调查发现,有相当一部分人群在各类美容行为上的花费较高,尤其是女性占比较高。政府应该宣传正确的消费观,倡导适度合理消费,同时限制在公共场合对整容等行为的宣传,引导正确的认知,减少社会中由于过度美容消费带来的问题。

第二,引导社会正确看待外貌表现。随着网络的普及发展,各类自媒体平台上出现了大量含有外貌信息的短视频、图片,强化了人们之间的外貌比较,引发外貌焦虑(梁小玲等,2022),尤其是对女性群体影响更大(马敬华等,2020)。这容易导致社会盲目、过度追捧各种美容行为,特别是整容这种具有一定风险性的行为。因此,政府需要倡导社会正确看待外貌,引导人们不要过分注重外貌表现。

13.8.2 个人层面政策

第一,正确看待自己的外貌。对于自己的外貌不要过于焦虑,虽然具有更高的外表吸引力的个人可能更易受到他人青睐（Snyder 等，1977；Langlois 等，2000；Deng，Li 和 Zhou，2020），但最终起到决定性作用的还是我们的内在能力和品质，因此我们应该将更多的精力放在提升自我能力上。

第二，树立正确的美容消费观。对于各类美容消费，我们都应该慎重，确保不会超过自己的消费能力，按照自身需求购买，不要过度、超前消费，不要与其他人进行攀比，而是寻找适合自己的，做一个理智的消费者。

13.9　影视娱乐消费专题部分

本部分综合分析了大学生在影视娱乐消费方面的具体特征，主要包括：获知影讯的方式、观影原因、观影偏好、对国产电影的展望等。

相关分析结果表明，当今大学生在影视娱乐消费的各项行为偏好上由于性别、家庭收入、个人税后月薪、其他收入、婚恋状况等因素的不同而存在明显差异。大学生主要通过网络社交平台接收影视娱乐的相关信息，且观影已经成为社交的重要方式。相较于男性大学生，女性大学生在选择电影院和被影片吸引的因素方面，显示出更多的感性特征，对电影的评价也普遍高于男生。家庭平均年总收入、每月税后薪资、其他收入与毕业生在院线电影中的消费具有较强的相关性，收入越高，相应的消费水平也越高。从整体来看，大学生乐于观看更多的网络电影，但在院线电影中的消费更高，且对二者的质量总体持满意态度。

针对以上结果，提出如下建议。

13.9.1　政府和相关从业者层面政策

第一，政府应营造良好的文化氛围，树立健康的影视娱乐消费方式，创造出积极健康的文化产品。

第二，电影从业者应该提高影视作品的品位和质量，创造出更多品质优良的影视文化作品。同时，电影制作方应根据高校学生特质，制作真正符合时代精神，令高校学生喜闻乐见的高质量电影。

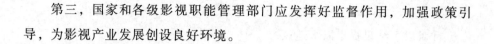

第三，国家和各级影视职能管理部门应发挥好监督作用，加强政策引导，为影视产业发展创设良好环境。

13.9.2 学校层面建议

学校应注重美育教育对大学生的影响，有针对性地开展相关的影视教育，开设影视鉴赏课程，正确引导大学生的影视消费，不断提高当代大学生的审美素质和影视鉴赏能力。

13.9.3 个人层面建议

第一，大学生应养成正确的消费观，不盲目追随热点，做到量入为出，理性消费，尽量避免超前消费。根据自身情况合理地进行影视娱乐消费。

第二，大学生应提高审美水平，自觉拒绝观看低俗的影视作品，倒逼影视作品内容质量的提升。

第三，大学生应提高版权意识，杜绝观看盗版影视作品，支持正版，形成良好的社会风气。

13.10 劳动课程部分

本部分内容涵盖了毕业生们对于做农活、做饭、买菜、洗衣服、搞清洁、养花草和维修等方面的基本情况。从数据上可以看出，毕业生们初次独立完成不同活动的时间分布各不相同。做农活、养花草和维修等方面，毕业生们从未有过经验的比例较高，而其他劳动方面则普遍在初中、高中时期开始独立完成。在性别方面，毕业生们在做农活和维修方面的差异较大，而在做饭、买菜、洗衣服、搞清洁、养花草方面差异不大。在城乡差距方面，农村毕业生在初中之前就做过农活和养过花草的比例最高，而城镇毕业生没有相关经验的比例最高。同时，家庭收入也对毕业生们开始独立劳动的时间有一定的影响。在维修家电、家具等方面，低收入家庭的毕业生开始独立完成的时间显著早于中等收入家庭和高收入家庭的毕业生。而在一些简单家务方面，则相对一致。

针对以上结果提出以下建议。

13.10.1 政府层面建议

政府要大力推进大中小学劳动教育，让更多学生从小就参与到劳动中来。推动建立新时代大中小学劳动教育目标内容体系、组织实施体系和支持保障体系。

第一，要加强劳动教育的组织领导。各级地方政府应该着力于出台新的劳动教育政策，增加各中小学劳动课程的开设，丰富劳动课程的多样性。从而促进劳动教育的发展。

第二，要加强劳动教育的监测。政府应及时对学校组织实施劳动教育的情况进行监测，并且将劳动教育质量和水平作为本地区教育发展程度的重要指标来进行考量。

第三，加大劳动教育投资。政府应加大劳动教育投资，健全经费投入机制并且加强人才队伍建设，为劳动教育的实施提供支持和保障。

13.10.2 家庭层面建议

孩子的劳动教育对于他们的成长和发展非常重要。以下是一些家长可以采取的措施，以加强孩子的劳动教育。

第一，培养孩子的家务意识。让孩子从小学会做简单的家务，如打扫房间、洗碗、整理书桌等，让他们养成爱干净、爱整洁的习惯。

第二，让孩子参与家庭劳动。在家庭生活中，让孩子参与到各种家务劳动中，如做饭、洗衣服、清洁等，让他们学会分担家庭责任，培养劳动习惯和责任感。

第三，给孩子讲述劳动的重要性。在日常生活中，家长可以向孩子传递劳动的正面价值观，让他们明白劳动不仅仅是赚钱，更是一种生活态度和精神追求。

总之，家庭是孩子最早接触和学习劳动的地方，家长的态度和行为会直接影响孩子的价值观和行为习惯。加强孩子的劳动教育，能够培养他们的独立、自信、自立和实践能力，为他们的未来发展打下坚实的基础。

13.11　孝行为部分

本部分主要探讨了大学毕业生在孝道方面的表现，主要分为两个部分：对待赡养问题的态度和实际行动中的孝道表现。在实际行动方面，主要分为日常联系的频率、记得父母生日的频率、在父母生日致电问候的频率，以及在父母生日时赠送礼物表达祝福的频率。

调查数据显示，仍然有超过半数的被访者认为父母的养老责任应该由子女承担，但相比上一轮调查，这一数据已经有所降低。越来越多的子女希望寻求政府和老人自己的帮助来承担养老责任。男性的赡养意愿依然高于女性，兄弟姐妹个数的差异也会影响子女的养老意愿。个人和家庭收入越高，越倾向于政府、子女、老人三者共同承担养老责任。家庭孝文化的教育程度越高，子女的养老意愿也越高。同住行为也会使子女更愿意照顾父母。来自农村的个体依然有更高的养老意愿。

孝行实践主要分为两个部分：日常关怀和父母生日时的孝行。在日常联系方面，子女平均每3~5天联系一次父母，上个月平均主动关心父母3~4次，女儿与母亲联系最频繁。父母生日时的孝行包括记得父母生日、打电话祝福和送礼物。我们调研了近三年来，子女实践这些行为的频率。在记得父母生日方面，超过一半的人记得父母生日的频率为3次。在打电话祝福方面，超过一半的人给母亲打电话祝福的频率达到了3次，而父亲的比例不到一半。在送生日礼物方面，赠送3次及以上的比例不到一半，甚至送给父亲的比例只有约1/3。相较于男性、不与父母同住、来自农村和低收入家庭的个人，女性、与父母同住、来自城镇和高收入家庭的个人，在父母生日时的孝行表现更为突出。此外，母亲获得的孝行待遇也比父亲更高。

针对以上结果，提出以下建议。

13.11.1　政府层面政策

第一，完善养老保障体系建设。我们可以从数据变化中看到，越来越多的毕业生在进入社会后面临巨大的经济压力，改变了原来的赡养观念，更加希望能够寻求政府的帮助。因此，我们需要加快完善社会的养老保障体系，扩大社会保障的覆盖面，进一步帮助年轻人减轻养老负担和生存压力。

第二，解决社会普遍存在的就业问题。受经济周期等因素的影响，无论是新涌入就业市场的高校应届毕业生，还是已工作一两年的毕业生，普遍面临就业困难、降薪、裁员的压力，对前途感到渺茫。此时，"90后"自己的温饱尚且是一桩大问题，已无暇顾及一天天老去的父母。因此，养老体系建设和完善固然重要，解决就业问题也尤为关键。

第三，调整养老金结构。老龄化已经成为我国未来几十年的必然人口趋势，逐年上升的社会养老费用和低人口出生率如果持续平衡发展，未来几代人可能会面临延迟退休、高税收的压力。当前存在许多老龄人口退休金比年轻人工资高、父辈对子代持续经济输出的畸形赡养关系。对此，政府应该进行总体的调控，分区间制定养老金的逐年增长率，使养老金水平更加均衡，覆盖面更广。

13.11.2　个人层面建议

第一，更多关心父母，践行孝道。经过两轮数据的纵向比较，我们发现，毕业后的大学生孝行实践水平明显下降。这说明，随着年轻人工作或学习变得更加忙碌，他们照顾父母的时间变得更加有限。然而，父母正在逐渐老去，他们渴望得到子女的关心。因此，年轻人应该在平常或者特殊的节日里向父母表达关心和爱意，回报他们的养育之恩。

第二，努力提升自我，切实解决自身面临的困难。不让父母为自己担忧也是孝道的重要体现。因而，年轻人要在时代的浪潮中奋发图强，抓住机会，实现自己的价值。此外，在赡养父母的问题上，年轻人不应一味等待政府和社会的帮助，更需要自己的努力。

参考文献

［1］ Barnett, W. Steven. 1995. "LongTerm Effects of Early Childhood Programs on Cognitive and School Outcomes." *The Future of Children*, 5 (3): 25–50.

［2］ Belot, Michele, V. Bhaskar, and Jeroen van de Ven. 2012. "Beauty and the Sources of Discrimination." *Journal of Human Resources*, 47 (3): 851–872.

［3］ Bronfman, Nicolás, Paula Repetto, Paola Cordón, Javiera Castañeda and Pamela Cisternas. 2021. "Gender Differences on Psychosocial Factors Affecting Covid-19 Preventive Behaviors." *Sustainability*, 13 (11).

［4］ Cunningham, Mick and Arland Thornton. 2006. "The Influence of Parents' Marital Quality on Adult Children's Attitudes toward Marriage and Its Alternatives: Main and Moderating Effects." *Demography*, 43 (4): 659–72.

［5］ Deng, Weiguang and Linfeng Tang. 2022. "Do You Like My Parents? Intergenerational Assortative Sorting: Evidence from a Field Experiment." *Working Paper*.

［6］ Deng, Weiguang, Dayang Li and Dong Zhou. 2020. "Beauty and Job Accessibility: New Evidence from a Field Experiment." *Journal of Population Economics*, 33 (4): 1303–41.

［7］ Deng, Weiguang, Xue Li, Huayun Wu and Guozheng Xu. 2020. "Student Leadership and Academic Performance." *China Economic Review*, 60.

［8］ Ebenstein, Avraham and Steven Leung. 2010. "Son Preference and Access to

Social Insurance: Evidence from China's Rural Pension Program." *Population and Development Review*, 36 (1): 47-70.

[9] Elliott, Alison. 2006. "Early Childhood Education: Pathways to Quality and Equity for All Children." *Australian Education Review*, 50: 1-75.

[10] Erikson, Erik H. 1993. *Childhood and Society*. London: W. W. Norton & Company.

[11] Heckman, James, Rodrigo Pinto and Peter Savelyev. 2013. "Understanding the Mechanisms through Which an Influential Early Childhood Program Boosted Adult Outcomes." *American Economic Review*, 103 (6): 2052-86.

[12] HernándezJulián, Rey and Christina Peters. 2018. "Physical Appearance and Peer Effects in Academic Performance." *Applied Economics Letters*, 25 (13): 887-890.

[13] Jennings, Todd L., YanLing Chen, Bailey M. Way, Nicholas C. Borgogna and Shane W. Kraus. 2023. "Associations between Online Dating Platform Use and Mental and Sexual Health among a Mixed Sexuality College Student Sample." *Computers in Human Behavior*, 144.

[14] Kutty, Rasheed Mohamed, Nik Hasnaa Nik Mahmood, Maslin Masrom, Raihana Mohdali, Wan Normeza Wan Zakaria, Fadhilah Abdul Razak, Hasniza Yahya, Rohaini Ramli and Hazleen Aris. 2022. "The Influence of Internet Addiction and Time Spent on the Internet Towards Social Isolation Among University Students in Malaysia." *Asian Social Science*, 18 (10): 1-32.

[15] Langlois, Judith H., Lisa Kalakanis, Adam J. Rubenstein, Andrea Larson, Monica Hallam and Monica Smoot. 2000. "Maxims or Myths of Beauty? A MetaAnalytic and Theoretical Review." *Psychological Bulletin*, 126 (3): 390-423.

[16] Lavelle, Brian A. 2021. "Entrepreneurship Education's Impact on

Entrepreneurial Intention Using the Theory of Planned Behavior: Evidence from Chinese Vocational College Students." *Entrepreneurship Education and Pedagogy*, 4 (1): 30-51.

[17] Lee, Soohyung and Keunkwan Ryu. 2012. "Plastic Surgery: Investment in Human Capital or Consumption?" *Journal of Human Capital*, 6 (3): 224-250.

[18] Loeb, Susanna, Margaret Bridges, Daphna Bassok, Bruce Fuller and Russell W. Rumberger. 2007. "How Much Is Too Much? The Influence of Preschool Centers on Children's Social and Cognitive Development." *Economics of Education Review*, 26 (1): 52-66.

[19] Nong, Liying, Chen Liao, Jianhong Ye, and Changwu Wei. 2022. "The STEAM Learning Performance and Sustainable Inquiry Behavior of College Students in China." *Frontiers in Psychology*, 13.

[20] Pereira, Ana Telma, Carolina Cabaços, Ana Araújo, Ana Paula Amaral, Frederica Carvalho and António Macedo. 2022. "Covid-19 Psychological Impact: The Role of Perfectionism." *Personality and Individual Differences*, 184.

[21] Snyder, Mark, Elizabeth Decker Tanke and Ellen Berscheid. 1977. "Social Perception and Interpersonal Behavior: On the SelfFulfilling Nature of Social Stereotypes." *Journal of Personality and Social Psychology*, 35 (9): 656-666.

[22] Stoeber, Joachim. 2017. *The Psychology of Perfectionism: Theory, Research, Applications*. Routledge.

[23] Tiernan, Peter and İsa Deveci. 2021. "Irish and Turkish Preservice Teachers Understanding and Perceptions of Enterprise Education." *Heliyon*, 7 (7).

[24] Turk, Cynthia L., Richard G. Heimberg, Susan M. Orsillo, Craig S. Holt, Andrea Gitow, Linda L. Street, Franklin R. Schneier and Michael R.

Liebowitz. 1998. "An Investigation of Gender Differences in Social Phobia." *Journal of Anxiety Disorders*, 12 (3): 209-223.

[25] Wales, Jill, Glenda Cook and Cathy Bailey. 2023. "Connecting and Reconnecting: A Phenomenological Study of the Meanings Extra Care Tenants Attribute to Using the Internet for Social Contact." *Housing, Care and Support*, 26 (1): 18-28.

[26] Willis, Mairéad A., and Sean P. Lane. 2022. "Preliminary evidence for the factor structure, concurrent validity, and construct validity of the Roommate Relationship Scale in a college sample." *Frontiers in Psychology*, 13.

[27] Zhang, Hang, Huizhen Long and Yinchang Chen. 2022. "Influence of Film Role on the Positive Development of College Students' Entrepreneurial Behavior Using Positive Psychology." *Frontiers in Psychology*, 13.

[28] Zhou, Dong and Weiguang Deng. 2018. "The Intergenerational Effect of the SendDown Experience on Marital Instability." *Journal of Comparative Family Studies*, 49 (1): 109-27.

[29] Zhou, Dong, Weiguang Deng and Xiaoyu Wu. 2020. "Impacts of Internet Use on Political Trust: New Evidence from China." *Emerging Markets Finance and Trade*, 56 (14): 3235-51.

[30] Zhuo, Zelin, Caihong Chen, XianZhe Chen and Xiang Min. 2021. "The Influence of Entrepreneurial Policy on Entrepreneurial Willingness of Students: The Mediating Effect of Entrepreneurship Education and the Regulating Effect of Entrepreneurship Capital." *Frontiers in Psychology*, 12.

[31] 昌敬惠、袁愈新、王冬，2020，《新型冠状病毒肺炎疫情下大学生心理健康状况及影响因素分析》，《南方医科大学学报》第2期。

[32] 陈从军、杨瑾，2022，《创业榜样对大学生创业倾向的影响研究——基于主动性人格的调节效应》，《北京航空航天大学学报》（社会科学

版）第 4 期。

[33] 陈家喜、黄文龙，2012，《分化、断裂与整合：我国"二代"现象的生成与解构》，《中国青年研究》第 3 期。

[34] 杜丹清，2017，《互联网助推消费升级的动力机制研究》，《经济学家》第 3 期。

[35] 杜兴艳、王小增、陈素萍，2021，《大学生职业规划教育对就业稳定性的影响研究——以某校毕业生麦可思调查数据为例》，《北京航空航天大学学报》（社会科学版）第 5 期。

[36] 方行明、何春丽、魏静，2019，《中国高校毕业生去向影响因素及贫富差距的"代际固化"》，《社会科学战线》第 9 期。

[37] 傅绪荣、汪凤炎、陈翔、魏新东，2016，《孝道：理论、测量、变迁及与相关变量的关系》，《心理科学进展》第 2 期。

[38] 高瑞琴、叶敬忠，2017，《生命价值视角下农村留守老人的供养制度》，《人口研究》第 2 期。

[39] 耿德伟，2013，《多子多福？——子女数量对父母健康的影响》，《南方人口》第 3 期。

[40] 郭继强、费舒澜、林平，2017，《越漂亮，收入越高吗？——兼论相貌与收入的"高跟鞋曲线"》，《经济学（季刊）》第 1 期。

[41] 郭孟超、郭丛斌、王家齐，2020，《家庭背景对中国大学生专业选择的影响》，《教育学术月刊》第 6 期。

[42] 胡黎香，2022，《基于心理安全建设的大学生心理健康问题与育人管理研究——评《大学生心理健康教育》》，《中国安全科学学报》第 8 期。

[43] 胡咏梅、李佳丽，2014，《父母的政治资本对大学毕业生收入有影响吗》，《教育与经济》第 1 期。

[44] 胡咏梅、唐一鹏，2022，《2020—2035 年我国学前教育经费投入与配置预测——基于与学前教育投入收益高的 OECD 国家的比较研究》，《首都师范大学学报》（社会科学版）第 4 期。

[45] 计敏敏，2022，《父母教养方式对大学生交往焦虑的影响研究》，《山西青年》第 16 期。

[46] 蒋珠丽、李永枫，2021，《马克思恩格斯婚姻家庭观及其当代价值》，《公关世界》第 14 期。

[47] 雷鸣、邓宏图、吕长全、齐秀琳，2018，《孝道、宗族、社群和市场——传统中国孝道社会实践的经济逻辑》，《经济学（季刊）》第 2 期。

[48] 李波、钟杰、钱铭怡，2003，《大学生社交焦虑易感性的回归分析》，《中国心理卫生杂志》第 2 期。

[49] 李春玲、郭亚平，2021，《大学校园里的竞争还要靠"拼爹"吗？——家庭背景在大学生人力资本形成中的作用》，《社会学研究》第 2 期。

[50] 李宏彬、孟岭生、施新政、吴斌珍，2012，《父母的政治资本如何影响大学生在劳动力市场中的表现？——基于中国高校应届毕业生就业调查的经验研究》，《经济学（季刊）》第 3 期。

[51] 李路路，2006，《再生产与统治——社会流动机制的再思考》，《社会学研究》第 2 期。

[52] 李曼，2022，《新媒体时代大学生的情感危机与电影化解途径》，《湖北开放职业学院学报》第 10 期。

[53] 李胜强、李虹、金蕾莅，2011，《大学生就业压力的类型及分析》，《清华大学教育研究》第 2 期。

[54] 李小典，2017，《当前我国大学生电影消费研究》，《电影文学》第 2 期。

[55] 李阳、杨卓茹，2021，《互联网金融背景下居民理财行为的研究》，《现代商业》第 9 期。

[56] 李长洪、林文炼，2019，《"近墨者黑"：负向情绪会传染吗？——基于"班级"社交网络视角》，《经济学（季刊）》第 2 期。

[57] 李中建、袁璐璐，2019，《体制内就业的职业代际流动：家庭背景与

学历》，《南方经济》第 9 期。

[58] 李忠路，2016，《家庭背景、学业表现与研究生教育机会获得》，《社会》第 3 期。

[59] 梁小玲、陈敏、黄明明，2022，《线上性客体化经历对女大学生外表焦虑的影响：体像比较的中介与自我客体化的调节》，《中国临床心理学杂志》第 2 期。

[60] 林蒙丹、林晓珊，2020，《结婚买房：个体化视角下的城市青年婚姻与住房消费》，《中国青年研究》第 8 期。

[61] 刘兵、陈建红、李映章、吴宇萍、李媛、吴海亮，2003，《SARS 时期大学生心理卫生状况及干预》，《中国误诊学杂志》第 10 期。

[62] 刘灵芝、石梦微、肖邦明，2021，《新冠疫情对消费者购买渠道选择的冲击》，《中国农业大学学报》第 7 期。

[63] 刘向东、米壮，2020，《中国居民消费处于升级状态吗——基于 CGSS2010、CGSS2017 数据的研究》，《经济学家》第 1 期。

[64] 刘小锋，2021，《不同类型父母教养方式对大学生抑郁的影响分析——新冠肺炎疫情背景下的调查》，《统计与管理》第 11 期。

[65] 柳建坤、张云亮、李颖，2022，《青年参与金融理财的策略及机制——基于阶层视角的解释》，《中国青年研究》第 4 期。

[66] 陆方文、刘国恩、李辉文，2017，《子女性别与父母幸福感》，《经济研究》第 10 期。

[67] 马敬华、王葵、崔玉庆，2020，《外表社会压力与身体欣赏：自悯的调节效应》，《中国临床心理学杂志》第 5 期。

[68] 马骊，2020，《高管性别、企业社会责任对企业价值的影响——基于上市公司经验数据的研究》，《商业经济研究》第 18 期。

[69] 马良、方行明、雷震，2016，《父母的政治资本和人力资本对子女深造意愿的影响及传导机制——基于中介效应和调节效应的分析》，《教育与经济》第 3 期。

[70] 马振清，2019，《青年该怎样对待第一份工作》，《人民论坛》第 7 期。

[71] 孟照军、贺玉娟，2022，《我国大学生创新创业中存在的问题及对策研究——评〈新时代大学生创新与创业〉》，《广东财经大学学报》第 3 期。

[72] 裴文波、岳海洋、潘聪聪，2019，《高校大学生劳动教育的多维透视》，《学校党建与思想教育》第 4 期。

[73] 彭艳，2021，《大学生对新冠肺炎的预防认知、心理反应及行为方式调查》，《湘南学院学报》第 3 期。

[74] 邵明华，2014，《媒介融合背景下我国影视文化消费的趋势与对策》，《现代传播（中国传媒大学学报）》第 5 期。

[75] 宋少坤、董丽杰、田仕、李旭巍，2014，《高校辅导员在人才培养中教育公平的实现》，《科教导刊（中旬刊）》第 4 期。

[76] 孙楚航，2020，《新冠肺炎疫情对青年大学生影响研究——基于全国 45 所高校 19850 名大学生的实证调查》，《中国青年研究》第 4 期。

[77] 孙笑，2015，《浅析大众文化背景下大学生影视审美娱乐化现象》，《美与时代（下旬）》第 10 期。

[78] 谭娅、封世蓝、张庆华、龚六堂，2021，《同群压力还是同群激励？——高中合作小组的同群效应研究》，《经济学（季刊）》第 2 期。

[79] 陶涛、刘雯莉，2019，《独生子女与非独生子女家庭老年人养老意愿及其影响因素研究》，《人口学刊》第 4 期。

[80] 王春超、钟锦鹏，2018，《同群效应与非认知能力——基于儿童的随机实地实验研究》，《经济研究》第 12 期。

[81] 王欢、黄海、吴和鸣，2014，《大学生人格特征与手机依赖的关系：社交焦虑的中介作用》，《中国临床心理学杂志》第 3 期。

[82] 王俊秀、高文珺、陈满琪、应小萍、谭旭运、刘晓柳，2020，《新冠肺炎疫情下的社会心态调查报告——基于 2020 年 1 月 24 日－25 日的调查数据分析》，《国家治理》第 1~2 期。

[83] 王伟同、周洪成、张妍彦，2021，《看不见的家庭教育投资：子女升

学压力与母亲收入损失》，《经济研究》第 9 期。

[84] 谢剑媛、李英林，2021，《价值观变迁中的大学生友情观引导策略探析》，《高教学刊》第 7 期。

[85] 徐淼，2022，《初中生久坐行为、BMI、体态现状及其相互关系研究》，四川师范大学硕士学位论文。

[86] 许琳，2012，《社会保障学》，清华大学出版社。

[87] 许琪，2017，《扶上马再送一程：父母的帮助及其对子女赡养行为的影响》，《社会》第 2 期。

[88] 颜向东，2016，《体育活动对高校女大学生情绪调节的作用》，《中国学校卫生》第 12 期。

[89] 杨瑞龙、王宇锋、刘和旺，2010，《父亲政治身份、政治关系和子女收入》，《经济学（季刊）》第 3 期。

[90] 杨新铭、邓曲恒，2017，《中国城镇居民收入代际传递机制——基于2008 年天津微观调查数据的实证分析》，《南开经济研究》第 1 期。

[91] 尹燕萍，2010，《"甲型 H1N1 流感"期间大学生心理状况调查报告》，《学校党建与思想教育》第 19 期。

[92] 尹志超、甘犁，2010，《香烟、美酒和收入》，《经济研究》第 10 期。

[93] 曾国华、吴培瑛、秦雪征，2020，《谁在子承父业？——高校毕业生职业代际传递性差异及成因》，《劳动经济研究》第 3 期。

[94] 张车伟，2003，《营养、健康与效率——来自中国贫困农村的证据》，《经济研究》第 1 期。

[95] 张川川、陈斌开，2014，《"社会养老"能否替代"家庭养老"？——来自中国新型农村社会养老保险的证据》，《经济研究》第 11 期。

[96] 张德成、肖东，2013，《请重视你的第一份工作》，《中国人才》第 20 期。

[97] 张丽萍，2012，《老年人口居住安排与居住意愿研究》，《人口学刊》第 6 期。

[98] 张诗奇、张成、王奥，2021，《家庭背景对高等教育过程公平的影

响——基于 CFPS 2018 数据的实证分析》,《现代交际》第 18 期。

[99] 张伟、岳洪、熊坚,2022,《政策工具视角下我国高校辅导员队伍建设政策文本研究》,《黑龙江高教研究》第 6 期。

[100] 张文娟,2006,《儿子和女儿对高龄老人日常照料的比较研究》,《人口与经济》第 6 期。

[101] 张拥军、李剑、徐润成,2020,《新时代大学生劳动教育现状及认知影响因素研究——基于湖北省部分高校大学生的实证分析》,《思想教育研究》第 6 期。

[102] 周兴、张鹏,2015,《代际间的职业流动与收入流动——来自中国城乡家庭的经验研究》,《经济学(季刊)》第 1 期。

[103] 朱安新、高熔,2016,《"养儿防老"还是"养女防老"?——中国老年人主观意愿分析》,《妇女研究论丛》第 4 期。

[104] 左方一、王宁,2022,《新冠疫情期间大学生焦虑、抑郁情绪影响因素研究——以北京市部分高校为例》,《情报探索》第 1 期。

后 记

    本调查研究得到了广泛参与和帮助。非常感谢徐国正副校长、许和连处长、侯俊军院长、祝树金书记、肖皓副院长、龚完全部长、茹娜副部长、范媛吉副部长、谢锐副院长、曹二保副院长、徐航天副院长、李曼副书记等学校及学院各级领导对本项目不遗余力的支持，感谢李雪、易醇、文嫦、周峰、周梦等各位老师对项目辛勤的付出。项目组也衷心感谢中国人民大学王湘红教授、南方科技大学叶茂亮副教授、武汉大学蒋盛君助理教授等杰出学者的鼎力支持。

    本调查项目依托湖南大学经济与贸易学院多个本科和研究生课程建设项目。这些课程包括《实验经济学》《行为经济学》《劳动经济学》《微观经济学》《宏观经济学》。感谢包括李雪、曲丹、向果、谢欣然等师生的参与。该调查的有效实施，形成了理论和实践的有效互动，不仅促进了广大师生对理论认识的深化和对现实的广泛理解，也为课程建设提供了有力的支撑。此外，该项目的顺利实施，也获得了湖南大学经济数据研究中心、学生工作部、教务处、就业办和校友办的大力支持。

    在该调查报告的执行过程中，众多湖南大学本科生和研究生参加了数据收集以及整理分析工作。在调查过程中，以向果、严屹琳、胡涵等为代表的100多位本科生和研究生广泛参与到该调查的问卷设计、试调查、正式调查、数据整理中。在该报告撰写中，特别感谢以下学生的辛勤付出，包括本科生向果（第一章）、胡涵（第六章）、曾逸晨（第九章）、李欣（第十章）、王婧（第十一章）、吴兆丰，以及研究生徐晓芳（第二章和第三章）、谢欣然（第四章）、齐烨（第五章）、王嘉璐（第七章）、冯明月（第八章）、魏梦娅（第十二章）、夏雪婷。感谢所有参与者的辛勤工作。

邓卫广

2022 年 6 月 1 日

图书在版编目（CIP）数据

当代大学生成长追踪调查报告：基于湖南大学 2012-2015 级本科生调查 / 邓卫广著 . --北京：社会科学文献出版社，2024.3
　ISBN 978-7-5228-2933-3

　Ⅰ.①当…　Ⅱ.①邓…　Ⅲ.①大学生-人才成长-调查报告-湖南-2012-2015　Ⅳ.①G645.5

　中国国家版本馆 CIP 数据核字（2023）第 236223 号

当代大学生成长追踪调查报告
——基于湖南大学 2012~2015 级本科生调查

著　　者／邓卫广

出 版 人／冀祥德
责任编辑／张　超
责任印制／王京美

出　　版／社会科学文献出版社·皮书分社（010）59367127
　　　　　地址：北京市北三环中路甲 29 号院华龙大厦　邮编：100029
　　　　　网址：www.ssap.com.cn
发　　行／社会科学文献出版社（010）59367028
印　　装／三河市龙林印务有限公司

规　　格／开　本：787mm×1092mm　1/16
　　　　　印　张：20.5　字　数：312 千字
版　　次／2024 年 3 月第 1 版　2024 年 3 月第 1 次印刷
书　　号／ISBN 978-7-5228-2933-3
定　　价／128.00 元

读者服务电话：4008918866